Vera Schley/Wilfried Schley

Handbuch Kollegiales Teamcoaching

Vera Schley/Wilfried Schley

Handbuch Kollegiales Teamcoaching

Systemische Beratung in Aktion

StudienVerlag
Innsbruck
Wien
Bozen

bm:uk

Die Drucklegung dieses Werkes wurde freundlicherweise unterstützt durch das Bundesministerium für Unterricht, Kunst und Kultur in Wien.

E-Mail: order@studienverlag.at
Internet: www.studienverlag.at

Buchgestaltung nach Entwürfen von Kurt Höretzeder
Satz: Studienverlag/Maria Strobl, maria.strobl@gestro.at
Umschlag: Kurt Höretzeder, Büro für grafische Gestaltung, Scheffau/Tirol. Mitarbeit: Ines Graus
Umschlaggrafiken: IOS Hamburg
Grafiken im Innenteil: IOS Hamburg

Gedruckt auf umweltfreundlichem, chlor- und säurefrei gebleichtem Papier.

Bibliografische Information Der Deutschen Bibliothek
Die Deutsche Bibliothek verzeichnet diese Publikation in der Deutschen Nationalbibliografie; detaillierte bibliografische Daten sind im Internet über <http://dnb.ddb.de> abrufbar.

ISBN 978-3-7065-4878-6

Inhaltsverzeichnis

Vorwort

In Zeiten des Wandels und der Konfrontation mit neuen Aufgaben und Anforderungen wächst der Bedarf an Klärungshilfe, Beratung, Unterstützung, Coaching, Mentoring und allen Formen der Reflexion und Ideengewinnung. Im Zusammenhang mit beruflichen Weiterbildungen, Qualifizierungen „on the job", strategischen Entwicklungs- und Prozessbegleitungen, Reflexionen in Kompetenzzentren und Führungsteams, Forschungsgruppen, Führungskräftenetzwerken und Innovationszirkeln in unterschiedlichen Lebens- und Berufswelten ist uns am Institut für Organisationsentwicklung und Systemberatung (IOS) eine spannende, nachhaltig wirkende und Menschen wie Systeme konstruktiv verändernde Konzeption der Beratung und Entwicklungsbegleitung gelungen.

Entstanden ist daraus eine sorgfältig entwickelte und kontinuierlich überarbeitete professionelle Methode der kollegialen Beratung, die wir als Verfahren „Kollegiales Teamcoaching (KTC)" benannt haben. In Verknüpfung mit den unterschiedlichen Kontexten und Indikationen des Einsatzes hat sich mit dem KTC ein eigenes praxistaugliches und theoriegeleitetes Beratungskonzept entwickelt. Das KTC hat seine Bewährungsproben in einer Vielzahl von Projekten und Anwendungen bereits hinter sich. So haben wir uns entschlossen das am IOS entwickelte und ausgereifte Verfahren in einer systematischen Darstellung zu vermitteln und den vielen Anwendern, Interessenten, Forschenden und Lehrenden an die Hand zu geben. So ist das Handbuch entstanden. Noch im Schreiben und Verfertigen der Gedanken sind weitere Verknüpfungen, Spezifizierungen und Anwendungsmöglichkeiten erdacht und eingearbeitet worden.

Das KTC hat sich insbesondere in der Qualifizierung von System- und Organisationsberatern und in der Ausbildung von Führungskräften in unterschiedlichen Unternehmenswelten in Deutschland, der Schweiz und in Österreich mit hoher Wirksamkeit und Nachhaltigkeit bewährt. Es ist im Rahmen von kollegialen Qualifizierungsprozessen, während der Anfänge der Organisationsentwicklung, im Rahmen kollegialer Lerngruppen und in vielfältigen Workshops zum organisationalen Lernen in Unternehmen ausgereift. Als langjähriger Partner des IOS hat *Gerd Rowold* mit seinen philosophischen Reflexionen Grundzüge des KTCs zusammengetragen und zur Verbreitung der Methode insbesondere in der Schweiz beigetragen.

Das Konzept des Kollegialen Teamcoachings greift die dem Menschen verfügbaren Potenziale der Intuition, der Resonanz, der Phantasie, der bildhaften Vorstellung von Situationen und Szenen auf und leistet eine hoffnungsvolle Antizipation. Zukunft wird aus der Ungewissheit herausgeführt und vorstellbar. Komplexität verdichtet sich in Bildern, Ideen werden frei und die Akteure lösen sich aus der Enge ihrer bisherigen Vorstellungen. Lösungsräume öffnen sich.

In konkreten, zeitlich getakteten Handlungsschritten methodisch angeleitet entfaltet sich eine Magie. Alles was ist, darf sein. Ängstlichkeit, Befangenheit, Zögern, Bedürfnisse nach Wahrnehmung und Bestätigung wie Träume, Vorhaben und Wünsche. Herauskommen aus einem Dilemma, Lösen eines Konflikts.

Die Themen des KTCs sind die Themen des Lebens. Das sorgt bereits beim ersten Kontakt mit der Methode für Akzeptanz. Das KTC ist lebensnah, bedient sich der Achtsamkeit, Sensibilität, Inspiration und Einfühlung, zu der Menschen fähig sind. Und das KTC arbeitet mit natürlicher Sprache.

Besondere Impulse hat das KTC in zahlreichen professionellen Lerngruppen in Unternehmen, in europäischen Managernetzwerken, in Leadershipbegleitungen und durch die Weiterentwicklung in der IOS-Systemberater-Ausbildung erfahren. Wir sind dankbar verbunden mit den vielen Akteuren und Teilnehmern in den unterschiedlichen Programmen und Ausbildungen. Sie haben uns immer wieder herausgefordert und ermutigt, den Ansatz weiter zu denken.

Die von ihnen persönlich erlebten Klärungen und Entwicklungsprozesse haben uns zugleich ermutigt, die Methode weiter auszugestalten, ihr das jetzige Profil und die inzwischen gereifte Kontur zu geben. Das Team der KTC-Berater im IOS unter der fachlichen Regie von *Vera Schley* hat in kontinuierlicher Reflexion die Methode und Struktur der Arbeit im KTC geprägt und weiterentwickelt.

Das gemeinsam von *Michael Schratz* und *Wilfried Schley* aufgebaute Netzwerk der österreichischen Leitungskräfte im Bildungssystem, die Leadership Academy in Wien, hat aus allen Hierarchieebenen, Schulformen und Regionen Österreichs inzwischen an die 2.000 zertifizierte Absolventen in die Academy aufgenommen. Die reflektierte und systematisch angeleitete Praxis innerhalb dieses Netzwerks von derzeit etwa 10.000 durchgeführten KTCs haben die Bildungslandschaft und Führungsrealität im österreichischen Bildungssystem nachhaltig verändert. Schule neu zu denken ist vom Leitgedanken zur erlebten Praxis geworden.

Es scheint uns daher an der Zeit, das inzwischen gereifte und in unterschiedlichen Kontexten bewährte Konzept einer breiten fachlich interessierten Öffentlichkeit vorzustellen. Wir richten uns speziell an Systemberater, Prozessbegleiter, Coachs, Mentoren, Netzwerkkoordinatoren, Projektleiter, Personalverantwortliche, Leiter von Akademien, Dozenten der Lehrerbildung, Verantwortliche für Führungskräfteprogramme, Managernetzwerke und professionelle Lerngemeinschaften und Führungspersönlichkeiten selbst.

Um die Qualität der KTC-Arbeit und die professionellen Standards zu sichern, bildet das IOS KTC-Berater aus und lädt regelmäßig zu Netzwerktreffen von Praktikern ein. Unser Anliegen ist es, die Breite, Vielfalt und Tiefe der Methode in Weiterbildungen, Trainings, Programmen zur Entwicklung der Führungskultur, in Innovationskonzepten, IT-Netzwerken und anderen Formen produktiver Entwicklung der personalen Kompetenz und der organisationalen Energie zugänglich zu machen und zugleich im offenen Prozess des Lernens zu bleiben.

Wir stellen mit dem Handbuch die methodischen und theoretischen Grundlagen, die Anwendungsfelder und Praxiseinsätze des Kollegialen Teamcoachings (KTC) vor. Als Handbuch enthält es alles, was zum Verständnis seines Wirkens und zur systematischen Anwendung nötig ist.

Ganz konkret haben wir die Umsetzung unserer Erfahrungen und Gedanken in Grafiken und Texten dem Team im IOS-Büro zu verdanken, ohne dessen Geduld und technische Unterstützung dieses Buch nicht hätte entstehen können. Der Gestaltbildungsprozess ist abgeschlossen. Das KTC ist da. Das Handbuch liefert die Grundlagen, Handreichungen und Standards. Wir übereignen es der Intelligenz und Phantasie der Praxis.

Unsere Ausführungen richten sich an erfahrene und interessierte Leserinnen und Leser. Mit allen Gedanken und Hinweisen meinen wir immer beide Geschlechter, wir bitten um Verständnis, dass wir aus Gründen der Lesbarkeit im Text die männliche Form gewählt haben.

Wir danken Max Frisch für seine inspirierenden Impulse seiner New Yorker Gastvorlesung, die als „Schwarzes Quadrat" veröffentlich wurde. Seine Gedankenanstöße eröffnen in unserem Handbuch jedes Kapitel.

Vera und Wilfried Schley, Hamburg im August 2010

Einleitung: Grundzüge und Aufbau des KTC-Handbuchs

„Ich probiere Geschichten an wie Kleider."
(Max Frisch)

Was bringt Menschen dazu, sich in einem freiwillig vereinbarten Rahmen mit vertrauten Fremden zu öffnen, sich kritische Freunde zu suchen, die ihnen helfen ihre Situation umfassend wahrzunehmen und den eigenen „blinden Fleck" zu überwinden? Wo ist der Ort, der es möglich macht, dem eigenen Ringen um Identität in wechselnden Kontexten, der Suche nach Lebensqualität unter divergierenden Ansprüchen, der Entscheidung unter diversen Risiken, dem Streben nach Wirksamkeit unter zahlreichen Beeinträchtigungen, der Entfaltung des Lebenssinns unter starken Ambivalenzen, der Gewinnung von Perspektiven unter den Bedingungen der Unsicherheit und der Bereitschaft zur Verantwortung im Füreinander nachzugehen?

Im Kollegialen Teamcoaching (KTC) geschieht genau dies. Menschen schließen einen Kontrakt und werden füreinander Gefährten, Zeugen, soziale Spiegel, kritische Freunde, Lernpartner, Entwicklungsbegleiter und Coachs. Sie entscheiden sich, füreinander bedeutsam zu werden und überwinden so die postmoderne Welt der „Flaneure, Spieler und Touristen" *(Baumann 2007)*. Ausgestattet mit dem normalen Sinn an Verständnis, Einfühlung, Resonanz, Mitmenschlichkeit und Ideen, erleben sie das Phänomen und Faszinosum einer kollektiven Intelligenz und Weisheit gepaart mit einer Resonanz und Schwingungsfähigkeit, die sich auf intuitives Erfassen von Wirklichkeit gründet. Die Vielfalt heterogener Perspektiven in dialogischen Formen der Resonanz kommuniziert, kommt den inneren Themen und persönlichen Spannungsfeldern der Akteure auf der KTC-Bühne so nahe, dass diese sich getragen, verstanden und ermutigt fühlen, ihre innere Ambivalenz anzuschauen und zu überwinden.

Das Kollegiale Teamcoaching geht von Situationen aus, die einzelne Akteure mitbringen. Das können Probleme, Entscheidungen, Enttäuschungen, Erwartungen, Überforderungen, Erschöpfungen, Wünsche, Erfolge, Programme, Ideen, Kooperationen sowie jede Art von persönlichem Anliegen und Erleben sein. Es bedarf nur einer Ausgangslage, Geschichte oder Perspektive, die erzählt werden kann. Niemand muss sich fragen, ob sein Thema sich für ein KTC eignet. Er muss es nur schildern und offen darlegen. In bestem Sinne verwandt mit dem „Storytelling" *(Frenzel, Müller & Sottong 2006)* geht es um ein Abenteuer.

Auf das Teamcoaching lassen sich damit auch Menschen ein, die sich nicht in einem klassischen Verständnis als beratungsbedürftig mit Problemen und Schwächen verstehen würden. Vielmehr spüren die Akteure ein deutliches Unbehagen an der eigenen Indifferenz, an der Verharrung in alten Mustern, an einem Gefühl des Ungenügens gegenüber schwer fassbaren Ansprüchen, an einem Gefühl der

Irritation, der Leere oder der Überlastung. Sie nutzen die besondere Form der kollegialen Beratung, die keine Probleme als Ausgangspunkt benötigt, sondern vielmehr Situationen als umfassende Lebenslagen mit Merkmalen, Herausforderungen, Schwierigkeiten und Chancen, die bewältigt und genutzt werden können. Dieser dem situativen Lernen entlehnte Ansatz der Arbeit mit Personen in systemischen Kontexten und Umgebungen wird im vorliegenden Handbuch dargelegt, detailliert begründet und in Anwendung und Auswertung ausgeführt.

Das Kollegiale Teamcoaching hat sich im Umfeld von Menschen und Situationen entwickelt, in denen sie sich als Berater, als Lehrer, als Projektleiter, Führungskräfte, Eltern, Forscher, Techniker, Künstler, Sozialarbeiter, Doktoranden, Berufseinsteiger, Entwickler, Dienstleister und Kreative mit Aufgaben und Anforderungen konfrontiert sahen, die für sie neu, überraschend, fordernd und komplex waren, sodass sie daran zweifelten, ob es ihnen gelingen könne, sie zu lösen. Der Auswahl von Situationen liegt häufig ein Differenzerleben zugrunde, ein Gefühl der Inkonsistenz, Inkohärenz und Unstimmigkeit.

Mehr und mehr Menschen erleben sich in Verantwortung für Entscheidungen und Entwicklungen, die weitreichend, bedeutsam und partiell unberechenbar und komplex sind. „Wie verantworte ich etwas, das ich nicht verantworte? Wie vertrete ich Entscheidungen und Entwicklungen, von denen ich ein Teil bin, die ich jedoch weder gewollt noch intentional herbeigeführt habe? Wie entkomme ich dem Dramadreieck, das nur Opfer, Verfolger und Retter kennt?" Chronisch unterinformiert über alle mitzudenkenden Aspekte, Wirkungen und Nebenwirkungen, sind wir darauf angewiesen, Annahmen über eine entstehende Zukunft zu formulieren und in unserem Handeln darauf zu bauen. In der Fülle von Aufgaben, die nie ganz erledigt scheinen, in Situationen permanenter Erreichbarkeit, in Konstellationen wachsender Ansprüche gerät das Identitätserleben unter Spannung und Druck. Autonomie, Selbstbestimmung, Positionierung, Abgrenzung fällt schwer in den neueren Welten der Verantwortung, der Vernetzung und allseitigen Verbundenheit.

Das KTC bietet demgegenüber einen Ort des Entschleunigens, einen Raum der Besinnung, eine Denkwerkstatt, ein Labor für Entwicklungsprozesse, ein Atelier für Entwürfe und eine Bühne für die Erprobung der Rollen und Auftritte. Im wechselnden Spiel der Akteure wird jeder zum Teilgeber. Wir nutzen dabei das Potential, die soziale Phantasie und Empathie einer Gruppe, die in ihrer Heterogenität die Chance hat, die Themen hinter den Themen zu erfassen und von Ratschlägen zu Entwicklungsaufgaben und Musterwechseln vorzudringen.

Die Philosophie dieser systematisch entwickelten und methodischen Form der Partizipation und Aktivierung, ihre theoretischen wie methodischen Hintergründe, aber auch Formen des variierten Einsatzes und die darin enthaltenen Chancen für Vernetzung und Kulturwandel werden in dem vorliegenden Handbuch beschrieben.

Was macht den enorm großen Beratungs- und Klärungsbedarf der Menschen in der heutigen Zeit aus? Was hat sich gesellschaftlich gewandelt? Das KTC hat sich in einem gesellschaftlichen Umfeld entwickelt, das Beweglichkeit und Entwicklung fordert und zugleich Sicherheit entzieht. Das alte Muster der Selbstbewusstheit, das sich auf Sicherheit und Stabilität gründet, hat sich verändert. Die Befindlichkeit des Lebens hat sich fundamental gewandelt. Unsicherheit, das Gefühl im Dunkeln zu tappen, sich im Kreis zu drehen, am Eigentlichen vorbei zu leben, hat sich ausgebreitet. „Lebe ich oder finde ich nur noch statt?", hat sich eine Akteurin in ihrem KTC gefragt. Der feste Boden und der sichere Halt sind verloren gegangen.

Die Wirklichkeit wird als unsicher empfunden, Strukturen sind offener geworden, Prozesse sind fließend, Perspektiven wechseln, Bedeutungen wandeln sich, Informationen steigern sich exponentiell und beschleunigt. Erreichbarkeit und Verfügbarkeit haben erträgliche Dimensionen bereits überschritten, Entscheidungen sind unsicher. Menschen müssen lernen, während sie bereits laufen, der Boden ist Treibsand. Das Gefühl für Richtig und Falsch hat sich verflüchtigt, alles scheint möglich. Rationale Analysen helfen nicht weiter. Situationen werden gerade nicht als logisch, vielmehr als paradox erlebt. Ich muss diese erst einmal entschlüsseln. Die Aufforderung, dennoch stimmig, authentisch und situationslogisch zu handeln, setzt einen Situationsblick und eine Perspektive aufs Ganze einer Situation voraus, die jeweils zu entwickeln wären. Sich selbst in seiner Umgebung wahrzunehmen, die auf sich selbst wirkenden Kräfte zu erspüren und zu erfassen und zu erkennen, was die auf einen zukommende, sich auf einen zu bewegende Zukunft für Entwicklungsherausforderungen enthalten mag, das ist neu. Zugleich situationsbewusst und mit Aufmerksamkeit für die inneren Dialoge zu handeln, dabei aufmerksam für die äußere und achtsam gegenüber der inneren Realität zu bleiben, das braucht Zeit und einen Ort, sich zu besinnen. Und gerade daran mangelt es grundlegend.

Menschen erleben sich in der heutigen Zeit in zunehmend ambivalenten, komplexen und überraschenden Situationen. Nichts scheint mehr sicher. Der Arbeitsplatz nicht, die Zukunft nicht und auch nicht die Vergangenheit. Die Erfahrungen verlieren ihren Wert in immer schnellerer Halbwertszeit des Wissens. Strategie wird definiert als Möglichkeit von Organisationen Chancen für Weichenstellungen zu nutzen und die Gegenwart potenziell in jedem Moment als Beginn einer neuen Geschichte zu begreifen. „Organisationen leben gleichsam von dieser Form der eigenen Reproduktion. Sie sind dazu da, im Prozess des Entscheidens Ungewissheit in Gewissheit zu verwandeln" (*Nagel/Wimmer 2009, 14*).

Viele suchen Rat, wenn sie nicht weiterkommen, wenn sie sich entscheiden müssen, wenn sie keine Ideen für anspruchsvolle Aufgaben haben, wenn sie Fehler vermeiden wollen oder wenn sie Angst haben zu scheitern, wenn sie spüren möchten, was für sie gut ist, wenn die Antriebe unklar sind und unbewusste Treiber im Nacken sitzen und überhaupt unbewusste Dynamiken Regie führen und alte Muster die Wahrnehmung und das Handeln bestimmen. Ein grundlegendes Differenzerleben bestimmt das Befinden, nichts wird vollständig gelöst, es gelingt nicht, vieles umfassend zu verstehen. Es scheint, als bliebe stets ein Rest an Ungelöstem.

Die Ambivalenz der Rat suchenden Menschen ist hoch. Leben sei der Natur nach Selbstkritik, schreibt *Zygmunt Baumann (2007, 84)*, diese werde ausgelöst durch die Suche nach dem Besseren. Menschen suchen daher nach Lösungen, stehen dabei permanent unter erheblichem Druck oder kippen in die Gleichgültigkeit. Die Ambivalenz schwappt in jedes KTC. Einerseits sollen die Lösungen die Akteure bestätigen und ihnen spiegeln, dass sie richtig gehandelt haben und nur die Umstände oder die anderen am Geschehen Beteiligten den Erfolg behinderten. Mit dieser Erwartung bleibt es allerdings beim Alten und die bestehende Sicht der Dinge wird bestärkt. „Tatsächlich war da wohl nichts zu machen." Eine resignative Zufriedenheit setzt ein. Andererseits sollen die Ideen den Rahmen und den Blickwinkel erweitern. Das hat den Preis der Kränkung. Meine Insuffizienz wird sichtbar, ich habe in meiner Wahrnehmung Zusammenhänge in bestimmter Weise verknüpft und Wesentliches übersehen. Ich habe „falsch" gedacht und Fehler gemacht. Also gehört zum Rat-Suchen für den Akteur auch, Ratschläge kritisch zu betrachten und sie als bedauerlicherweise nicht passend für die eigene Situation zurückzuweisen. Ratsuchende haben demnach einen Balanceakt zu vollbringen, den Ratgebende und Beratungskonzepte konstitutionell mitzudenken haben. Selbst ein inhaltlich exzellenter Vorschlag hat seinen Preis auf der Ebene des Selbstbewusstseins und Selbstwerterlebens.

Das KTC aktiviert systematisch die produktive Unzufriedenheit. Es schliesst ein Bündnis mit den nicht realisierten Möglichkeiten und nicht gelebten Potenzialen. Allerdings findet keine Belehrung statt. Die Lösung muss vielmehr von innen kommen, damit Menschen ihre Verantwortung wahrnehmen und handeln können.

In einer Kultur, die den Erfolg und das Gelingen zum zentralen Merkmal personaler und sozialer Identität macht, spielt in allen Prozessen der Selbstreflexion und Lösungssuche das Bewertungsdenken eine entscheidende Rolle. Wer Hilfe braucht, ist schwach. „Coaching ist doch nur für Looser", hat uns ein verzweifelt um Lösungen ringender Verantwortungsträger vorgehalten, als es darum ging, ihn über die Möglichkeit des KTCs ins Bild zu setzen.

Für Beratungs- und Unterstützungsprozesse bedeutet diese Bewertungsmentalität und Prägung auf Autonomie in besonderer Weise, das Gesicht wahrende Interventionen zu praktizieren und dem Ratsuchenden in einer wertschätzenden dialogischen Haltung zu begegnen *(vgl. Schein 2000, 141)*.

Tatsächlich erscheint es für viele Menschen und Kulturen in Unternehmen und Institutionen nicht leicht, die klassischen Bilder von Stärke, Erfolg und Professionalität loszulassen. Die Fixierung auf Einzelleistung und eine Überlegenheitsposition gegenüber neuen Anforderungen führt konsequent dazu, neuen Situationen mit alten Lösungsmustern zu begegnen. Im besten Fall werden Varianten des Bisherigen eingesetzt oder die Intensität der bekannten Lösungsversuche gesteigert. Auf keinen Fall darf Schwäche gezeigt werden. Im Kern bleibt es dann bei dem Prinzip, „mehr Desselben" zu praktizieren. Findet die Beratung in beruflichen Kontexten statt, wird sie je nach Kultur der Organisation als unterstützend oder Identität bedrohend erlebt. Eine positive Haltung zur Resilienz als einer Fähigkeit und Kraft, schwierige Verhältnisse und extreme Belastungen zu bewältigen, ist in der individuellen Menschwerdung jeweils zu entfalten und im kollektiven Bewusstsein erst noch zu entwickeln.

Die Gedankenkette, die dabei abläuft, lautet oft so: „Ich erkenne meine begrenzte Wahrnehmung, ich habe einen Fehler gemacht, ich bin der Fehler, ich habe Schuld und bin das Problem." Diese Haltung und Kette der Ableitung ist zu durchbrechen und zu verwandeln. „Ich erkenne, wie ich bisher wahrgenommen habe. Ich nehme Aspekte auf, die ich bislang nicht gesehen habe und erkenne darin Chancen. Ich werde so zum Teil der Lösung. Ich bin die Lösung.“ Das wäre ein Musterwechsel.

Der Musterwechsel von der Psychopathologie – etwas ist defekt und gehört überholt – zur Salutogenese, der Lehre von den stärkenden und heilenden Bedingungen und Haltungen, ist längst nicht vollzogen. Das Denken in Problemen, die Fokussierung auf Defizite, die Suche nach Ursachen ist dem gegenüber noch immer gängige Praxis. Unser Handbuch soll im Sinne dieses Musterwechsels einen praktischen Beitrag leisten in den Welten der Erziehung und Bildung, im Berufsleben, im Bereich der Wirtschaft, in der Aus- und Weiterbildung, der Qualifizierung von Führungskräften und Projektleitern, der Konzeption und Durchführung von tief greifendem Wandel in Unternehmen, in der Verwaltung, der Steuerung von Veränderungsvorhaben sowie in vielen anderen Lebenswelten, die von Komplexität, Dynamik und Unbestimmtheit geprägt sind.

Das vorliegende Handbuch zum Kollegialen Teamcoaching dokumentiert den Stand dieser hoch entwickelten Form der Persönlichkeits- und Systementwicklung, die klassische vertikale Formen der Intervention (Hierarchiemodelle) mit horizontalen Interaktionen (Netzwerke) verknüpft, die die Entfaltung der Person in ihrer jeweiligen einmaligen Situation zum Gegenstand hat und den Musterwechsel begleitet.

Die beraterische Expertise verbindet sich im KTC mit der Einfühlung, Identifikation und den Ideen der Peers. Diese horizontal-vertikale Integration wird zusätzlich dadurch bestimmt, dass sich die Klärung im Dialog abspielt. Das Sprachspiel der gemeinsamen Erzählung im KTC entwickelt eine Dramatik mit prospektivem Happy End.

Zum Aufbau des Buches

Das Handbuch ist in 11 Kapitel gegliedert, die unabhängig voneinander gelesen werden können. Wir beginnen mit der Personenperspektive und dem gesellschaftlichen Wandel als Nährboden für Entwicklung und Veränderung, kommen dann über die Persönlichkeitstheorie zum KTC als Handlungspraxis. Die letzten Kapitel verknüpfen die Anwendung mit komplexen Interventionen und Strategien.

1. Person und System

Der Umgang mit Paradoxien, Ambivalenzen und Zielkonflikten ist Gegenstand des ersten Kapitels, es fokussiert auf die Dynamik von Person- und Systementwicklung. Das „Ich im Wir“ und das „Wir im Ich“ wollen wechselseitig aufeinander bezogen erfasst werden. In dieser Verschränkung und Interdependenz entfaltet sich die persönliche Situation.

2. Dynamik und Komplexität

Das zweite Kapitel beleuchtet die gesellschaftlichen und sozialen Entwicklungen erhöhter Komplexität, Dynamik und Unsicherheit. Wie wird das Bedürfnis nach Sicherheit und Orientierung in anspruchsvollen Rollen und Verantwortungsteilungen lebbar? Wir werfen den Blick auf die veränderten Anforderungen der Postmoderne an Autonomie, Identitätsbildung, Mitmenschlichkeit, Lebensqualität, Perspektivität und Entscheidung.

3. Persönlichkeitstheoretische Grundlagen
Dem KTC liegt ein Bild der Entwicklung von Person und System zugrunde. In der Verbindung aus *Riemanns* „Grundformen der Angst" und *Schmitz'* „Neuer Phänomenologie" bildet sich eine Theorie der persönlichen Situation in systemischen Kontexten. Es gilt, die Person als Konstrukteurin ihrer Wirklichkeit zu verstehen und diese Wirklichkeitskonstruktionen zum Gegenstand der KTC-Arbeit zu machen. Das dritte Kapitel dient der Darlegung dieser systemischen und dynamischen Persönlichkeitstheorie.

4. Szenen und Praxisbilder des KTCs
Menschen im KTC lassen sich auf einen Klärungsprozess ein, beschreiben ihre subjektive Wirklichkeit, äußern ihre Fragen, erfahren Resonanz und Reflexion, die sich auf Schlüsselthemen und Kernherausforderungen konzentrieren. Bezogen auf diesen Fokus werden Ideen generiert und entstehen Elemente der heraufkommenden Zukunft. Ungewissheit wird in Gewissheit verwandelt. Das vierte Kapitel führt in zwei Werkstattberichten in konkrete KTC-Gruppen in Aktion ein.

5. Einführung der KTC-Methode
Im fünften Kapitel beginnt der methodische Teil der professionellen Anleitung für den Einsatz der KTC-Methode. Wie wird eine Gruppe auf die bevorstehende Arbeit eingestimmt? Welche Erlebnis aktivierenden Methoden zentrieren die Teilnehmer einer KTC-Gruppe zu Beginn auf ihre persönliche und systemische Situation? Wie stellen KTC-Berater, Netzwerkkoordinatoren oder Prozessbegleiter die Bedingungen für ein gutes Gelingen her?

6. Rollen, Phasen und Dynamik im Prozess des KTC
Das sechste Kapitel fokussiert auf die wesentlichen Aspekte der professionellen Anleitung. Der Gestaltverlauf eines KTCs wird mit konkreten Hinweisen zur Steuerung für KTC-Berater und Akteure beschrieben. Bedeutung und Aufgaben der Rollen im KTC, die Struktur, die einzelnen Phasen in ihrer Dynamik und Durchführung, die Verankerung der Ergebnisse und die Sicherung des Transfers bilden die zentralen Themen. Wir zeigen wie das Potential der Gruppe aktiviert und in einem systematischen Ablauf zur Wirksamkeit gebracht wird.

7. Varianten und Anwendungsfelder des KTC
Das siebte Kapitel zeigt die Vielfalt der Varianten auf, mit denen ein KTC methodisch gestaltet werden kann: Arbeit mit dem KTC in Großgruppen, in Konfliktklärungen, dem KTC in der Teamentwicklung, dem KTC als Entwicklungsbilanz. Eine Auswahl spezifischer Methoden zur Aktivierung des Transfers im Anschluss an ein KTC für den Akteur bildet einen weiteren Schwerpunkt der Darstellung.

8. Bezugstheorien: Acht Pfade der Erkenntnis
Die dem KTC zugrunde liegenden Theorien werden in einer Theorienlandkarte aufgezeigt und anhand von acht Pfaden der Erkenntnis beschrieben. Auf diese Weise wird die Handlungsform des KTC theoretisch verortet und zugleich begründet. Das Kapitel 8 liefert damit die Theoriebezüge für den voran gegangenen Methodenteil.

9. Musterwechsel und Durchbruchsziele
Die Darstellung von Entwicklungsfeldern und Dynamiken anhand von Werte- und Entwicklungsquadraten, die Entfaltung der Sprache der Leadership, Integration und Kulturwandel im Kontext der lateralen Führung werden im Kapitel an konkreten Projekten und Praxisbeispielen aufgezeigt.

10. KTC als systemische Intervention
Im zehnten Kapitel wird das KTC im Einsatz als Systementwicklungsstrategie in komplexen Programmen der Führungsentwicklung, der Bildung von professionellen Lerngemeinschaften, der Vernetzung von Gruppen in Projektorganisationen und im Leitungsnetzwerk der Hierarchiespitze eines Systems beschrieben. Hier wird systematisch der Kerngedanke entfaltet, dass persönliches wie organisationales Lernen an Übergängen stattfindet.

11. Die Essenz des KTC
Das elfte Kapitel hat die Form einer griffigen Zusammenfassung. Wir beenden das Buch mit einer Übersicht zum Einsatz in der Praxis. Es ist ein Manual für Berater, Anleiter und erfahrene Begleiter von KTC-Gruppen. Es enthält gebündelt die Essenz des Handbuchs und kann als Praxishilfe dienen und leistet zugleich eine gute Orientierung für Akteure.

Das Handbuch ist ein Ergebnis praxisorientierter Forschungs- und Entwicklungsarbeit, versteht sich als Werkzeug, das auch in die Hand genommen werden will, um praxistaugliche Konzepte zu generieren.

1. Person und System

„Man möchte gehört werden. Man möchte wissen, ob man anders ist als alle andern. Man gibt Zeichen von sich, um zu erfahren, ob wir einander verstehen. Man ruft aus Angst, allein zu sein im Dschungel der Unsagbarkeit.“ (Max Frisch)

Die klassischen Idealbiographien als Vorstellung von einer berechenbaren stabilen Persönlichkeit mit erfolgreich wirkenden Lebensmustern haben es schwer. Die Lebenswirklichkeit hat sich als komplexer und dynamischer herausgeschält. Du schreibst das Drehbuch deines Lebens selbst, du bekommst Chancen zugesprochen, die du als solche wahrnehmen kannst oder auch nicht. Das Leben als Gestaltungsaufgabe mit Glücksansprüchen und Erfolgserwartungen. Das Individuum steht unter Druck, das eigene Leben als Fortsetzungsroman mit überraschenden Wendungen, plötzlichen Interventionen zu erleben und zugleich fortzuschreiben. Da geraten viele außer Atem und fragen sich, wie es gehen kann, sein Leben erfüllt zu leben.

Wir beginnen das Buch zum Kollegialen Teamcoaching mit einer Studie zur Situation des personalen Subjekts und fragen nach Gesetzmäßigkeiten sowie Zusammenhängen der biographischen Entwicklung. Im Zentrum stehen die Ergebnisse der neurowissenschaftlichen Persönlichkeitsforschung, die uns Aufschluss geben über Entwicklungsaufgaben, Stolpersteine und Klippen der Entfaltung des Selbst im Kontext offener Systeme.

1.1 Umgang mit Paradoxien und Dilemmata im Alltag

Das Streben nach Autonomie, der Wusch nach größeren Freiheitsgraden, die Erweiterung der Selbstbestimmung und Mitsprache ist die zentrale Motivation nicht nur jüngerer Menschen und Führungskräfte. Die Generationen heute wachsen offener auf. Kinder und Jugendliche werden früher auf ihre Karrierechancen hin getrimmt und getestet. Entwicklungsruhe und Muße bleiben dabei leicht auf der Strecke. Das Leben selbst wird zum Stress. Ich muss mich entscheiden. Immer wieder kommt es zu Weggabelungen: Bildungswege, Talentförderung, Zugang zu Milieus und Welten. Und immer wieder gilt es, besser zu sein. Und wenn alle anderen auch besser sind, dann muss ich eben anders sein. Wer hat die Nase vorn?

Person und System stehen in Spannung. Das Leben als eine Folge von Assessments, jeder Abschnitt ein Modul mit Zugangsberechtigungen über Leistungsnachweise und Abschlüsse. Wo fängt es an und wo hört es auf?

Castings, Laufstege, Jurys. „Alles, außer: gewöhnlich“ schreiben *Förster* und *Kreuz* in ihrem Buch über Lebenswege und die Aufgabe *anders* zu werden: „Hinein in die Wildnis, in das Unwägbare, wo es wieder spannend wird und wo Ihre Urinstinkte, Ihr Mut und Ihre Kreativität gefragt sind.“ *(Förster 2007, 13)*

Im Bereich des professionellen Handelns sieht es nicht anders aus. Das Kollegiale Teamcoaching (KTC) hat sich im Umfeld von Menschen und Situationen entwickelt, in denen sie als Berufseinsteiger, Spezialisten, Berater, als Lehrer, Projektleiter, als Führungskräfte und Mitarbeiter mit Aufgaben konfrontiert werden, die auf sie neu, überraschend, fordernd und komplex wirken.

Das alte Muster der Sicherheit und Stabilität ist dahin. Die Befindlichkeit des Lebens hat sich fundamental verändert. Der feste Boden und der sichere Halt sind verloren gegangen. Prozesse sind fließend, Perspektiven wechseln, Informationen wollen verarbeitet werden, Entscheidungen sind unsicher. Richtig und Falsch taugen als Orientierungen nicht mehr, Bewertungen hängen von Perspektiven ab. Das richtige Handeln ist kontextabhängig. Und Kontexte verlangen nach Wahrnehmung. Die Aufforderung, stimmig, authentisch und situationslogisch zu handeln, setzt einen Situationsblick voraus, der erst zu entwickeln wäre. Prognosen sind kaum noch zu machen. Menschen erleben sich in der heutigen Zeit in zunehmend ambivalenten, komplexen und überraschenden Situationen. Nichts scheint mehr sicher. Der Arbeitsplatz nicht, die Zukunft nicht und auch nicht die Gegenwart. Viele suchen Rat, wenn sie nicht weiterkommen, wenn sie sich entscheiden müssen, wenn sie keine Ideen haben, wenn sie Fehler vermeiden wollen oder wenn sie Angst haben zu scheitern. Sich aus sich selbst heraus entwickeln, zu sich hin, über sich hinaus: „next practice – erfolgreiches Management von Instabilität.“ *(Kruse 2004)*

Schwächung durch „Mehr Desselben“

Die Akteure im Kollegialen Teamcoaching tragen diese Grundsituation in die einzelnen KTCs. Eine grundlegende Ambivalenz zeigt sich im Verlauf der kollegialen Beratung. Die Akteure suchen nach Lösungen, stehen oft schon innerlich und äußerlich unter Druck. Einerseits soll es zu einer Lösung kommen, die sie bestätigen und ihnen spiegeln, dass sie richtig gehandelt haben und nur die Umstände oder die anderen am Geschehen Beteiligten den Erfolg behinderten. Dann bleibt es allerdings beim Alten und die bestehende Sicht der Dinge wird bestärkt. Tatsächlich war da wohl nichts zu machen. Eine resignative Zufriedenheit setzt ein: „das vertraute Elend“.

Andererseits sollen sich durch die kollegiale Beratung der Raum des Möglichen und der Blickwinkel erweitern: „das unbekannte Glück“. Das hat allerdings den Preis der Kränkung. Darauf hätte ich doch selbst kommen können. Meine Insuffizienz wird sichtbar, ich habe in meiner Wahrnehmung Zusammenhänge in bestimmter Weise verknüpft und Wesentliches übersehen. Ich habe „falsch“ gedacht und Fehler gemacht. Wenn sich der Lösungsraum erweitert, kommt zusätzlich die Aufgabe hinzu, eine Lösung auch zu wollen und sich zu entscheiden. Die innere Balance ist in Gefahr. Also gehört zum Rat-Suchen auch, kollegial entwickelte Ratschläge und Optionen offen anzunehmen und sie für sich zu prüfen. Akteure haben einen Balanceakt zu vollbringen, den Ratgebende und Beratungskonzepte konstitutionell mitzudenken haben. Selbst ein inhaltlich exzellenter Vorschlag hat seinen Preis auf der Ebene des Selbstbewusstseins. Warum bin ich nicht selbst darauf gekommen? Die Behauptung der Autonomie als Ablehnung möglicher Alternativen führt in den Teufelskreis des kritischen Bewertens, zynischen Kommentierens und in die Angstabwehr.

In einer Kultur, die den Erfolg und das Gelingen zum zentralen Merkmal personaler und sozialer Identität macht, spielt in allen Prozessen der Selbstreflexion und Lösungssuche das Bewertungsdenken eine entscheidende Rolle. Wer Hilfe braucht, ist schwach. Für Beratungs- und Unterstützungsprozesse bedeutet diese Bewertungsmentalität und Prägung auf Autonomie, Gesichtswahrung zu praktizieren und dem Ratsuchenden in einer wertschätzenden dialogischen Haltung zu begegnen *(Schein 2000, 141 f.)*.

Die Fixierung auf Einzelleistung und Überlegenheitsattitüden gegenüber neuen Anforderungen führt konsequent dazu, neuen Situationen mit alten Lösungsmustern zu begegnen. Im besten Fall werden Varianten bekannter Erfolgsmuster eingesetzt oder die Intensität der Lösungsversuche gesteigert. Auf keinen Fall darf ich Schwäche zeigen. Im Kern bleibt es bei dem Prinzip, „mehr Desselben" zu praktizieren. Findet die Beratung in beruflichen Kontexten statt, wird sie je nach Kultur der Organisation als unterstützend oder als Identitätsbedrohung erlebt. Die Gedankenkette, die dabei abläuft, lautet oft so: „Ich erkenne meine begrenzte Wahrnehmung, ich habe einen Fehler gemacht, ich bin der Fehler, ich habe Schuld und bin das Problem." Diese Haltung und Kette der Ableitung ist zu durchbrechen und zu verwandeln. „Ich erkenne, wie ich bisher wahrgenommen habe. Ich nehme Aspekte auf, die ich bislang nicht gesehen habe und erkenne darin Chancen. Ich werde so zum Teil der Lösung. Ich bin die Lösung." Das wäre ein Musterwechsel.

Wider die Bewertungsmentalität

In der Überwindung des „Richtig-Falsch-Denkens" und der habituellen Schuldzuschreibung liegt für Beratungsprozesse, die das Denken, Fühlen und Handeln von Menschen in lösungs- und entwicklungsorientierter Weise verändern wollen, der entscheidende kognitiv-mentale Knoten. Als Aufgabe resultiert daraus die Notwendigkeit, ausgehend vom jeweiligen Anliegen eines Menschen in bestimmten privaten, beruflichen oder gesellschaftlichen Kontexten, nicht nur die inhaltliche Frage zu beantworten, sondern zugleich darauf einzugehen, welche Konstruktion der jeweiligen Wirklichkeit den Ausgangspunkt für das Problemerleben bildet. Da die mentalen Muster per Definition nicht bewusst ablaufen, gilt es Formen zu finden, diese der Erkenntnis zugänglich zu machen und annehmen zu können.

Die Falle des individualistischen Denkmodells mit ego-zentrischer Weltsicht ist oft beschrieben worden:

- Selektive Kausalattribuierungen stehen im Dienst der Regression.
- Externalisierung der Ursachen des Scheiterns fungiert als Abwehrmechanismus.
- Die Koppelung des Scheiterns mit Selbstwertdefinitionen lädt jeden Fehler emotional auf.

Das Ziel einer in die Zukunft weisenden Konzeption der Entwicklungsunterstützung besteht in der Stärkung einer Haltung der Verantwortungsübernahme, ohne Selbstanklage. Die Frage der Schuld stellt sich nicht, nur die des Erkennens der Realität, der Suche nach Lösungen und der Übernahme der Verantwortung dafür.

Abb. 1: Ego-Zentrik und „blinder Fleck“

Mentale Muster und Prägungen

Denkmuster sind das Ergebnis familiärer und gesellschaftlicher Prägung. Sie werden in der Sozialisation verinnerlicht und bilden die Grundlage der Wirklichkeitskonstruktionen, die wir vielfach als Gegebenheiten und damit als Realität erleben. Die darin eingeschlossenen Grundüberzeugungen lauten üblicherweise:

- Alle Phänomene haben Ursachen und Gründe, erst wenn wir sie erkennen, können sie verändert und die darin enthaltenen Probleme gelöst werden: „Das ist so“.
- Alle Probleme sind das Ergebnis des Denkens, Handelns und Entscheidens von Individuen. Also sind Probleme vorwurfsvoll und anklagend zu personalisieren. Dieses Muster ist kulturell stark verankert.
- Alle Probleme, Situationen und Phänomene sind rational zu lösen, sie bedürfen der Erkenntnis, um zu Lösungen zu gelangen. Wir müssen erst verstehen und einsehen, um Veränderungen zu bewirken.

Diese Kausalitäts-, Schuld- und Einsichtsfallen lenken die Aufmerksamkeit auf die vermeintlichen Bedingungen des Entstehens. Aufgrund der Überdeterminiertheit von Situationen ist das ein langer Prozess des Suchens, der die Aufmerksamkeit in die Vergangenheit richtet.

Scharmer (2009, 61 ff.) benennt das Phänomen als „Downloading the pattern of the past". Es ist davon auszugehen, dass alle Konstruktionen von Wirklichkeit auf dem „blinden Fleck" beruhen. *Luhmann* wird der Satz zugesprochen: „Ein System kann nicht sehen, was es nicht sehen kann. Es kann auch nicht sehen, dass es nicht sehen kann, was es nicht sehen kann." Wir benötigen daher in den Beratungskonzepten und -strategien einen neuen Ausgangspunkt: „Eine ex-zentrische Position."

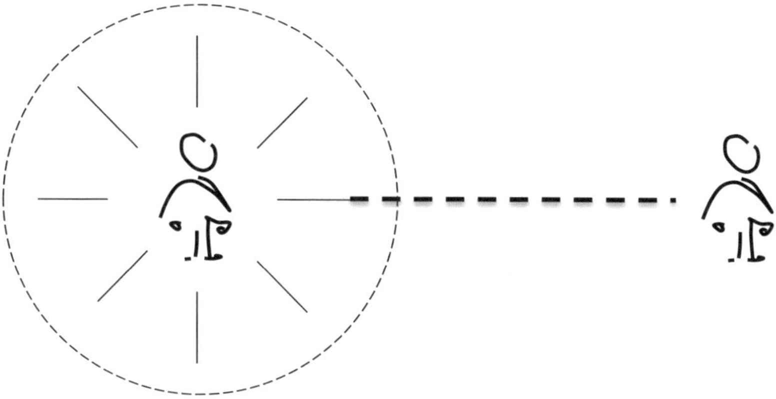

Abb. 2: Außer-sich-Sein in ex-zentrischer Position

Sich selbst von außen wahrnehmen, eine Form der Selbstempathie und des Selbstverstehens zu entwickeln, führt in Prozesse der aktivierenden Wahrnehmung. Wir sehen die Gleichzeitigkeit von Selbstwertbehauptung und Einlassen auf Unsicherheit als ambivalente Grundsituation, die zu bewältigen ist, und keinesfalls als Pathologie. Unsicherheit abwehren, konsistent handeln und antizipierend lernen. Allem Handeln liegt eine Intention zugrunde, die aus dem Bedürfnissen nach Wirksamkeit, Kontrolle und dem Streben nach Erweiterung gespeist wird. Leben ist persönliche Entfaltung in verkraftbaren Dosen, kein Hineinstürzen in haltlose Abenteuer und unkalkulierbare Risiken. Leben ist Selbstbewusstheit ohne Grübeln und Entwertung. Kollegiales Teamcoaching bietet dazu Halt und Ermutigung, Feldbestätigung und Feldergänzung.

Selbst-Empathie und Rollendistanz

Die Fähigkeit, sich in sich selbst einzufühlen, setzt eine Rollendistanz voraus und die Fähigkeit, sich selbst im Kontext bestimmter Rollen und im Rahmen eines Systems zu erkennen. Dabei verkörpere ich eine Rolle, neben der ich noch andere habe. Ich bin Redakteur einer Zeitschrift, Direktor einer Schule, Mitglied des Kollegiums, Abteilungsleiter einer IT-Einheit, Teammitglied eines Reorganisationsprojektes und vieles andere mehr.

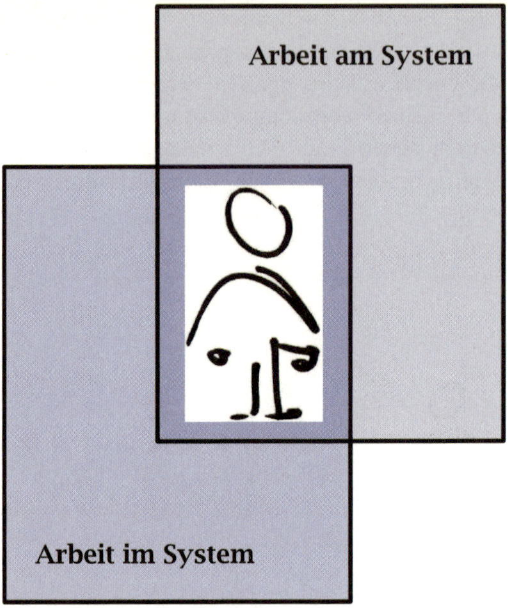

Abb. 3: Arbeiten in unterschiedlichen Kontexten

Als Person bin ich Teil eines Systems bzw. Teil mehrerer sich überlappender Systemkontexte. Die Selbstdefinition „im System" beschreibt mich als abhängig von gegebenen Rahmen. In der Regel gestehe ich mir nur zwei Alternativen zu. Entweder ich passe mich an und verzichte auf Forderungen oder ich konfrontiere und störe den Frieden. „Im System" kann ich optimieren, Abläufe verbessern, Qualität steigern und das Bestehende stabilisieren. Erst mit der Situierung „am System" erweitert sich das Spektrum der Lösungsmöglichkeiten. Ich könnte Situationen neu bewerten, Allianzen bilden, Prototypen schaffen, Regeln überdenken, Feedback geben oder Vereinbarungen treffen. „Am System" geschehen die Übergänge, dort wird Instabilität zur Voraussetzung des Wandels, bedeutet Loslassen ein Risiko und zugleich eine Chance, den notwendigen Freiraum für Neues zu schaffen.

Umgang mit Abhängigkeiten, Auseinandersetzung mit Komplexität, Anpassung an Gegebenes, Akzeptieren von Stabilisierung ohne Rechtfertigung kann in die Souveränität führen. In dieser Position kann es gelingen, das „Entweder-Oder-Schema" zu überwinden. Die Balance von Stabilität und Instabilität ist unsere lebenslange Aufgabe.

Lernen als Chance: Resilienz

Im Panorama unseres Lebens begegnen wir Situationen, die sich als eine Folge von stärkenden oder belastenden Konstellationen herausstellen. Die Entwicklungsaufgabe eines jeden Kindes, Jugendlichen und Erwachsenen besteht darin, diese

Umstände zu bewältigen. Wir sind nicht geprägt, geschlagen oder beschenkt durch eine „gute“ oder „schlechte“ Kindheit. Gut oder schlecht können die Formen der Bewältigung sein, stärkend oder schwächend die Umgebungen. Es geht um die Bewältigungs- und Problemlösungskompetenz, den Einsatz protektiver Faktoren und die Stärkung des Selbst in der Auseinandersetzung mit belastender Realität.

Entwicklung heißt unter schwierigen Umständen nicht aufzugeben und in Belastungen nicht zu verzagen. Die Entwicklung kluger und stärkender Überlebensschlussfolgerungen ist eine besondere Kompetenz. Resilienz bedeutet Mut zu entwickeln, unter entmutigenden Bedingungen kreativ zu werden und soziale Phantasie zu entwickeln, wo Situationen lieblos und ausweglos erscheinen.

Was die Seele stark macht, ist das Vertrauen in die eigenen Fähigkeiten und Wahrnehmungen. In der Mischung aus Bescheidenheit und Souveränität erkenne ich Möglichkeiten und Grenzen ohne aufzugeben. „Alles Leben ist Problemlösen.“ *(Popper 2003)* Mit diesem Satz interpretiert der kritische Rationalist die biologische Evolutionstheorie und macht ihn zum Titel seines Schlüsselwerks. Angst lähmt nicht, Scheitern ebenso wenig. Beides kann aktivieren und ein tiefe Kraft wecken. So werden Situationen als lösungsoffen und gestaltbar erlebt. Hilfe kann angenommen werden, ohne das Gefühl, geschwächt zu werden. Im Gegenteil treten Erlebnisse eines Empowerments ein mit positiven Zuschreibungen. Die Fähigkeit, sich wieder aufzurichten, aus einem Scheitern zu lernen, ist mehr denn je Voraussetzung eines erfüllten Lebens, in dem nicht auf Anhieb alles aufgeht. Bilderbuchbiographien sind im Rückzug, tragen zur Idealisierung bei und liefern so keine realistischen Modelle der Lebensbewältigung. Resilienz ist die Fähigkeit zur Konstruktion erfolgsoptimistischer Wirklichkeiten.

1.2 Das Verhältnis zwischen Person und System

Das KTC ist eine Methodik des Entwicklungslernens. Die Person lernt sich in ihren Umgebungen und systemischen Kontexten zu entfalten. Aufgrund der hohen und weiter zunehmenden Komplexität kommt diesem Lernen eine zentrale Bedeutung für die Entwicklung von Identität und Selbstbewusstsein zu.

Die im Laufe der Biographie gelungene Individuation ist immer wieder gefährdet. Systemische Zwänge, Ordnungen, Erwartungen und Ängste bewegen Menschen, auf ihren Gleisen fortzufahren. Das eigene Leben zu leben bedeutet „Ja“ sagen zu sich. Der zu werden, der ich bin, heißt sich auf den Weg zu machen zu sich selbst. Das Leben als eine Pilgerreise zu begreifen. Zu einem bedeutsamen Ziel.

Wenn Situationen erlebnis- und deutungsoffen sind, die vorgegebenen normativen Orientierungen schwächer werden und es eine Subjektleistung darstellt, mich im „Wir“ zu identifizieren und das „Wir-im-Ich“ zu erkennen, verlangt es nach einer neuen Fähigkeit. Statt der starren Orientierung an Normen als möglicherweise unverdaubaren Brocken an introjizierten „Du-musst-Botschaften“ und normativen Einschärfungen geht es um die stimmige Balance aus Egoismus und Altruismus. „Frage nicht, was für dich gut ist, gehe danach, was für das System gut ist, von dem du ein wesentlicher Teil bist." Das verlangt Abstandnahme und eine Wahrnehmung aus ex-zentrischer Position.

Wir sollten also immer wieder einmal „außer uns sein". Dieser Perspektivenwechsel ist eine Disziplin, die geübt werden kann. Im Kollegialen Teamcoaching begründet sich das Herzstück des methodischen Ablaufs auf diese dialogische Fähigkeit mit sich selbst. Dabei wird dem Subjekt heute mehr zugemutet als zuvor. Alles soll einmalig, unbeschwert, besonders, eindrucksvoll und außergewöhnlich sein. Ich muss auf andere Eindruck machen: „Wann bin ich wirklich gut? Wenn ich anderen gefalle oder mir selbst? Und wann gefalle ich mir?"

Biographie ist die Leistung des Subjekts. Die eigene Story schreiben, auf ein Happy End zugehen oder auf eine Zukunft, die mir mit Aufgaben und Herausforderungen begegnet. Ein Vermächtnis hinterlassen, etwas getan haben, was sinnvoll ist und worauf ich stolz sein kann. Selbst wenn ich alles richtig mache, habe ich dann alles richtig gemacht? Person und System sind untrennbar eine Einheit. Unsere Umgebung definiert uns, und wir erleben uns in Situationen, die uns vertraut, interessant, herausfordernd oder attraktiv erscheinen als Individuum.

Die Vorstellungen und Theorien von Entwicklung füllen ganze Bibliotheken. Es geht um Lebensqualität, um die Balance aus Leben und Arbeit, um die funktionsfähige Persönlichkeit, die viele widersprüchliche Aufgaben und ambivalente Ziele aufzulösen in der Lage ist. Bindungsfähig und flexibel, risikobewusst und wagemutig, bescheiden und besonders, diszipliniert und leidenschaftlich. Es geht vor allem um die Entfaltung. Und darum, dass das, was ich denke, wie ich fühle und handle in sich und für mich konsistent ist. *„Die sich entwickelnde Person geht durch Konflikte, sie erlebt den Schmerz, liebgewordene Argumente und Stellungnahmen wanken zu sehen und aufgeben zu müssen, sie erfährt die Spannung zwischen dem Bedürfnis nach Konsistenz und Gleichgewicht einerseits und (vorläufig) unlösbaren Widersprüchen andererseits." (Kohlberg* nach: *Flammer 2009, 180).*

Ziele setzen

Konsistenzerleben und Stimmigkeit sind jenseits der unterschiedlichen Themen eines Lebens und unabhängig von wechselnden Kontexten die übergreifenden Ziele der Selbstregulation und Steuerung des Selbst. In diesen Regulationen spielt die Art der Ziele eine entscheidende Rolle. Für das Konsistenzerleben, die Selbstregulation und das Kontrollerleben sind Annäherungsziele förderlich. Sie fokussieren die Aktivitäten, erlauben die Bestimmung von erfolgreichen Annäherungen und wirken stimulierend. Die angstbesetzten Vermeidungsziele konkurrieren dagegen mit den Annäherungstendenzen und defokussieren die Aufmerksamkeit, denn alle möglichen Elemente können Auslöser von einem Scheitern oder einer Abwendung eines Menschen sein, dessen Nähe und Wohlwollen zu erhalten ist. *(vgl. Grawe 2004, 277 ff.)* Anziehungsziele lösen Lernprozesse aus, Vermeidungsziele belohnen das Ausweichen.

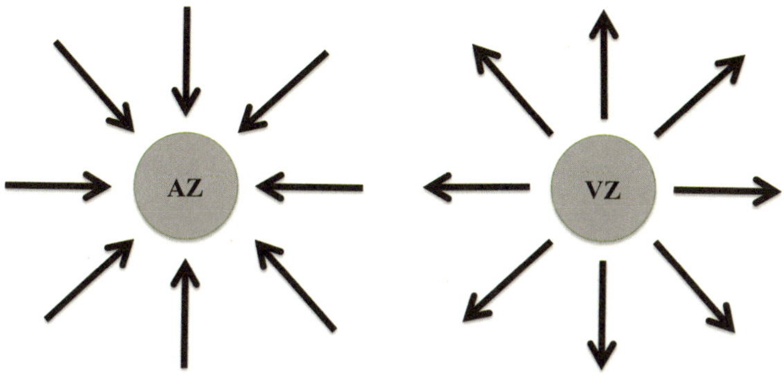

Abb. 4: Anziehungs- und Vermeidungsziele (Grawe 2004, 278)

„Kann ich die Antwort im Außen finden, sagt mir einer, was für mich gut ist? Muss ich die Antwort in mir finden, sagt mir meine Stimme, was mir gut tut? Und was, wenn ich mich täusche und von Ängsten bestimmt einen Weg einschlage, der mich von etwas weg, aber noch nirgendwo hinführt?“

Das KTC ist ein Weg und Beitrag des Sich-Findens eines Menschen in seiner Umgebung, im Rahmen seiner Potentiale, Wünsche und Möglichkeiten. Der Möglichkeitssinn wird angesprochen und im KTC wird ein Raum geschaffen, in dem das Innere nach außen dringt und von dort als nach innen wirkendes Geschehen stärkend, inspirierend und verändernd aufgenommen werden kann.

Von der unbewussten zur bewussten Inkompetenz

Die Fähigkeit der Abstandnahme, der Erkenntnis aus einer Position der Distanz heraus ist Grundlage der Entwicklung. Was läuft und wie laufe ich vor, mit oder hinter meiner Entwicklung her?

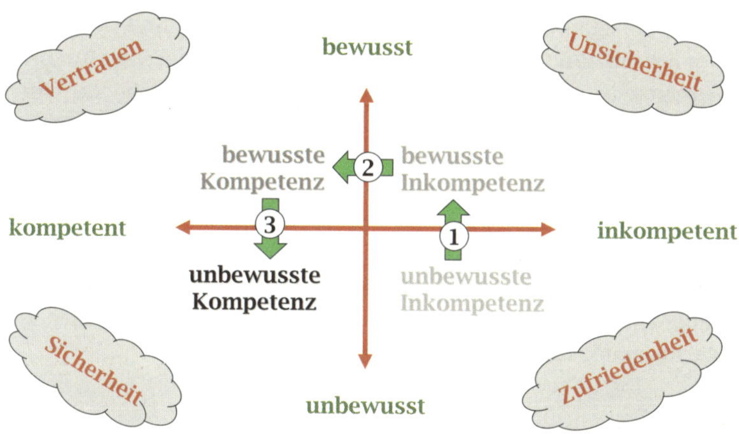

Abb. 5: Felder des tiefgreifenden Lernens

Alles tief greifende Lernen beginnt mit der Aufhebung der Selbsttäuschung im Raum der „unbewussten Inkompetenz". In diesem Raum fühlen sich die Menschen naturgemäß subjektiv sehr wohl, wenngleich diese Situation mit ambivalenten Gefühlen oder Ängsten begleitet ist: „Ich weiß nicht, was ich nicht weiß." Der entscheidende Erkenntnisschritt, der aufrüttelt, ist das persönliche Erkennen einer Inkompetenz oder die Entdeckung einer Täuschung als Ent-Täuschung. Mein Team sagt mir, was es stärker von mir möchte, ein Kunde gibt ein Feedback zur letzten Zusammenarbeit, ein Vorgesetzter äußert Enttäuschung über die Wirkung meines Verhaltens auf andere, meine Partnerin konfrontiert mich mit einer von ihr beobachteten Un-Fähigkeit. Ich vergegenwärtige und realisiere eine Differenz, die mir einen Schmerz, eine Spannung, eine Scham verursacht und mir zu denken gibt. Ich realisiere einen Bereich des Nicht-Könnens.

Im Aneignen der begehrten Fähigkeit, mich selbst aus externer Perspektive zu sehen, ohne die kritische Beobachtung anderer entwerten oder relativieren zu müssen, in Dankbarkeit für Offenheit und Wirklichkeitskonfrontation kann persönliches Lernen fruchtbar werden. Jetzt kann ich Optionen entwickeln. Damit ist der Schritt zur bewussten Inkompetenz ohne Entwertung notwendig und grundlegend. Das Lernen an den Widerständen der Praxis kann beginnen.

Übernahme der Verantwortung und lernen zu scheitern

Das Leben geschieht. Ich erlebe mich in Situationen, spüre Erwartungen, Wohlwollen und Zuneigung oder Skepsis, Vorbehalte und Prüfungsanforderungen und zugleich erlebe ich mich selbst in gelungenen und misslungenen Momenten. Ein permanenter Dialog begleitet mich. Es ist meine Stimme. Es sind meine Kommentare, Zuschreibungen und Bewertungen. Aber sind es auch meine? Oder sind es nicht vielmehr die Bewertungen und Kommentare anderer, die ich verinnerlicht habe? Wie lerne ich eigenen Maximen und Bewertungen zu folgen? Dabei kommt es auf die Bewertung des Scheiterns an. Diese gilt es neu zu bewerten.

Müssen wir nicht in den Familien, Schulen, Betrieben und Universitäten das Scheitern lernen? Wir scheitern doch häufiger, als es gelingt, dass die Dinge vollkommen aufgehen. Für vieles, was wir uns vornehmen, bleibt im Rahmen des Möglichen immer ein Rest. Wir schöpfen die Chancen nicht aus, erreichen hoch gesteckte Ziele nicht ganz, die Balancen gestalten sich als schwierig. Am Ende bleiben Fragen offen. Die Verarbeitung der Rückmeldungen des Systems, das Abkoppeln des Erfolgs und Misserfolgs vom Ego ist eine wichtige Ich-Leistung. Sie setzt auch den Rechtfertigungsmechanismus außer Kraft. Die bewusste Inkompetenz ist die erste Stufe reifer Entwicklung. Ich weiß jetzt, was ich nicht weiß oder noch nicht kann. Ich kann erkennen, wo die Kluft liegt zwischen „Wünschen und Handeln", die Realität kann als Lehrmeister wirken.

Auf dem Weg von der bewussten zur unbewussten Kompetenz

Jetzt schaue ich auf mich, und überprüfe meine selbst gesetzten Ziele, frage mich nach der Bedeutsamkeit meiner Intentionen und schaue selbstkritisch auf mein Vorgehen. Wenn es mir gelingt, kann ich mich als lernendes Wesen annehmen. Wenn mich ein Perfektionismus oder ein anderer Treiber plagt, werde ich mich gescheitert, geschwächt und misslungen erleben. Die Bewältigung der Kränkung einer bewussten Inkompetenz ist die Klippe für die Entwicklung des Selbst. Ich habe mich zu entscheiden und übernehme Verantwortung.

Wir stoßen im Leben auf Situationen, die Differenzen deutlich machen. Diese Differenzen sind unangenehm, sie zeigen auf, was noch nicht gelingt. Habe ich eine Haltung des „Ins-Gelingen-verliebt-Seins", werde ich die Barrieren, Klüfte und Abstände als Ansporn erleben. Sie zeigen mir, woran ich zu arbeiten habe in Vorfreude auf mich selbst. So trainiere ich das Klettern, nehme Anläufe und wage etwas Neues. Ich übe, riskiere mich, verzichte auf Perfektion, denke in Verbesserungen und lerne von anderen, durch die Hilfe anderer und ihr Feedback. Im professionellen Leben trainiere ich mich an Situationen für Aufgaben, Auftritte und Rollen. Wer Herauforderungen annimmt und sich erprobt, hat die Chance zu lernen. Entwicklung ist verinnerlichtes Lernen mit Spickzettel. Ich schaffe mir Hilfen herbei, aktiviere meine Ressourcen und bereite mich besonders vor, mache meine Gegenüber zu Helfern und entwickle mich so strategisch.

Spüren, was mich stark macht, erfahren, worin ich gut bin, erkunden, worauf ich Lust habe. Ich entfalte mein Potential und übernehme darin die Regie, aber auch die Dramaturgie und schreibe meinen eigenes Lebensskript. Leben im Lampenfieber der Szenen, die ich betrete. Erlebnisse, die sich in mir verankern und Fähigkeiten, die mir selbstverständlich werden. Die bewusste Kompetenz ist eine Disziplin des Selbst. Ich entwickle mich. Das ist Balsam für das Selbst.

Das Erreichen der unbewussten Kompetenz

Wenn die Intuition die Oberhand gewinnt und das Unbewusste eine erleichternde Bedingung darstellt, verfüge ich über eine Kompetenz, die mir schließlich zu eigen geworden ist. Die Identität eines Subjekts lebt von der Selbstverständlichkeit, mit der ihm seine Kompetenz zur Verfügung steht. Ich erlebe mich selbstwirksam, stimmig, konsistent und in Übereinstimmung mit meinen Grundbedürfnissen. Die Energie, die ich für eine Bewusstheit der Handlungsabläufe benötige oder für die Beobachtung von Gefahrenquellen des möglichen Scheiterns, wird auf dieser Stufe frei für Wahrnehmung, Passung, Synchronisierung und Spontaneität. Jetzt ist es leicht, fast unwillkürlich kommen die Ressourcen zum Einsatz, intuitiv werden Entscheidungen getroffen, Ideen fließen wie im Flow. Es ist wie ein Tanz. Die Stufe des Schritt-für-Schritt-Lernens ist längst hinter uns, wir sind eins mit der Bewegung, der Musik, dem Raum, dem Partner und schweben dahin.

Die Kapazität der Situationsbewältigung nimmt zu, Komplexität kann anders erfasst werden. Entscheidungen erfolgen spontan und sicher. Dieses Gefühl der

Sicherheit trägt zum Erfolg bei. Das Subjekt erlebt sich selbstwirksam, kompetent, es kann sich diese Eigenschaft selbst zuschreiben. Darauf steigt die Überzeugung, auch schwierige und komplexe Dynamiken zu kontrollieren. Das stärkt zugleich Autonomie und Selbstbewusstsein. Das „Ich" erlebt sich im „Wir" und das „Wir" verinnerlicht sich im „Ich". In wechselseitiger Durchdringung entsteht ein akzeptierender Dialog.

Die Erfassung von Situationen als Ganzes, das Erkennen von Chancen im Augenblick, die Sicherheit der Handlungsauswahl in einem Moment sind Ausdrücke und Formen unbewusster Kompetenz. Menschen erleben sich auf dieser Stufe als stimmig mit sich selbst. „Ich verlasse mich auf meinen Geschmack, mein Gespür und meine Intuition." Diese Selbstkompetenz in Form des Selbstvertrauens bildet Identität. Ja, das kann ich. Das bin ich. Ich bin ganz eins damit – ich bin und wirke souverän.

1.3 Systeme bieten Rollen an

Eine andere Form der Entwicklung des Subjekts richtet sich auf die Übernahme von Rollen. Eine Rolle gibt einem Menschen eine Position, einen Status, eine Hervorhebung und Unterscheidung. Kinder und Jugendliche üben sich in Rollen ein, die sie in Interaktionen, in Peer-Groups und Cliquen immer wieder spielerisch erproben. So werden sie zu Ideengebern, Initiatoren, Unterhaltern, Beziehungsknoten, Kommunikationsdrehscheiben, Netzwerkern, Spaßvögeln, Störern oder Eventmanagern. Die Palette ist breit.

Zu diesen informellen Rollen, die für die Sozialisation immer mehr Gewicht bekommen, treten die vielen Rollen und Auszeichnungen in den sozialen Umfeldern der Schule, Kirche, des Sports, der Kultur, als Klassensprecher, Messdiener, Mannschaftsführer, Schiedsrichter, Trainer, Gruppenführer, Chorleiter, Solist, Bandleader oder Chormitglied.

Systeme leben von Rollenzuweisungen, die vergeben werden an geeignete Personen. Person und Rolle verbinden sich, sie schaffen eine Identität, die über die Kompetenz hinausgeht und Rollenansprüche und -erwartungen erfüllt und damit die Rollenzuweisung bestätigt. Systeme verleihen auch Negativrollen der Abweichung in Richtung Versagen, Devianz und Zugehörigkeit. Sie definieren so Versager, Verhaltensauffällige und Außenseiter.

Im KTC geht es oft um die Klärung der Fragen der Erwartungen an eine Rolle, der Festgelegtheit der Rolle und der Variabilität, mit der die Rolle gelebt und gestaltet werden kann. Jemand erfüllt seine Rolle oder er fällt aus ihr heraus. Souveräne Rollenträger verkörpern ihre Rolle und prägen sie darüber hinaus mit ihrer Persönlichkeit. Entwicklung ist auch als Rollenentwicklung zu verstehen. Wer jahrelang in der zweiten Mannschaft spielt, gibt es vielleicht auf, die Aufstellung in der ersten Mannschaft zu erwarten.

- Wie komme ich in eine Rolle?
- Wie fülle ich die Rolle?
- Wie verändere ich die Rolle?

Die Auseinandersetzung mit Rollen ist eine der stärksten Themenfelder in den KTCs.

- Rollen sind oft getrübt, Erwartungen nicht klar definiert, Verantwortungen diffus.
- Rollenklärungen sind Kontextklärungen. Was ist in dieser Situation meine Rolle?
- Rollendistanz, Rollenflexibilität, Rollenambiguität wollen gemeistert werden.
- Rollen legen fest, sie nehmen Freiheitsgrade, klären Verantwortung und Legitimation.

Wenn wir in konkreten Situationen lernen, ist die Bewältigung der Komplexität, Ambivalenz, Distanz zur Rolle und die Frage nach mir selbst, nach meiner Person entscheidend. Und auch hier geht es um die Stimmigkeit, die Kongruenz und Konsistenz. Wir spüren geradezu intuitiv, was an einer Rolle nicht stimmt, ohne sogleich aus dem Unbehagen eine Lösung entwickeln zu können.

Agency – die Frage der Verantwortlichkeit

Wer ergreift die Initiative zur Veränderung? Wem ist es ein Anliegen? Wer fasst sich ein Herz? Situationen schauen auf mich, ich sehe auf Situationen. Ich frage nicht nach Zuständigkeit, sondern betrachte die Verantwortlichkeit oder die „Agency“ wie *Giddens (2000)*, der englische Soziologe, die Frage der Initiative in Veränderungen bezeichnet.

Jenseits der formellen Aufgabenzuordnung wächst eine Haltung der Leadership. Derjenige, dem die entstehende Zukunft eine Aufgabe stellt, derjenige, der im Hinblick darauf sich fragt, was sein Beitrag zur Gestaltung ist, kann ein Agent des Wandels werden. Er nimmt die Rolle und die Aufgabe an. So ein Verantwortlicher geht voraus, zeigt seine Initiative und antizipiert die Folgen. Selbst wenn keiner in seinem Umfeld ihn beauftragt hat.

Themen, die in KTCs häufig sind und Chancen zur Bewältigung eröffnen:

- Fragen zum Selbst- und Fremdbild
- Themen des Kontrollverlusts und der Inkonsistenz
- Unklare Rollen, Erwartungen und Komplementärrollen
- Diffuse Ziele, Dominanz der Vermeidungsmotivationen
- Verantwortung, Initiative und Fragen der Leadership
- Entscheidungen und Auflösung von Ambivalenzen
- Kräftefelder und Konflikte mit wichtigen Partnern
- Unsicherheit, Angst und alte Muster der Bewältigung
- Lebensqualität und Balance halten
- Fragen nach Muße und Sinn
- Ausprägung der Willenskraft und Entschlossenheit

Wir sehen uns ein exemplarisches Beispiel aus dem Bildungsbereich an. Es geht darum, Schule neu zu denken und eine integrative Schulform der 10- bis 14-Jährigen zu schaffen, die nach dem Prinzip der Inklusion arbeit. Alle Schüler sollen ihre Chancen bekommen und lernen, sie zu nutzen.

„Schule neu denken. Leistung braucht Vertrauen. Die Ministerin im Dialog." Das Bundesministerium ergreift die Chance einer Öffnung im System der 10- bis 14-Jährigen in Richtung einer Form der Gesamtschule. Eine dritte Schulform, die erst einmal angenommen werden und sich bewähren muss. Sie bildet den Raum und die Gelegenheit für die Bundesländer und die einzelnen Schulen und Kollegien, den neuen Weg zu beschreiten. An dieser Schule ist nicht alles neu, aber alles, was ist, wird neu gedacht:

- *Leistungsniveau*
- *Leistungsbeurteilung*
- *Individualisierung*

Eine Schule, die personalisiertes Lernen anbietet, stellt den einzelnen Schüler in den Mittelpunkt. Das verlangt ein neues Denken von den Lehrkräften. Das kann nicht verordnet werden. Die Verwaltungsanordnung als Grundlage der Innovation ist nicht geeignet. Eine Schule wird freiwillig zur „Neuen Mittelschule". Sie muss sich dazu entscheiden. Darüber stimmt ein Kollegium ab und es sprechen die Schulpartner mit. Die Verantwortung für diese Entscheidung tragen viele. Auch die, die nicht zustimmen, tragen Verantwortung und verdienen Respekt. Systeme stellen sich der Innovation nicht aus freien Stücken, aber in bewusster Verantwortlichkeit.

Agency bedeutet eine Haltung der Verantwortungsübernahme, die auch das einschließt, was ein Leiter im engeren Sinn gar nicht verantworten kann, etwa die Haltung der Lehrkräfte, ihre Bereitschaft, die Offenheit der Eltern, die Vorgaben des Ministeriums und die Einstellung der Schüler, ihr persönliches Commitment. Alles, was nicht verordnet werden kann, muss durch Leidenschaft, Überzeugung und Inspiration geschaffen werden. Dazu gehört das Feuer, einer muss dafür brennen, sonst schaut er bloß zu, wie lange die Glut wohl hält. Das Verlöschen ist dann sehr wahrscheinlich.

Ich nehme Dinge auf mich, ich bekenne mich dazu, mache mich sichtbar, beziehe Stellung und werbe für mein Denken und lade andere ein. In einer Beziehung auf Augenhöhe gewinne ich Mitstreiter, gemeinsam erleben wir Urheberschaft. Und was wir gemeinsam beginnen, denken wir auch gemeinsam weiter, wir tragen Verantwortung. Agency ist eine Haltung, ein Denken in Möglichkeiten, die wir zu Wahrscheinlichkeiten, ja sogar zur Gewissheit machen können.

1.4 Paradigmen des neuen Denkens

Das Kollegiale Teamcoaching konzentriert sich auf die Dimensionen des Wahrnehmens, Denkens und Handelns, die von den Subjekten als Ausdruck der Konstruktionen ihrer Wirklichkeit selbst hervor gebracht werden. Dabei haben sich bemerkenswerte Veränderungen entwickelt. Die Wirklichkeitsauffassungen haben Veränderungen und Neubewertungen erfahren.

- Emotionalität vs. Sachlichkeit
  Galt es in der Vergangenheit als Tugend, sachlich, nüchtern und beherrscht aufzutreten, so geht es in Zukunft um eine Verbindung von Rationalität und Emotionalität. Das Gehirn speichert nur emotional Erlebtes als Erfahrung, rationale Einsichten und Erkenntnisse bleiben demgegenüber blass.

- Subjektivität vs. Objektivität
  Aussagen im eigenen Namen als Ausdruck reflektierter Subjektivität haben eine andere Kraft und werden anders gehört als objektivierte Erkenntnisse, denen die Subjektivität zuerst abgepresst wurde, um sie später mit Zusatz von Motivationen und Identifikationen wieder einzuführen.
- Zukunft vs. Vergangenheit
  Eine Vorstellung von Zukunft, die mit Chancen, Möglichkeiten und Risiken auf uns zukommt, ist spektakulär anders. Sie nimmt Abschied von der linearen Fortschreibung des Bestehenden mit allenfalls quantitativen Veränderungen. Sie stellt sich als zu gestaltende in mehrfacher Komplexität sich stellende Entwicklungsaufgabe dar, in der sich Willen und das mögliche Selbst zu einer Lösung verbünden.
- Lösungen vs. Probleme
  Das Denken in Lösungen eröffnet den Raum der Optionen und erweitert die Möglichkeiten. Probleme dagegen verengen das Denken, die Suche nach Ursachen verengt den Blick. Die Beseitigung der Ursachen für vergangene Probleme ist nicht der Weg zur Entdeckung eines neuen Vorgehens.

Das KTC stärkt die Emotionalität und Subjektivität, es richtet dabei den Blick auf die Zukunft und die Lösungen, aktiviert Wahrnehmung, öffnet das Denken, das Fühlen und das Wollen. In dieser Verbindung werden Menschen fähig Entwicklung zu antizipieren und Entscheidungen zu treffen. Ja sagen können zu den Gegebenheiten des Lebens und voll innerer Zuversicht und Handlungsbereitschaft der Zukunft entgegen zu treten. Das ist Hoffnung im aktuellen Kontext des Seins.

Immer wieder regulieren sich die Menschen in diesen Prozessen selbst, streben nach Bedürfnisbefriedigung, Spannungsreduktion, Stimmigkeit, um konsistent und wirksam zu leben. Das Kollegiale Teamcoaching ist so gesehen ein Beitrag zur Konsistenzverbesserung, eine Übung in bewusstem Kontextlernen, ein Prozess aktivierender Wahrnehmung.

Vertrauen als Reduktion von Komplexität hilft, die Energien auf Annäherungsziele zu richten, die als relevante Schlüsselthemen erkannt werden. Eindrücke von anderen können als Rückmeldungen, Beobachtungen mein Wahrnehmungsfeld erweitern. Ganz außer mir lerne ich mich zu sehen. Im Wechsel von Abstandnahme und Introspektion entfalten sich das personale Subjekt und die persönliche Situation in wachsender personaler Kompetenz.

2. Dynamik und Komplexität

„Wenn auch nur die Form eines einzelnen Satzes gelingt, der scheinbar nichts mit allem gemein hat, was ringsum geschieht – wie wenig das Uferlose uns anhaben kann, das Gestaltlose im eigenen Inneren und rings in der Welt!“ (Max Frisch)

„Leadership und Learnership bilden ein unzertrennliche Einheit“: John F. Kennedy brachte diese beiden Begriffe in einen wechselseitigen Zusammenhang. Er verlieh damit seiner Überzeugung Ausdruck, dass die Verantwortlichen in Bildung, Wissenschaft, Wirtschaft, Gesellschaft und Politik glaubwürdige und überzeugende Rollenvorbilder für ein lebenslanges Lernen sein müssten. Nur wer lernt, hat einen Anspruch auf Führung. So lautete seine These.

Aus der Bewusstheit der ständigen und sich noch beschleunigenden Verkürzung der Halbwertzeit von Wissen erwächst die zwingende Schlussfolgerung, dass die Menschheit und jeder Einzelne lernen muss, in seinem Leben mit Aufgaben umzugehen, die ihm zum Zeitpunkt der schulischen Bildung oder der späteren Ausbildung noch gar nicht bekannt waren. Während die „Software of the mind“ *(Hofstede 2003)* einer umfassenden Renovation bedarf, hat sich auf der Systemseite im Zuge der Wissensgesellschaft und Postmoderne eine dramatische Beschleunigung ereignet.

Unsere Privatsphäre ist geschrumpft, die Kommunikationstechnologie macht uns rund um die Uhr verfügbar. Die Abgrenzung gelingt auch oder gerade den Profis nicht. Burn-out-gefährdet sind gerade diejenigen, die so souverän mit der Technik umgehen. Mit sich selbst protektiv zu verfahren fällt dagegen schwer. Einen Feierabend kennen nur noch die wenigsten. Das Internet lädt ein zu einem „zweiten Leben“. Es gilt präsent zu sein im Netzwerk, auf Plattformen, in den virtuellen Welten des Dialogs. Googeln, bloggen, twittern, chatten, skypen. Noch nie wurde soviel kommuniziert und so wenig gesagt.

- Die Menge des bestehenden und über das Internet zugänglichen Wissens entwickelt sich explosiv und ist in allen Dimensionen grenzenlos.
- Die Veränderungen in allen gesellschaftlichen Bereichen, ob Bildung, Dienstleistungen, Produktion, Gesundheit oder Finanzen, sind in Folge des Technologiewandels in exponentieller Beschleunigung begriffen.
- Bislang lokal einzugrenzende und auf eine handhabbare Zahl an Bedingungsfaktoren zu reduzierende Einflussgrößen werden durch globale Faktoren mit unberechenbaren Wirkungen abgelöst.
- Die Verfügbarkeit der Individuen steigt, wer nicht innerhalb kurzer Zeit antwortet, ist schon out. Die Behauptung der Privatsphäre fällt schwer.
- Die Mobilität steigt, Arbeit und Freizeit verschwimmen, viele Arbeitsprozesse finden in privaten Umwelten statt. Die Konkurrenz um Zeit und Dasein ist entbrannt. Abgrenzung wird zur wichtigsten Aufgabe der Work-Life-Balance.
- Arbeit wird zum identitätsstiftenden Faktor und zugleich wird diese zunehmend unsicher.

- Das Leben ist durch eine durchgängige Furcht gekennzeichnet, die Berechenbarkeit und Vorhersagbarkeit von Ereignissen nimmt ab.

Hier gilt wie in vielen anderen Zusammenhängen der Satz von *Watzlawick*, nachdem die Lösung das Problem sei *(2003)*. Unsere Bewusstheit ist gerade dort besonders gefordert, wo wir selbst überzeugt sind das Richtige zu tun.

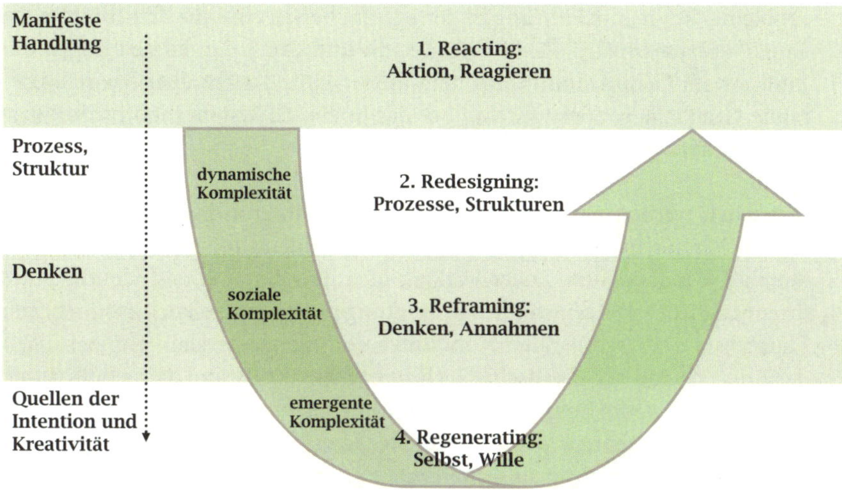

Abb. 6: Dynamische, soziale und emergente Komplexität (Scharmer 2009, 72)

2.1 Ineinanderfließende Sphären

Es finden zudem alle unterschiedlichen Entwicklungen gleichzeitig statt, die das Wissen explodieren lassen und zugleich die Übersicht über das Ganze erschweren. Die Kontexte und Sphären etwa „privat" und „beruflich" lassen sich nicht mehr eindeutig voneinander trennen. Sie werden fließend. Wir sind online, fast immer. War es früher selbstverständlich, dem privaten Kontext die affektive Betroffenheit und die Gefühle zuzurechnen und diese vom beruflichen Kontext zu trennen, der durch Sachlichkeit und Selbstbeherrschung gekennzeichnet war, so ist in der Zwischenzeit eine Zone weiterer Kontexte mit hochgradiger Vermischung der Sphären entstanden:

- **Team**
  Eine professionelle Arbeitsgruppe besteht aus Aufgaben, Zielen, Projekten und Menschen, die sich im Zusammenspiel dabei ergänzen und inspirieren. Die Teamwelt fordert Offenheit, Vertrauen, Emotionalität und Leidenschaft. Wertschätzung wird als Grundlage der Wertschöpfung verstanden. Nur wer sich einlässt, Resonanz erlebt und zugleich sich selbst im Blick hat, kann die Ambivalenz der neuen vermischten Sphären konstruktiv auflösen. „Ein emotional intelligentes Team verfügt also kollektiv über Empathie, die Grundlage aller Beziehungsfähigkeiten." *(Goleman 2005, 227)*

- **Leadership**
  Die Rolle der Führung löst sich vom sachlichen Managementkontext und erweitert sich um die Dimension der Leadership *(vgl. Schley/Schratz 2010).* In dieser kommt es auf eine gute Beziehungsbasis der Wertschätzung und Akzeptanz an, die sich auf Resonanz und Intuition gründet. Wer keine gute Introspektion hat, wer seine Wirkung auf andere nicht einschätzen kann, bekommt Probleme. Resonante Führung ist gefragt, am besten eine, die den „limbischen Tango" *(Goleman 2005, 72 f.)* tanzen kann und damit den kurzen Bogen der Intuition im Gehirn nimmt, bei dem die Gedanken nicht über das reflektierende Großhirn, sondern direkt über das limbische System intuitiv assoziiert und neuronal gekoppelt werden.
- **Kultur**
  Menschen werden bestimmt und geprägt von ihrer Umgebung. Indem sie Atmosphären schaffen und eine Kultur heraus bilden, können sie Einfluss nehmen auf Wohlbefinden, Zugehörigkeit, Identität, Bindung und Identifikation ihrer Mitglieder. Die feinstofflichen Wirkungen von Symbolen, transitorischen Räumen und übergreifenden Stimmungen führen zu starken Veränderungen des Erlebens und der Bereitschaft sich zu engagieren. Es sind die gemeinsamen Überzeugungen, die Zusammenhalt und Überleben sichern.

Die fühlbaren, erlebbaren, die Atmosphäre eines Systems charakterisierenden Merkmale werden wichtiger als seine Gebäude, Strukturen und Standorte. Eine stärkende Umgebung bindet Menschen. Das Image einer Marke ist entscheidend, darin liegt ihre Identität und ihr Wert. Die Ausstrahlung einer Person und die Fähigkeit Vertrauen zu bilden ist bedeutsam. Wichtig wird, wie etwas wahrgenommen wird, weniger, wie etwas ist. Das bedeutet auch Verantwortung zu übernehmen für das was von mir ausgeht, mich zu interessieren für meine Wirkungen. Kompetenz allein genügt nicht. Performanz zählt. Energie als Gradmesser der Wirkung.

Wie können wir diese Kompetenzen lernen? Zunächst einmal gehört dazu ein Loslassen bestimmter Kontrollüberzeugungen. Wir haben unsere Wirkungen nicht im Griff. Jemand, der gerade alles richtig machen will, erfährt in kritischer Resonanz, dass er als angestrengt, bestimmend und unzugänglich erlebt wird. Offenheit, Transparenz und Bereitschaft zum Feedback sind grundlegende Haltungen, die ein Lernen der „emotionalen Intelligenz" *(Goleman 2005, 299 ff.)* begünstigen. Sie gelingen über Prozesse, nicht über Programme. Ein neues Lernverständnis, das eher einem Entwicklungsverständnis entspricht ist gefordert. Es geht darum die eigenen Fähigkeiten und Wirkungen zu entfalten, sich ihrer bewusst zu sein, ohne sie zu kontrollieren und technisch einsetzen zu wollen. Das ist eine Herausforderung eigener Art und mit „Sei spontan"-Paradoxien nicht zu bewältigen. Watzlawik hat dafür in seinen Werken zahlreiche illustrative Beispiele geliefert (*Lösungen. Zur Theorie und Praxis menschlichen Wandels, 2003).*

2.2 Jenseits des „Entweder-Oder-Denkens“

Systeme haben heute und in Zukunft zunehmend größere Gegensätze, Spannungen und Widersprüche zu bewältigen. Die Integration gegenläufiger Strebungen und Ausrichtungen in Unternehmen, Institutionen, aber auch in Gesundheits-, Verkehrs- und Bildungssystemen stellen hohe Anforderungen, die Leadership erfordern und mit Managementdenken allein kaum gelöst werden können. Vertrauen, Glaubwürdigkeit, Stimmigkeit werden zu Qualitäten und Maßstäben, an denen politische und unternehmerische Führung gemessen wird. Wir erleben die zunehmende organisationale und soziale Komplexität und die damit einhergehende Dynamik kurzfristiger Wechsel grundlegender Orientierungen.

Die Fähigkeit, Paradoxien, Ambivalenzen, Wertekonflikte, Zieldivergenzen und Systemwidersprüche aufzulösen, wird zu einer entscheidenden professionellen Dimension im Denken und Handeln von Führungskräften. *Hofstede (2000)* bezeichnet die Herausforderung als „Changing the software of the mind“. *Jansen und Littmann (2000, 31)* sprechen sich für paradoxietaugliche Organisationskonzepte aus: „Sie müssen in den Paradoxien oszillieren können. Sie müssen oszillodox sein“

„Paradoxien sind zunächst unentscheidbar, das ist ihr wichtigster Vorteil, denn dadurch verzögern sie und schaffen einen *wertvollen Zeitverlust.* Bevor entschieden werden kann, werden zunächst weitere Unterscheidungen, weitere Reflexionen notwendig. Diese zeitaufwendige Reflexion schützt vor übereilten, unbedachten und einseitigen Reflexen, Automatismen und Routinen.“ *(Jansen/Littmann 2000, 19)*

Ambivalenzfähigkeit und Paradoxietauglichkeit sind Kernkompetenzen der Menschen in der flüchtigen Moderne geworden, in der Konzepte und Strukturen durch immer kürzere Halbwertszeiten geprägt sind. Das Erleben der Paradoxie und dadurch hervorgerufener Entscheidungsdilemmata bleibt nicht auf die berufliche Sphäre begrenzt, sie prägt die private Lebenswelt in gleicher Weise.

Hier knüpft das Kollegiale Teamcoaching an, geht es doch darum, die Paradoxien produktiv zu nutzen und das in ihnen gebündelte Ideenpotential zu erschließen. Es verlangt die Fähigkeit loslassen und entstehen lassen zu können.

2.3 Leben in flüchtigen Zeiten

„Unerschrocken in die Brutstätte der Ungewissheiten“ *(Baumann 2008, 7)*, so lautet die postmoderne Grundhaltung. *Zygmunt Baumann* hat uns in zahlreichen Werken mit dem Gedanken vertraut gemacht, dass unsere Zeit als Zeitalter der Flüchtigkeit und der Ungewissheit zu gelten hat mit allen Folgen. „Da wäre erstens der Übergang von der ‚festen‘ zur ‚flüchtigen‘ Phase der Moderne, in einen Zustand, in dem soziale Formen ihre Gestalt nur für kurze Zeit behalten, weil sie so schnell zerfallen, dass sie schon geschmolzen sind, während sie noch geformt werden.“ *(Baumann 2008, 7)* Die Substanz, Festigkeit, die Struktur, der Halt, die Bindung, alles Formen der Stabilität, sind den flüchtigen Phänomenen gewichen.

„Die bisher existierenden Möglichkeiten des modernen Staates, effektiv zu handeln, verlagern sich zunehmend in den politisch unkontrollierten globalen Raum, während die Politik, also die Fähigkeit, Ziel und Richtung des Geschehens zu beeinflussen, außerstande ist, auf globaler Ebene effektiv zu agieren, da sie nach wie vor lokal ausgerichtet ist." *(Baumann 2008, 7)* Als Drittes wird der Staat als starke und lenkende Kraft zunehmend selbst in komplexe Dynamik und Unvorhersehbarkeit verstrickt. Das Vertrauen in die ordnende und lenkende Kraft schwindet. *(Baumann 2008, 8)*

„Viertens führt das Ende langfristigen Denkens, Planens und Handelns sowie die Auflösung und Schwächung sozialer Strukturen, in denen solches Denken, Planen und Handeln auf längere Sicht verankert werden könnte dazu, dass die politische Geschichte wie auch das Leben jedes Einzelnen zu einer Reihe kurzfristiger Projekte und Episoden aneinandergefügt wird." *(Baumann 2008, 9)* Das Leben in der flüchtigen Moderne folgt eigenen Prinzipien der Vernetzung, der losen Koppelung und der Nutzung riskanter Chancen, „denn es gibt keine autorisierten Rezepte, die einen vor Irrtümern schützen könnten, wenn man sie nur ordentlich erlernte und pflichtschuldig befolgte […]". *(Baumann 2008, 10)* Autoritäten, die dieses behaupten, werden belächelt.

„Es ist an der Zeit zu fragen, wie diese Umbrüche das Spektrum der Herausforderungen verändern, mit dem sich Frauen und Männer bei ihren Lebensentscheidungen konfrontiert sehen." *(Baumann 2008, 11)* Das Ringen geht um Ordnung, Vorhersehbarkeit, Sicherheit, Kontrollierbarkeit und Erwartbarkeit. Wenn ich heute auf etwas einzahle, bedeutet es gar nichts mehr. Es kann alles sein zwischen Spekulationsgewinn und Totalverlust.

„Ordnung ist ständig im Überlebenskampf begriffen. Das Andere der Ordnung ist nicht eine andere Ordnung: Die einzige Alternative ist das Chaos […] Das Andere ist die Ungewissheit, reiner Ursprung und Archetyp aller Furcht. Entsprechungen für das ‚Andere der Ordnung' sind: Undefinierbarkeit, Inkohärenz, Widersinnigkeit, Unvereinbarkeit, Unlogik, Irrationalität, Mehrdeutigkeit, Verwirrung, Unentscheidbarkeit, Ambivalenz." *(Baumann 1992, 19)* Diese Phänomene tauchen in KTCs auf, als negative Ausformungen der dahinter liegenden Erwartungen, als Enttäuschungen und als Ziele, für die es sich lohnt zu hoffen und zu kämpfen.

Die Auseinandersetzung mit Ordnungsbedürfnissen, Berechenbarkeit, Vorhersehbarkeit und Kontrollierbarkeit steht im Zentrum des Ringens um Selbstwirksamkeit in den Zeiten der flüchtigen Moderne. Auf was kann ich zählen? Auf die Permanenz des Wandels, auf zunehmende emergente Komplexität, auf lose Koppelung von Ereignisketten und zunehmende Ungewissheit? Es scheint so, als ob das Sicherheitsbedürfnis kontinuierlich enttäuscht wird und eine latente Unsicherheit das Leben bestimmt. Entscheidungen sind kurzfristig, die Angst bleibt, dass nichts bleibt wie es ist. Das Leben als eine Folge riskanter Chancen.

Den Individuen werden dementsprechend hohe Konsistenz- und Identitätsleistungen abverlangt.

2.4 Der Wandel geht zu schnell, die Seele kommt nicht nach

„Für viele Menschen aber – nicht nur in der Wirtschaft – hat sich die Veränderung zu schnell vollzogen. Manager und Führungskräfte sind plötzlich und zum Teil völlig unerwartet vor ganz neue Aufgaben gestellt – und diese Aufgaben erfordern zum Teil völlig neue Kenntnisse und Fähigkeiten.“ *(Doppler/Lauterburg 2005, 37)*

Lernen braucht einen Sinn. Wenn der Verlust von Sinn erst einmal verarbeitet werden muss, braucht es Zeit. Umgang mit Ungewissheit, Intransparenz und Komplexität, letztere auftretend in Formen der dynamischen, der sozialen und der emergenten Komplexität. Wenn der Satz „Wir sind ein erfolgreiches Unternehmen“ bereits als Symptom einer möglichen nächsten Krise gelten kann, wird es tückisch. In „Prinzip Dringlichkeit“ *(Kotter 2008)* setzt sich der Autor vor allem mit den Kräften der Selbstgefälligkeit auseinander, die die Dringlichkeit gar nicht erkennt und zulässt. Es sind unsere Haltungen, die sich in Zeiten des Erfolgs gebildet und gefestigt haben, die jetzt einer Wahrnehmung der Dringlichkeit entgegenstehen.

Reflexiv mit sich umgehen, bedeutet in der Konsequenz selbstkritisch gegenüber vertrauten Annahmen zu sein und Situationen offen und unvoreingenommen wahrzunehmen. Wir sehen mit unbefangenem Blick und erkennen Möglichkeiten und Zusammenhänge, spüren Chancen und gehen ihnen nach. Eine Haltung der Offenheit gegenüber dem, was Wirklichkeit ist. Wir bilden sie in unseren Vorstellungen jeweils neu und haben gut damit zu tun, unsere Kapazität der Konstruktion subjektiver Wirklichkeiten systematisch zu erweitern.

Was ist der Gewinn, wenn man das bestehende Denken in Zuständigkeiten und Aufgaben „durch eine Systemtheorie ablöst, das heißt, wenn die Differenzierung der Gesellschaft als Systemdifferenzierung oder als Reproduktion von Unterschieden zwischen System und Umwelt innerhalb der Gesellschaft beschrieben wird und nicht nur als Spezialisierung von Rollen.“ *(Luhmann 2005, 19)* Diese Frage stellt sich bei allen System-Umfeld-Betrachtungen. Wir erkennen darin eine unternehmerische Dynamik mit Folgen für die Strategiebildung. Diese Erkenntnis hat weit reichende Folgen für die Bewertung unserer Erfahrungen. Die Rückbesinnung auf gelungene Aktionen und der Versuch der Reproduktion, scheinen sich gerade zu als Fallen zu erweisen. Es wäre so, als ob wir auf belebter Autobahn uns am Rückspiegel orientieren würden und fest behaupteten wir kennen die Strecke.

„Organisationen produzieren in jedem Moment Situationen, in denen Dinge anders gemacht werden können als bislang. Die Gegenwart ist damit potentiell in jedem Moment der Beginn einer neuen Geschichte. Das Verpassen dieser Chance für Weichenstellungen zählt zu den Todsünden in Organisationen. Diese können natürlich immer erst im Nachhinein festgestellt werden, also retrospektiv, wenn die Zukunft bereits Vergangenheit geworden ist.“ *(Nagel/Wimmer 2009, 13f)*

2.5 Lernen im Wissensaudit

In der Konsequenz haben wir uns vielmehr mit dem Nichtwissen auseinander zu setzen. Wir wissen nur einen Bruchteil dessen, was wir wissen und wissen können. Das latente Wissen ist deutlich größer als das manifeste. Wir suchen, wie der „Mann mit dem verlorenen Schlüssel" in der Darstellung von *Watzlawick (Anleitung zum Unglücklichsein, 2003)* immer dort, wo wir die Situationen bereits kennen und ausgelotet haben und gehen gerade nicht ins Dunkle, wo wir tatsächlich finden könnten. Die Aufschlüsselung anhand der Fragen des Wissensaudits führt uns die unerschlossenen Potentiale deutlich vor Augen.
Es sind die Felder unseres Wissens und Nichtwissens mit denen wir uns auseinander setzen müssen. Wissen verleiht das Gefühl der Sicherheit, diese ist in heutigen Zeiten trügerisch, viel mehr gilt es Wissen zu teilen, die Bereiche des Nichtwissens zu identifizieren und das vorhandene, gelebte intuitive Wissen genauer zu verstehen. Dazu dient das Wissensaudit als Hilfe zur Erweiterung der Bewusstheit.

Abb. 7: Wissensaudit

Im oberen linken Quadranten fühlen wir uns sicher. Es ist das Feld der Gewissheit, der Routine und der Selbstsicherheit. Hier habe ich die Kontrolle. Im oberen rechten Feld haben wir auch noch die Übersicht. Es scheint klar, was wir nicht wissen. Dementsprechend können wir das fehlende Wissen einkaufen, hineinholen, durch Recherchen finden, durch Experimente entwickeln.

Im unteren linken Bereich beginnt die Zone der Ungemütlichkeit. Ich weiß nicht, was ich weiß. Dabei muss es sich um Wissen im Bereich des „blinden Flecks" handeln, um ein Wissen, das wir gar nicht als solches erkennen. Dieses Wissen müssen wir durch andere zugänglich machen. Schließlich sehen wir im unteren rechten Feld das Areal des Nichtwissens über das Nichtwissen. Die Organisation und der Einzelne verfügen über keine Zugänge zu diesem doppelten Nichtwissen: „Ich weiss nicht, was ich nicht weiss."

Lernen wird zur Kunst des Überlebens an Übergängen, in Unbewusstheit und Ungewissheit. Die Organisationslehre befasst sich mit den unterschiedlichen Wissenszugängen und schlüsselt sie auf. *Schreyögg (2008, 449 ff.)* systematisiert die im Unternehmen praktizierten Wissensformen und unterscheidet:

- Erfahrungslernen
- Vermitteltes Lernen
- Inkorporation neuer Wissensbestände
- Generierung neuen Wissens

Im Kontext einer emergenten Komplexität, eines durch „next practice" gekennzeichneten Wettbewerbs und einer durch die Zukunft hervorgebrachte Herausforderung finden sich hier deutliche Verschiebungen.

„Aus der Perspektive des Erfahrungslernens knüpfen Lernprozesse [...] unmittelbar an den in der Vergangenheit gesammelten Erfahrungen einer Organisation an." *(Schreyögg 2008, 449)* Nur sind diese Lernprozesse im Rückzug begriffen. Der Wert des Erfahrungslernens schwindet. „Vermitteltes Lernen findet statt, wenn eine Organisation in die Erfahrungen bzw. das Wissen (z. B. hinsichtlich Strategien, interner Abläufe oder bestimmter Technologien) einer anderen Organisation gewollt oder ungewollt Einsicht nimmt und diese für eigene Belange nutzbar machen kann." *(Schreyögg 2008, 449)* Lernen als Best Practice ahmt die Erfolgsprinzipien der Wettbewerber nach oder nutzt den Transfer aus einer Welt in die andere. „Als weitere Form des organisatorischen Lernens ist auf die Inkorporation neuer Wissensbestände zu verweisen, die sich im Wege der Eingliederung und Modifikation von bisher organisationsfremdem Wissen vollzieht." *(Schreyögg 2008, 450)* Wissen wird als fremd angesehen, wenn es aus anderen Kulturen stammt und implantiert wird. Es kann dabei zu Abstoßungsreaktionen kommen.

„Schließlich ist als vierte Grundkategorie auf die originäre Generierung neuen Wissens durch Lernprozesse zu verweisen. Dies geschieht in erster Linie dadurch, dass vorhandene Wissenselemente im Wege der internen Kommunikation neu verknüpft und zu einer neuen Idee oder Einsicht entwickelt werden." *(Schreyögg 2008, 450)* Diese Generierung neuen Wissens geschieht in Phasen der Not, der Enge, der Instabilität und des Übergangs. Sie hat den Vorteil als eigen wahrgenommen zu werden, mit Urhebererlebnissen verbunden zu sein und in hohem Masse kohärent und konsistent zu erscheinen. Das KTC wäre dann eine Strategie der Entdeckung der Wissenspotentiale.

2.6 Die Ungewissheit in Gewissheit verwandeln

Die Zukunft zu erkunden war bislang Aufgabe der Trendforscher, Gegenstand wissenschaftlicher Szenarien, Aufgabe der Strategieabteilungen und überhaupt Domäne von Experten. Jetzt wendet sich das Blatt. Strategisches, vorausschauendes Denken wird zur Aufgabe für jeden. Eine visuelle Vorstellung von der eigenen Zukunft und der des umgebenden Systems zu haben, wird zu einer entscheidenden Fähigkeit. Sie bildet geradezu den inneren Kompass. Der Ausgangspunkt aller Vision ist die Ungewissheit, die neu betrachtet wird.

„Diese Umdeutung des Stellenwerts von Ungewissheit wird durch eine zentrale organisationstheoretische Einsicht gestützt. Organisationen zählen zu jenem Typus sozialer Systeme, die geradezu darauf spezialisiert sind, ihr Festgelegtsein durch die Vergangenheit bzw. durch ganz bestimmte, eingerastete Zukunftsvorstellungen zu unterbrechen. Sie bedienen sich dafür der Möglichkeit des Entscheidens [...]. Sie sind dazu da, im Prozess des Entscheidens Ungewissheit in Gewissheit zu verwandeln, um auf der Basis dieser selbstgeschaffenen Orientierung die eigene Handlungsfähigkeit immer wieder zu erneuern." *(Nagel/Wimmer 2009, 13)*

Dieser Sachverhalt verändert die Aufgabe von Führung, ganz gleich ob Lebens- oder Unternehmensführung, geht es doch nicht mehr um Umsetzung von Vorgaben, sondern um ein eigenverantwortliches Handeln in einem Zielrahmen. Das Leben als eine Idealbiographie in Taten umzusetzen, bringt am Ende Unglück. Es geht darum sein Leben zu leben, die eigenen Ziele zu definieren und die Entwicklungsaufgaben seiner Biographie anzunehmen.

„Strategieentwicklung ist nichts anderes als die konsequente Systematisierung dieses Grundsachverhaltes. Sie bringt jene Entscheidungsprämissen hervor und sorgt gleichzeitig für ihre Korrekturfähigkeit, die Unternehmen brauchen, um im alltäglichen Vollzug ihrer Leistungsprozesse nicht ständig ungelöste Grundsatzfragen mitbearbeiten zu müssen." *(Nagel/Wimmer 2009, 14)*

Was will ich, worum geht es mir, was sind meine Quellen, woraus schöpfe ich meine Kraft? Das sind die Grundsatzfragen des Lebens, die ebenfalls grundsätzlich beantwortet werden sollten, um Freiheit zu erlangen in täglichen Bewertungen von Alternativen.

„Dabei muss man sich im Klaren sein, dass die Grundlagen für diese Entscheidungsprämissen in zweifacher Weise aus einer prinzipiell nicht versiegenden Quelle der Unsicherheit gewonnen werden müssen. Sowohl die Orientierung in der Sache (mit welchem Leistungsangebot wollen wir in einem nicht wirklich durchschaubaren Marktgeschehen reüssieren?) als auch die Orientierung in der Zeit (wie werden sich die für unser erfolgreiches Überleben entscheidenden Parameter in der Zukunft entwickeln?) gilt es auf dem gemeinsamen Nenner des Nichtwissens zustande zu bringen. Diese beiden Dimensionen (Umwelt und Zukunft), an denen sich jeder Strategieprozess abarbeiten muss, treten heute zueinander hinsichtlich ihres Ungewissheitspotentials in ein seltsames Steigerungsverhältnis. Wir erleben sowohl die aktuelle Dynamik in den für unsere Unternehmen relevanten Umwelten als zunehmend turbulenter und unkalkulierbarer als auch die Frage, wohin uns die gemeinsame Reise in die Zukunft letztlich führen wird, als immer schwerer zu prognostizieren." *(Nagel/Wimmer 2009, 14)*

Weder die Ziele noch die Umgebungen sind berechenbar und stabil, so wird der Umgang mit Instabilität zu einer Schlüsselkompetenz der Verantwortungsübernahme. Ausreden gelten nicht („Ich konnte ja nicht wissen..."). Nichtwissen gilt für alle. Antwortfähig zu bleiben in der Situation des unsicheren Nichtwissens ist hingegen die Aufgabe. An der Grenze des Wissens beginnen die schöpferischen Prozesse, der offene Lösungsraum voller unbekannter Optionen.

„Genau diese Grunderfahrung eines wechselseitigen Steigerungsverhältnisses von Quellen des Nichtwissens macht Strategieentwicklung heute weniger zu einem Problem des Errechnens richtiger Lösungen, sondern zu einer Frage des kreativen

Erfindens einer attraktiven Zukunftsperspektive, die nur durch die Übernahme eines erheblichen unternehmerischen Risikos zu gewinnen ist [...]. Unternehmer waren schon immer Experten in dieser Frage. Deswegen legen wir so viel Wert darauf, zu betonen, dass Strategieentwicklung als Führungsdimension die konsequente Wiedereinführung des Unternehmerischen ins Unternehmen bedeutet und nicht deren Ersatz, wie dies die Denkansätze des tradierten strategischen Managements nahelegten." *(Nagel/Wimmer 2009, 14)*

Wir erkennen in diesen Ausführungen einen grundlegenden Wechsel der Perspektive. Strategie ist Aufgabe für alle. Jeder hat die Aufforderung anzunehmen, seine Furcht vor der offenen Zukunft und seine eigene Ungewissheit als Punkt des Unternehmerischen zu nehmen. Damit ist KTC Einübung in das unternehmerische Denken und Handeln. Unternehmerisches Denken ist Übernahme von Verantwortung und Initiative im Rahmen von Gegebenheiten selbst aktiv zu werden oder Initiative zur Veränderung von Gegebenem zu entwickeln.

2.7 Meta-Kognitionen und übergreifende Kompetenzen

Genügte in früheren Zeiten eine solide Fachkompetenz, in aller Regel durch eine akademische Bildung erworben oder eine solide berufliche Bildung angeeignet, um erfolgreich durchs Leben zu kommen – denn alles Weitere wurde durch Erfahrung hinzu gewonnen – so gilt es heute den Entwicklungen möglichst voraus zu sein. Strategieentwicklung erweist sich als erfolgreich, wenn es gelingt, einen unternehmerischen Umgang mit dem Nichtwissen zu entwickeln. Zukunftsperspektiven gilt es zu erfinden, um der entstehenden Zukunft zu begegnen. Die Theorie dynamischer Systeme lehrt uns die Veränderungsdynamik verstehen und Muster im vermeintlichen Chaos zu erkennen. Ein Verstehen dieses Verstehens öffnet Türen in Möglichkeitsräume, die Menschen und Organisationen zukunftsfähig machen.

Das KTC kann als Plattform für den Erwerb von Meta-Kompetenzen angesehen werden. Das KTC schenkt dem Akteur Zeit, in der er nichts zu tun hat als dem Dialog zu folgen und Raum, in den keine Störung eindringt. In diesem Raum kann sich Chaos zeigen, Irritation und Verwirrung, Unlösbares, Verunsicherndes und auch Stolz, Freude und Zuversicht. Das personale Subjekt ist eingeladen, sich zu finden in der Begegnung mit der heraufkommenden Zukunft und bereit zu sein für sie. Wir haben dazu die fünf Kernkompetenzen für Menschen in flüchtigen Zeiten zusammengestellt. Es sind die Fragen, die sich in der kollegialen Runde des Coachingdialogs am häufigsten stellen.

Ambivalenztauglichkeit und Dilemmamanagement

In jedem KTC kommt es zur Klärung und inneren Auseinandersetzung mit Ambivalenzen und Dilemmasituationen. Ich soll als Lehrerin eine neue Rolle einnehmen, aber niemand sagt genau, wie diese Rolle aussehen soll. Die Verantwortliche im Anzeigengeschäft soll mit 30 % geringerer Kapazität die gleiche Leistung und höhere Qualität liefern. Der Projektleiter mit Zeit- und Ergebnisvorgabe hat mit zusätzlichen Anforderungen zu kämpfen, die Zeit und Ergebnis beeinflussen; entweder Kosten reduzieren oder Qualität sichern, heißt es dann in unausweichlicher Alternative.

Hin und her gerissen von zwei Werten („Offenheit oder Vorgabe", „Quantität oder Qualität", „Zeit oder Ergebnis") gelingt es kaum, zu einer klaren Lösung zu gelangen. Entweder ist das eine richtig oder das andere. Ein Dilemma. Die mentale Herausforderung liegt darin, der mentalen Falle des entweder-oder-Denkens zu entkommen. Es bleibt uns nur das Dilemmamanagement als lösbare Aufgabe zu denken und es lösungsorientiert anzugehen. *Trompenaars* und *Hampden-Turner*, der niederländische Berater und Denker und der englische Denker und Berater haben in *„21 Leaders of the 21th century" (2002)* Persönlichkeiten porträtiert und ihre Erfolgsprinzipien entschlüsselt um zu zeigen, dass es um ein mentales und praktisches Problem gleichzeitig geht. Sie entschlüsseln an den exemplarischen Geschichten grundlegend zu lösende Dilemmata. Wir zeichnen hier ihren Denkweg nach.

Abb. 8: Richtungsstreit zweier Werte

Vielleicht ist es aber auch möglich, „zentral und dezentral" als Interpunktion von Ereignisfolgen zu denken. Dann würde deutlich, welche Prozesse zentral besser gesteuert werden (z. B. Wissen) und welche dezentral (z. B. kundenbezogene Aktivitäten). *(Trompenaars/Hampden-Turner 2002, 4 ff.)*

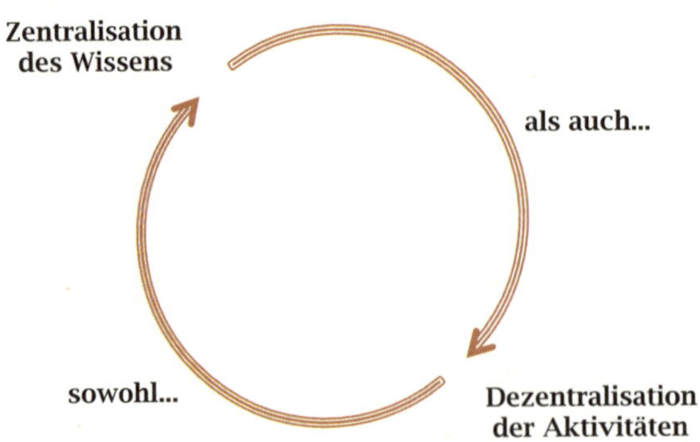

Abb. 9: Wertepolarität in komplementärer Ergänzung als Zyklus

Wir können darüber hinausgehen und in dynamischer Komplexität eine Spirale der Entwicklung, getrieben von beiden Kräften, denken. Ein Verlag begeht einen Kulturbruch durch Einrichtung von Zentralredaktionen für Wirtschaft, Frauen, Lifestyle u.a. Die seit Beginn an mit Chefredakteursprinzip gelebte dezentrale Welt ist dahin. Nach kurzer Phase des Kulturschocks entdecken die Redakteure und Redaktionsleitungen kreative, bislang nicht gekannte Lösungen. Innovationen sind oft das Resultat aus unlösbar erscheinenden Dilemmakonstellationen.

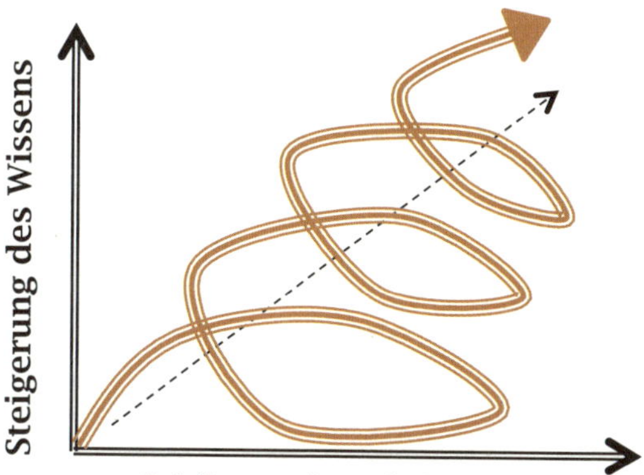

Abb. 10: Dynamische Entwicklung in dritter Dimension

Wir sollten Trainings in Dilemmamanagement einrichten, sodass aus einem Dilemma ein Tetralemma werden kann. Der Optionenraum wird größer, die Zahl der Wahlmöglichkeiten steigt. In dem Moment, wo wir uns dem Dilemma stellen und es nicht länger beklagen oder als Rechtfertigung für das Nichthandeln nehmen, beginnt der schöpferische Prozess. Wie können die beiden Kräfte, die sich offensichtlich widerstreben, zu dynamischen Treibern einer dritten oder vierten Dimension werden? Von der Linie zur Fläche, zu Raum und Zeit.

Im menschlichen Zusammenleben wären Konflikte und Streitszenarien lösbar, im Unternehmen wäre das transaktionale Denken durch transformationales zu ersetzen oder zu ergänzen. Ein Denken, das seine eigenen Grundlagen dynamisch verändern kann. In Bewerbungen würde es häufiger heißen, dilemmafähig und ambivalenztauglich, wenn es um Schlüsselpositionen geht.

Konstruktiver Umgang mit Ungewissheit

„Durch das Entscheiden können wird die Vergangenheit ihrer Bestimmtheit beraubt. Bislang Bewährtes legt nicht mehr fest, und die Zukunft verliert ihr Unbestimmtsein. Man will ja in Abgrenzung zum Bisherigen etwas Bestimmtes erreichen. Organisationen leben gleichsam von dieser Form der eigenen Reproduktion." *(Nagel/Wimmer 2009, 13)*

Die Fähigkeit der Entscheidungsbildung kann sich entwickeln. Sie gestaltet sich in Möglichkeitsräumen, wie sie das KTC bietet. Erst wenn Alternativen gedacht werden, können sinnvolle Varianten des Handelns herausgefunden werden, die zu Entscheidungen einladen. Die kreative Umdeutung einer Ungewissheit in eine Möglichkeit schafft einen Fokus des Handelns mit positiver Energie.

Vertrauensaufbau („trust equation")

Wenn Komplexität zunimmt und die Vernetzung weiter wächst, entsteht im Zusammenhang mit eigener Dynamik und belastenden Ereignissen ein Bedürfnis nach Kontrolle. Das Vertrauen in die Führung oder in die Weitsicht der Entscheider schwindet. Furcht greift um sich, es kann zur Panik kommen. Eine wesentliche Meta-Kompetenz besteht darin, in solchen Situationen Glaubwürdigkeit und Vertrauen zurückzugewinnen.

$$\text{trust} = \frac{\text{credibility} + \text{reliability} + \text{intimacy}}{\text{self-orientation}}$$

$$t = \frac{c + r + i}{s}$$

Abb. 11: Vertrauensformel (trust equation)

Vertrauen in guten Zeiten aufzubauen ist ein Leichtes. In Krisen, an Übergängen und in bedrängter Lage wird Vertrauen zur Form der Komplexitätsreduktion. Vertrauen entsteht als Produkt aus Nähe, Berechenbarkeit und Zuverlässigkeit, dividiert durch Selbstbezogenheit. Wer von Letzterem zuviel äußert, schwächt seinen Vertrauenskoeffizienten. Vertrauen ist die Produktivkraft des Führens in Zeiten von Übergängen und Irritationen. Vertrauen ist hoch korreliert mit Zutrauen und Selbstvertrauen. Selbst Zumutungen sind in vertrauensvoller Beziehung möglich. So können Krisen, Herausforderungen und besondere Anforderungen gemeistert werden.

Mobilisierung schöpferischer Energien

Wer kompetent mit Unberechenbarkeit, Trägheit, korrosiver Energie, Konflikten und Routinen umgehen will, muss sich selbst an den Ursprung der Energie führen und seine Quellen der Energie kennen. Was lässt uns produktiv werden, woraus beziehen wir schöpferische Kräfte? Die Matrix der organisationalen Energie kennt Qualitäten und Intensitäten.

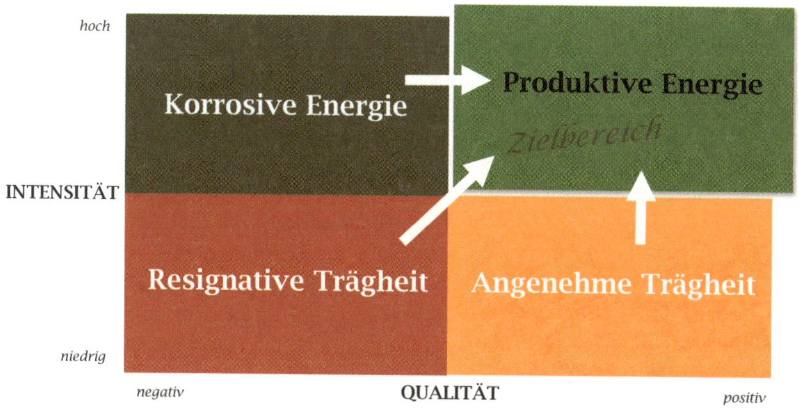

Abb. 12: Felder organisationaler Energie (Bruch/Vogel 2005, 42 ff.)

Wie gelingt es mir die schöpferischen Kräfte in meinem Umfeld produktiv zu machen? Ich benötige ein Gespür für Kräfte, eine Wahrnehmung für auseinander driftende Strebungen, für Aktionismus, Verzettelung und Resignation. Das Gespür für Potenziale, das vorausdenkende Erkennen potenzieller Kräfte, die in bestimmten Situationen gefordert sind, ist der Teil der Mobilisierung.

Wer klagt, dass seine Mitmenschen keine Verantwortung übernähmen, nicht zielbewusst seien und auch nicht mitdächten, sollte sich selbst anschauen. Wo liegt mein Fokus? Wie hoch ist mein Level an Energie?

Wie erzeuge ich eine schöpferische Spannung in meiner Familie, meiner Schulklasse, meinem Office, meinem Atelier, meiner Praxis, meinem Betrieb oder meinem Team? Energien stecken an. Ein Mangel an Energie lässt auf schwachen eigenen Fokus und geringe Eigenenergie schließen.

Veränderungen beginnen im Inneren und wirken dann nach außen. Die Kernkompetenz eigener Energieentfaltung kann im KTC gut gespiegelt und ideenreich angestoßen werden.

Musterwechsel und Management der Instabilität

Instabilität geschieht nicht einfach als ein Schicksal und wir sind nicht Opfer dieses Phänomens. Im Gegenteil können wir lernen, die Gesetzmäßigkeiten der Veränderung zu verstehen und die Dynamik des Musterwechsels antizipierend vorauszusehen, um diesen zu nutzen. *(vgl. Kruse 2004, 12 ff.)*

Wir haben es selbst in der Hand den Wirkungsgrad unserer Veränderung zu potenzieren. Variieren wir bloß unser Verhalten, landen wir beim „more of the same". Wir erzielen vielleicht eine kleine Veränderung, jedoch keinen nachhaltigen Effekt. Verändern wir hingegen unsere Strebungen, so gelingt es bereits neue Verhaltensbereiche zu erschließen und motivational positiv zu besetzen. Wir lernen offener zu fragen, wertschätzend Feedback zu geben, Menschen an Entscheidungsprozessen zu beteiligen?

Gehen wir noch eine Stufe weiter, dann begegnen uns unsere Annahmen, mentalen Muster und Überzeugungen. Wer einen hohen Aufwand treibt, Prozesse und Menschen zu kontrollieren, wird wenig Offenheit und Vertrauen ernten. Wer meint, er müsste alles selbst machen, landet in permanenter Überlastung. Die Durchbrüche erzielen wir durch Musterwechsel, die Herzklopfen bereiten, weil sie mit Loslassen bestehender Überzeugungen gekoppelt sind.

Sind wir mit unserem Willen auf eine visuelle Vorstellung der Zukunft ausgerichtet, können wir Entscheidungen leichter treffen, einen Fokus klarer herausarbeiten und Irritationen oder Belastungen als Phänomene eines Übergangs einordnen. Die mentale Belastung ist geringer, die Fähigkeit kritische Ereignisse positiv umzudeuten wächst. Die positive Energie nimmt Abweichungen als Rückmeldungen zur Steuerung. Sie realisiert sie nicht als Fehler, Schwäche oder gar Versagen. Lernen wir also den Musterwechsel als Ebenenwechsel unseres Denkens, Fühlens und Handelns zu steuern.

2.8 Übergänge

Wenn wir verstehen, welche Kräfte auf uns einwirken, werden selbst belastende Situationen berechenbar. Statusorientierte Fragen wecken die Gedanken an Belastungen, Schwierigkeiten und Barrieren. Der Blick ist bei dem, was fehlt. Prozessorientierte Fragen bestimmen dagegen den Abstand zum Ziel und nennen die noch zu gehenden Schritte oder die zu überwindenden Gletscherhänge. In Prozessbestimmungen einer sich verändernden Realität schwingt immer schon etwas von dem Stolz mit, überhaupt so weit gekommen zu sein. Wirklichkeit ist das, was wir aus Beobachtungen an Differenzen gebildet und als Realität konstruiert haben, die uns ermöglicht zu handeln.

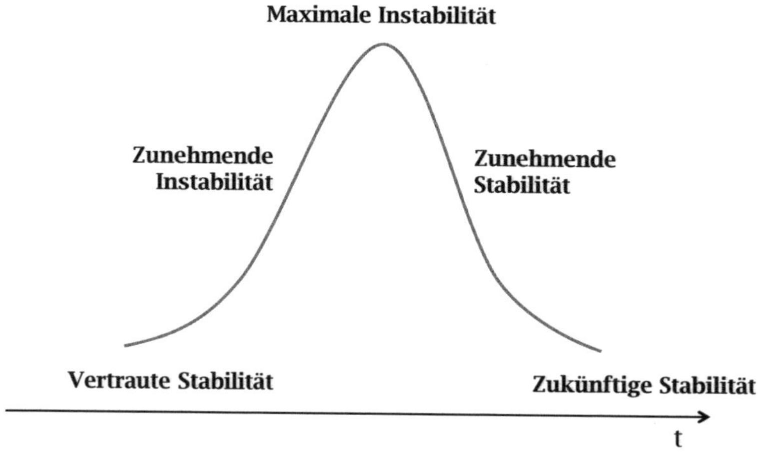

Abb. 13: Umgang mit Instabilität in Veränderungen (Kruse 2004, 12)

Lernen findet an Übergängen statt, in Prozessen des Loslassens und Verdichtens, in zunehmender Instabilität bis zum Scheitelpunkt einer wachsenden Stabilität. Wer Bilder des Vergehens und Werdens in sich entstehen lassen kann, findet selbst in chaotischen Umfeldern Schönheit und Ordnung.

Entwicklung kann linear, in Stufen, zyklisch oder emergent verstanden werden. Letzteres geschieht, wenn uns eine Aufgabe oder Situation plötzlich herausfordert ungewöhnliche Kräfte zu entfalten.

Wir gewinnen, bei einem Verständnis der Prozessdynamik von Entwicklung, ein neues Verhältnis zu Krisen. Krisen sind Übergänge zu etwas Neuem und Zeichen einer Ablösung in heftiger, affektiver Betroffenheit. Angst vor Veränderung setzt ein. Tendenzen des Festhaltens und sich nicht lösen Könnens nehmen zu. Manchmal und nicht zu selten kommt es zum toten Punkt. Leere. Nichts geht mehr.

Wer einmal aus einem Krisenprozess gestärkt hervorgegangen ist, kennt die Dynamik in seinem „inneren Team“ *(Schulz von Thun 2005).*

Bedenkenträger melden sich, die Zweifler haben Hochkonjunktur, die Bangen verkriechen sich und die Ambivalenten fühlen sich hin und her gerissen. Das ist Übergang.

Im Unterschied zur Verwirrung hat das Chaos der Gefühle eine innere Logik. Es folgt einer Psychologik. Wir wachsen in Übergängen und im Anschluss zeigen sich Situation und Person neu.

Die Anforderungen an die Persönlichkeit sind groß, diese riskanten Chancen wahrnehmen zu können und sich dem Musterwechsel zu stellen. Davon handelt unser nächstes Kapitel.

3. Persönlichkeitstheoretische Grundlagen

„Die Zeit verwandelt uns nicht.
Sie entfaltet uns nur.“
(Max Frisch)

Das Kollegiale Teamcoaching bietet den Akteuren eine Bühne, die ihnen erlaubt, Erlebnisse, Szenen, Geschichten, Enttäuschungen und Konstellationen so zu inszenieren, dass die Gruppe der Coachs Eindrücke, Bilder, Verläufe und Stimmungen aufnehmen kann. Diese sind das Material, mit dem im KTC gearbeitet wird: Eindrücke eines Akteurs werden zu Ausdrücken, die wieder zu Eindrücken bei den Coachs führen, die von diesen dann zum Ausdruck gebracht werden. Diese Ausdrücke bilden Unterschiede zu den ursprünglich geäußerten Gedanken und Gefühlen des Akteurs. Unterschiede, die einen Unterschied machen.

Wir befassen uns in diesem Kapitel mit den Vorstellungen und Theorien zur Person und Persönlichkeit, daraus abgeleitet mit denen der Persönlichkeitsentwicklung, um eine theoretische Grundlage der Wirkung des KTCs auf die Entwicklung von Verhalten, Einstellungen, Fähigkeiten, Mustern und Präferenzen der Akteure zu bekommen. Menschen streben nach Wirksamkeit, Kontrolle ihrer Emotionen, Steuerung ihrer Aktivitäten und Intentionalisierung ihrer Motive. Diese Strebungen der Entfaltung des Selbst sind Gegenstand der KTC-Arbeit. Zugleich sind sie mit gesellschaftlichen Umbrüchen konfrontiert, die *Baumann* als „Leben in der Ungewissheit“ *(2008)* charakterisiert. Soziale Formen, die Sicherheit und Halt geben, behalten ihre Gestalt nur für kurze Zeit und niemand erwartet dementsprechend eine längere Haltbarkeit. Sinn geht verloren und muss neu gefunden werden. Auch das ist ein wiederkehrendes Motiv in den KTCs. Sinnfindung in Zeiten des Zerfalls von Orientierung. Damit einher geht die Auseinandersetzung mit Formen latenter Angst und dem Gefühl, dass existentielle Gefährdungen nicht gelöst werden könnten.

Das brave und ordentliche Ausrichten auf einen 5-Jahresplan der persönlichen Entwicklung - „Wo möchte ich in 5 Jahren stehen?“ - führt in der Regel zu konventionellen Biographiezielen wie berufliche Position, Familienstatus und äußerer Erfolg. Es gibt keine wirklichen Antworten auf das Unbehagen, die zunehmende Ambivalenz und Irritation. Für die zunehmenden Anforderungen eines Dilemmamanagements, einer Ambivalenzauflösung und einer Bewältigung von Übergängen mit schmerzhaftem Verlust und notwendiger Neuorientierung sind sie auch deshalb ungeeignete Vorstellungsbilder, weil sie suggerieren, das Leben steuern zu können und alles im Griff zu haben.

Die Herausforderungen an die Persönlichkeit sind anderer Art. Das Leben zu meistern heißt jetzt, mit den Ängsten und Unsicherheit umzugehen, Übergänge und Irritationen anzunehmen und die Aufgaben des Lebens entlang seiner Phasen und Krisen zu bewältigen. Rationale Erkenntnisse und Verhaltensratschläge erreichen nur sehr blasse und schwache Niveaus von Emanzipation, bilden nicht die Tiefe des Erlebens in unmittelbarer Wirklichkeit und entfalten dementsprechend auch nicht die Kraft, einer entstehenden Zukunft offen und aktiv zu begegnen.

Sich herauszuheben aus dem Geschehen des Alltags, an sich zu arbeiten und sich zu entwickeln ist ein Streben, das in der Regel mit Ambivalenzen besetzt ist. Kränkung, Unsicherheit, Abwehr und andere Mechanismen stehen gegen den Entwicklungsimpuls. Entwicklung bedeutet ja nicht, zum bisher Erreichten noch etwas Gutes hinzuzubekommen, (= additives Entwicklungsmodell), vielmehr ist es ein Umbildungsprozess der Persönlichkeit, wie *Schulz von Thun (2003)* es in seiner Konzeption vom „Inneren Team" anschaulich beschreibt (= integratives Modell des Wachstums). Es bedarf der Führung durch ein bewusstes Selbst oder durch ein „Oberhaupt im Inneren Team" *(2003)*.

Kegan (2000) hat nach *Erikson (1973)*, der erstmalig menschliches Werden als einen lebenslangen Prozess von zu bewältigenden Entwicklungskrisen beschrieben hat, seine Entwicklungspsychologie als „Krisen der Entfaltung des Selbst" bezeichnet und die Fähigkeit des Menschen an Entwicklungsaufgaben zu reifen, die sich im Lebenslauf stellen, in den Mittelpunkt seiner Theorie gestellt. Das KTC greift dieses Verständnis von Entwicklung auf, indem wir nicht von Verbesserungen und Anpassungen als Lösungen 1. Ordnung ausgehen. Es geht um die Ablösung dysfunktional gewordener Muster im Denken, Fühlen und Handeln und die innere Bereitschaft zum Musterwechsel.

Die Forderungen stellen sich an Übergängen in der Biographie oder werden durch Änderungen in der Systemumwelt notwendig. Im Zyklus des Lebens gehen Zeiten der Anpassung und Idealisierung über in Phasen der inneren Auflehnung und Selbstbestimmung, Zeiten der Ruhe und Kontinuität wechseln mit Zyklen der Initiative und des Aufbruchs. Jede Phase im Leben gleicht einem Spannungsbogen mit Aufstiegs- und Reifezeit, der dann in zunehmende Krisendynamik und schließlich den Übergang und Neubeginn einmündet. Im KTC werden Situationen als Gestaltverläufe beschrieben, die auf die Begegnung mit der heraufkommenden Zukunft hinführen.

Der KTC-Prozess selbst ist ein Entstehungsprozess. In diesem Verständnis betrachten wir die Spannungen und Krisensymptome als Anzeichen dafür, dass das, was in einer Phase des Lebens als stimmig und konsistent erlebt wurde, sich in der nächsten als unstimmig und inkonsistent erweisen kann. Menschen unterscheiden sich im Grad und in der Intensität der Ablösungen und Übergänge. Manche sind Meister der scharfen Einschnitte, andere streben sanfte Formen der Veränderung an. Manche können gut noch eine Weile die alten Muster neben den neuen bewahren, während andere mit weniger Ambiguitätstoleranz schnelle Trennungen herbeiführen. „Sensitizer" hören schon das Gras wachsen, während „Suppressors" noch ruhig dasitzen können, wenn schon der Dachstuhl brennt.

Wir gehen daher über Problemlösungsmodelle und Optimierungsvorstellungen des Bestehenden als Grundlagen eines Problemlösungsdenkens insofern hinaus, dass der Prozess des Loslassens vertrauter Lösungsmuster, die *Watzlawick* als Lösungen 1. Ordnung beschreibt *(2003)*, eine schmerzhafte, Unsicherheit hinterlassende Intervention darstellt, die zu einem inneren Raum der Entstehung neuer Möglichkeiten des Denkens, Fühlens und Handelns führt (= transformationales Modell).

Das personale Subjekt hat die Aufgabe zu lösen, sich an diesen Übergängen in persönlicher Situation zu entwickeln und zu entfalten und dabei eine Richtung einzuschlagen, die zu größerer Kongruenz, Wirksamkeit und Reife führt. *Kruse* bezeichnet diesen Prozess im Kontext von Musterwechseln als Management der Instabilität. *(Kruse 2004, 92 ff.)*

Wir beziehen uns vor allem auf zwei Persönlichkeitstheorien, die diese Verarbeitung auf der Grundlage von Antinomiekonzepten beschreiben und von spannungsvollen Polaritäten ausgehen, die der Regulation und Steuerung bedürfen.

- Theorie der „persönlichen Situation" im Verständnis der Neuen Phänomenologie *(Schmitz 1980, 1981, 1987, 1990)*
- Typologien der Persönlichkeit als differenzierte Ausprägung der „Grundformen von Angst" *(Riemann 1961)*

Gemeinsam ist beiden Theoriezugängen ein plastisches und dynamisches Konstrukt von Persönlichkeit, die sich unter bestimmten biographischen und sozialen Bedingungen gebildet und geformt hat, sich in einer konstruktiven Bewältigung von Lebensaufgaben und Krisen weiterbildet, umformt und neu darstellt und auf ein Potential an Möglichkeiten verweist. Dabei entstehen subjektspezifische Muster, Präferenzen, Überlebensstrategien und Typen von Situationsbewältigung, die die Persönlichkeit eines Menschen und seine persönliche Situation kennzeichnen. Während einer sein Leben geordnet hat wie eine Ablage, lebt ein anderer mit vielen offenen Fäden, die noch zu verknüpfen sind. Während einer sich in Verbundenheit mit anderen und im Gespräch erst findet, sucht ein anderer Situationen des Alleinseins zur eigenen Klärung.

3.1 Entwicklungsbegleitung im KTC

Zur Veranschaulichung dieses Verständnisses eines differenzierten personalisierten Entwicklungslernens im Blick auf die uns begegnende und uns fordernde Zukunft machen wir jetzt einen Sprung in ein Kollegiales Teamcoaching: Ein Akteur ist kein leeres Blatt, er beschreibt sich vielmehr in der Situation des KTCs, als ob er ein leeres Blatt fülle.

Klaus Homburg beginnt sein KTC mit einer aufgeregt vorgetragenen Aneinanderreihung von Enttäuschungen und Ungerechtigkeiten, die ihm widerfahren sind. Er ist 50 Jahre alt und in einem Gymnasium tätig. Dort trägt er Verantwortung als stellvertretender Schulleiter, zugleich ist er Personalvertreter, Stundenplanmacher und leitet eine strategische Projektgruppe zum Leitbild der Schule. Zu allem vertritt er den krankheitshalber ausgefallenen Direktor schon seit einiger Zeit.

Die Gruppe hört ihm gebannt zu: Hoffnungen sind zerstoben, Rechnungen nicht aufgegangen. Wiederholt mischen sich aggressive, verletzte und gekränkte Einschübe in seine Darstellung. Die Beispiele werden eindringlich betont, ironisch kommentiert, sie sollen seine Empörung vermitteln und die Gruppe überzeugen. Er müsse jetzt zum zweiten Mal eine neue Leiterin einarbeiten, die für diese Rolle weniger mitbringe als er selbst. Seine Schilderung endet, die Vielfalt der Aufgaben und seine Überlastung sind deutlich geworden, sein inneres Aufbegehren gegen diese Situation auch.

Jetzt kommen Fragen aus der Gruppe nach seinen Aufgaben, den Rollen in seiner Schule und seinem Belastungserleben. Er schließt damit, dass er sich wohl zu stark engagiere und sich für alles verantwortlich fühle.

Uns liegt hier die Schilderung eines Erlebens aus einer subjektiven Perspektive vor, so wie es der Beginn eines jeden KTCs vorsieht. Die Gruppe nimmt aktivierend wahr, nicht nur Inhalte, sondern Stimmungen, Haltungen, Brüche, Zögern und Zweifel. Im Anschluss beginnt die Konferenz der Coachs, auf die wir im Kapitel 6 ausführlicher eingehen. Hier geht es nur darum, die zentrale Idee des KTC und die grundlegenden persönlichkeitstheoretischen Implikationen aufzuzeigen. Im Unterschied zum Expertenmodell, das zu einer Diagnose der Situation und Analyse der Persönlichkeit übergehen würde, arbeitet das KTC mit der kollektiven Intelligenz, der sozialen Phantasie und der Resonanzfähigkeit der Gruppe. Die Arbeitsform ist horizontal und nicht vertikal.

Das Medium der Veränderung ist der Dialog auf Augenhöhe mit dem Ziel einer Identifikation mit der geschilderten Situation, mit Verinnerlichung des Gehörten und Erlebten, sowie der dazugehörigen Resonanzbildung, die sich über die Spiegelneuronen als hirnorganische Voraussetzung für das Miterleben von Glück und Schmerz, Trauer und Verzweiflung am eigenen Leib spüren lassen. Im Zentrum der Reflexion der persönlichen Situation steht immer ein Abschied. Wir trennen uns von der Vorstellung einer stabilen, starken, den Belastungen des Lebens standhaltenden invarianten Persönlichkeit und nehmen das reflexive Subjekt als Ausgangs- und Zieldimension, das in Wahrnehmung und Auseinandersetzung mit seiner Umgebung Haltungen entwickelt und Handlungen generiert.

Für das Beispiel von Herrn Homberger bedeutet das, einen Prozess zu erleben, der seine persönliche problematische Situation in eine zukünftige befreiende Lösung verwandelt. Es wäre zu erwarten, dass die Gruppe auf die Vielzahl der Aufgaben und Rollen zu sprechen kommt, dass sie ein Gefühl des Drucks und der Spannung vermittelt und in irgendeiner Weise den Prozess eines Loslassens und Entstehenlassens als Übergang zu einem höheren Ziel der Stimmigkeit, Konsistenz und Kohärenz verbunden mit einem Gewinn an Rollenklarheit und Lebenszufriedenheit in den Blick nimmt und zugleich in ihrem eigenen Verlauf spiegelt. Das Muster der Berufs- und Lebenszufriedenheit als Wirksamkeitserleben durch Übernahme immer weiterer Rollen könnte als problematisch identifiziert werden. Dabei würden vermutlich divergierende Ziele sich auch in divergenten Positionen und Identifikationen im Prozess des KTC spiegeln. Eine hohe Übertragungsenergie könnte die Folge sein. Vielleicht sind die Coachs bereits in der Lage, eigene leibliche Regungen zu spiegeln und kämen dann zu Themen wie Druck, Spannungserleben, hoher Muskeltonus, gepresste Stimme, Zynismus, Aggressivität und was sie in ihnen auslösen. Es geht um ein Mitschwingen auf den Resonanzwellen, nicht um ein Interpretieren. Die körperliche Einbettung des Gesagten vermittelt unmittelbar und unwillkürlich Eindrücke der persönlichen Situation.

Wir reflektieren zunächst die Dynamik des Lösungsprozesses und kommen später auf das Beispiel *Homberger* zurück. Dazu stellen wir die Persönlichkeitstheorien vor und beginnen mit dem Theorieverständnis der Neuen Phänomenologie mit dem Konzept der Dynamik aus Enge und Weite, der leiblichen Kommunikation und dem Wechselspiel aus Regression und Emanzipation als Antagonisten jeder tief greifenden Entwicklung.

3.2 Eintauchen in personale Regression

„Die Ausbildung und Entfaltung der persönlichen Situation und damit der Reifung der Persönlichkeit ist das Werk eines Kreisprozesses, in dem beide Antagonisten, personale Emanzipation und personale Regression einander in die Hände arbeiten." *(Schmitz 1990, 105)*

Mit den Begriffen „personale Emanzipation" und „personale Regression" kennzeichnet *Schmitz* eine Konfrontation mit einer Situation, die er als chaotisch ungeordnete mannigfache Ganzheit beschreibt, die sich erst durch das Eintauchen und Öffnen in affektiver Betroffenheit erschließt. Für die Arbeit im KTC bedeutet personale Regression, sich selbst als Akteur im akuten Umfeld mit allen Irritationen, Widersprüchen, Verstrickungen, Wünschen, Enttäuschungen, Lösungsversuchen, Verzweiflungen sowie den dazugehörigen Momenten, Aspekten und Ebenen zu beschreiben.

Die Coachs in einem Teamcoaching sind oft verführt, sehr schnell auf die Seite der personalen Emanzipation zu springen, um den Regelkreis unmittelbar in Erkenntnis- und Lösungsrichtung zu lenken. Das äußert sich in Ratschlägen, Verweisen auf eigene Beispiele und Vergleiche mit ähnlichen Situationen. Das Niveau und die Qualität des Eintauchens in die personale Regression bestimmt das Maß der personalen Emanzipation. Die Qualität der später reifenden Erkenntnisse, Lösungen und Schritte gewinnt an Tiefe und Substanz, wenn die Coachs dieses Eintauchen selbst erleben. In der Regel werden sie mit der Frage des persönlichen Musterwechsels im Blick auf die Vergegenwärtigung der Zukunft in der Formulierung des Schlüsselthemas konfrontiert. Schnelle, aus dem Ärmel geschüttelte Vorschläge, allgemeine Verhaltensregeln und bloße Wiederholungen des Gesagten helfen nicht weiter. „Was ist das Thema hinter allen Ausführungen? Worin können wir das Thema des Themas erkennen?" Wir stoßen wieder auf die konstruktivistische Frage nach dem Unterschied, der einen Unterschied macht.

Die Wirkung des KTCs beruht also darauf, eine in einem gemeinsamen Prozess personale Regression zu erleben. Ein rasches Eingeständnis allgemeiner Art im Stile von „Ich fühle mich immer für alles verantwortlich" genügt nicht. Dann bliebe die personale Emanzipation sehr flach und hätte ein niedriges Niveau. Das KTC als Methode strebt aber einen höheren Reifegrad der Regression und Emanzipation der Person an, es geht darum, die Niveaus dieser Antagonisten zu beeinflussen und darüber Tiefe, Gehalt und Intensität der Verarbeitung einer Erfahrung zu steigern. Im KTC werden dazu Metaphern und Bilder angeregt, in denen die Momente der Regression intensiver zu spüren sind. Wir sind damit kongruent zu den Vorstellungen von *Scharmer*, der in der „Theorie U" die Prozesse der Öffnung des „open mind", „open heart" und „open will" unterscheidet und diese Öffnung des Denkens, Fühlens und Wollens als Bedingungen für tief greifenden Wandel ansieht. *(vgl. Scharmer 2009, 64)*

In der personalen Regression wächst die Selbstempathie, wenn es gelingt, über die Stufen des Jammerns, Schuldzuweisens, Anklagens, zynischen Kommentierens und ängstlichen Blockierens hinauszukommen. Das KTC ist danach unmittelbare Arbeit am Selbstbewusstsein. „Jedes starke Betroffensein und Ergriffensein, das dem personalen Subjekt die kühle Überlegung nimmt, ist Abstieg auf ein der primitiven Gegenwart näheres Niveau der personalen Regression." *(Schmitz 1990, 111)* Das Konzept der „primitiven Gegenwart" ist unmittelbares Erleben ohne Abstandnahme. Die Offenheit und spontane Beschreibung eines Geschehens, als ob es gerade jetzt geschähe, sind weitere Manifestationen dieses Prozesses gleichzeitigen Erlebens, Spürens und Erkennens. Dabei kann, wie in einer Art von Persönlichkeitsspaltung, eine emotional berührte Schilderung einer Situation zugleich mit einem kühlen Darüberstehen einhergehen. Der Prozess der aktivierenden Wahrnehmung führt zu verschiedenen Stufen der Öffnung.

3.3 Auftauchen: Niveaus personaler Emanzipation

„Personale Emanzipation ist wesentlich labil und prekär." *(Schmitz 1990, 35)* Sie dient der Abstandnahme zur primitiven Gegenwart des ergriffenen, berührten und involvierten Seins in konkreten, vom personalen Subjekt erlebten, komplexen Situationen. Das Streben nach Autarkie, Stabilität, Selbständigkeit und Selbstsicherheit ist Triebfeder des Menschen. Fremdbestimmung in Selbstbestimmung zu verwandeln, sich in wechselnden Situationen gleichermaßen fähig zu erleben, diese zu meistern und erfolgreich aus Aufgaben, Aufforderungen und Zwickmühlen hervorzugehen. Diese Ziele sollten zugleich das Bedürfnis nach Sicherheit nicht verletzen und das Streben nach Kontrolle, Regulation und Selbstwirksamkeit befriedigen.

Schwache Niveaus personaler Emanzipation sprechen davon, dass Belastungen, Krisen und Konflikte einem nichts anhaben könnten und behaupten damit eine Überlegenheit über Situationen, bis hin zur Bagatellisierung und Arroganz. Das Konzept der Biographie als einer Folge gelungener und gemeisterter „riskanter Chancen" enthält bereits in der Definition die Nähe von Gelingen und Scheitern. Alles was tief bewegt und berührt, führt in den Pol der Enge, von dem aus sich in leiblicher Richtung die Weitung als Lösung abzeichnet. „Beauty is always at the edge of catastrophy", behauptet der Dirigent Harnoncourt in einem Interview mit dem ORF in Wien zu seinem 80. Geburtstag und legt nach: „Es gibt keine Perfektion."

Das Ziel der Souveränität als Ergebnis der Persönlichkeitsentwicklung kann demnach nicht als statische und stabile Gegebenheit gefasst werden. Dann wäre es eine Unerschütterlichkeit ohne menschliche Qualität. Vielmehr geht es in der persönlichen Situation um eine dynamische Balance. Es geht darum, sich immer wieder neu in offene Erfahrungen hineinzubegeben, dort durchlässig, ansprechbar dem Erleben zu begegnen und die personalen Ressourcen so zu aktivieren, dass eine konstruktive Bewältigung divergierender Ansprüche, ambivalenter Forderungen und widersprüchlicher Werte möglich wird.

Auf diese Weise durchläuft ein resonanzfähiges Subjekt wiederkehrend in einem Regelkreis aus Regression und Emanzipation die Phase der Überraschung, Fassungslosigkeit und Enttäuschung, in die es eintaucht, um daraufhin in Momenten des Auftauchens in personaler Emanzipation zu einer Sichtung des chaotisch Mannifaltigen der Situation und der Erfassung des Wesentlichen zu gelangen. Die Neue Phänomenologie lehrt die Dynamik des Eintauchens und Auftauchens, in dem Sedimente der reifen Persönlichkeit an Land gespült werden und so allmählich festen Boden bilden, trotz fortdauernder Ebbe und Flut sowie gelegentlicher Sturmfluten. Persönlichkeitsbildung ist kein abgeschlossener Prozess, vielmehr entfaltet sich die persönliche Situation in personaler Emanzipation als Prozess des Auftauchens aus mannigfachen Eindrücken, aus denen sich erkennbar Sachverhalte, Probleme und Programme herausschälen. Nur wer sich berühren lassen kann, kann auch erkennen.

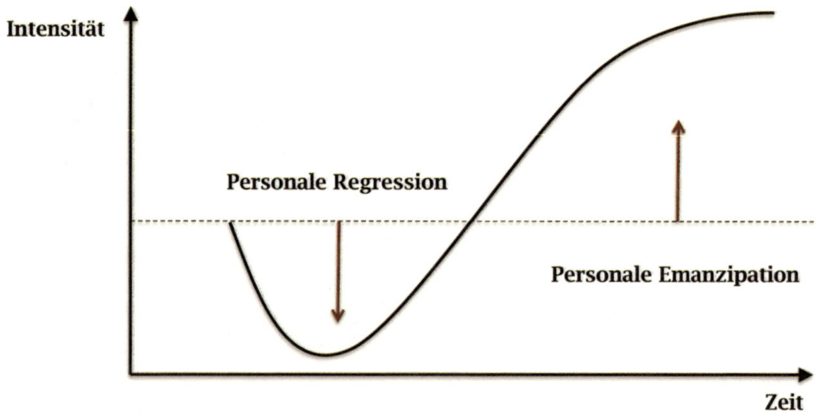

Abb. 14: Personale Regression und Emanzipation (Schmitz 1990, 111)

Das KTC zeichnet diesen Prozess nach. Es bildet die Dramaturgie der Öffnung zur eingehenden persönlichen Beschreibung, zum genauen Hinsehen und deutlichen Spüren bis zum Wendepunkt der Sinuskurve nach, aus dem das zu Erstrebende, zu Erringende und zu Gestaltende als Strebung und Möglichkeit deutlich hervortritt. Das gelingt dem personalen Subjekt umso besser, je stärker eine Gruppe darin fähig ist, sozialer Spiegel dieses Erlebens zu sein. In der konstruktiven Form der Spaltung schwingt sie gleichsam mit auf den Niveaus der Regressionen, um sich, mit einem Spalt des Bewusstseins verbunden, zu einer Erkenntnis der subjektiven Theorien und Muster durchzuringen.

KTC-Gruppen müssen daher schwingungs- und spaltungsfähig sein. Sie landen sonst in naiver Identifikation und emotionalen Schulterschlüssen. Situationen, in denen Kapazitätsprobleme, Überlastungen, unklare Vorgaben der Organisation und andere hierarchiebezogene Themen beschrieben werden, erfahren häufig solche symmetrischen Identifikationen. Gruppen entwickeln im Laufe der Zeit die Fähigkeit, im Mitschwingen die dissonanten Teile abzuspalten und sowohl symmetrisch als auch komplementär zu agieren. In der Komplementarität kommen dann Themen der Selbstbehauptung, der Verantwortung und Initiative bis zur Frage nach kämpferischen Qualitäten und strategischen Haltungen auf.

Diese Fähigkeit muss von den meisten KTC-Gruppen erst entwickelt werden. Die spontane Resonanz ist oft die der emotionalen Ansteckung und Solidarisierung mit den Bewertungen und Gefühlen des Akteurs. Sie agieren damit symmetrisch. Der weniger gut zugängliche Teil der Resonanz bezieht sich auf das Fehlende im Denken, Fühlen und Handeln des Akteurs. So sind häufig eine unklare Positionierung, schwache Selbstbehauptung, fehlende Abgrenzung sowie ein Mangel an Offensivkraft und Durchsetzungsenergie als Leerstellen der Resonanz zu bemerken. Damit erschließt sich die Dimension der Komplementarität. „Weiß dein Partner denn von deinen Wünschen? Kennt die Leitung deine Interessen und Aktionen?“ sind Fragen zum Erschließen des Nichtgesagten in der Fragephase zum Einstieg in ein KTC.

Das KTC geht von der subjektspezifischen Deutung von Situationen aus und betrachtet den Akteur als verantwortlich für seine Situation. Er ist derjenige, der diese Situation konstruiert hat. Es ist sein schöpferischer Prozess der Konstruktion einer Wirklichkeit, die durch Konkurrenz, Kampf, Interesselosigkeit, Dominanz oder Instrumentalisierung gekennzeichnet ist. Im KTC haben wir keine (abwesenden) Hierarchien vor uns und kein (anwesendes) Opfer. Wir haben Beteiligte, Mitspieler und Verantwortliche. Nur anwesende Verantwortliche können Initiative ergreifen und Anstöße geben. Sie sind das Zentrum der KTC-Arbeit.

Biographien erzählen das Leben immer vom Punkt der Begegnung aus, sie schreiben es nicht einfach fort, sodass im Erzählen die aktuellen Konstruktionsmuster und typischen Bewältigungsstrukturen deutlich und prägnant hervortreten. Wir gehen noch einmal zurück zum geschilderten Anfang des KTCs von Herrn Homberger.

Zum Zeitpunkt der persönlichen Darstellung war Klaus Homberger die Absurdität seiner Situation bewusst und nicht bewusst zugleich. Er war bereit, sich seiner unbewussten Inkompetenz, seinem „blinden Fleck“ zu stellen, das Leben als schulische Leistung, für die man ausgezeichnet wird. Homberger tut des Guten zu viel, wie alle, die an einer Situation ins Nachdenken kommen und eine affektive Betroffenheit mit Inkongruenz und Unstimmigkeit bemerken. Sein ihm nicht bewusstes Tun ist das Kernproblem.

Das Gute ohne Gegenpol wird zu einer Falle. Es wird zur entwertenden Übertreibung und führt nicht zur Befriedigung der Bedürfnisse nach Anerkennung, Selbstwirksamkeit und Rollenbestätigung. Die Gruppe spiegelt es, sie räsoniert die Themen, Erfahrungen, Enttäuschungen und bleibt daran in der Übertragungsenergie hängen. Sie erlebt selbst eine personale Regression. Die Bitterkeit der Töne, der Vorwurfscha-

rakter der Ausführungen, der Verzweiflungsgrund der Motive und der Mangel an Kontakt. Über die Differenzen entstehen Informationen, neue Eindrücke von Getriebensein, Entfremdetheit, Konkurrenzgefühlen, Traurigkeit und Erschöpfung. Die Suche nach dem Subjekt: „Wo bist du, der sich hier beschreibt in seinen vielen Kontexten, die ihm wie Rahmen um den Hals hängen, in welchem Bild bist du zu sehen?"

Das KTC ist erst über die Bewusstheit der leiblichen Kommunikation *(Schmitz 1990)*, der Theorie des Embodiments *(Storch u.a. 2006)* und das Konzept der aktivierenden Wahrnehmung *(Scharmer 2009, 154 f.)* in Verbindung mit dem umfassenden Situationsbegriff in der Lage, die vielen überraschenden, tief gehenden und befreienden Musterwechsel zu erklären. Wir glauben nicht an Wunder, sind zugleich beeindruckt von der wunderbaren menschlichen Fähigkeit der Empathie, des Mitschwingens und szenischen Verstehens komplexer Sachverhalte auch Bruchstücke von Informationen. Das Gefühl für die persönliche Situation und die leibliche Dynamik eines Menschen kann so speziell und einmalig sein, dass wir diesen Moment nicht vergessen. Noch nach Jahren erinnern sich Gruppenmitglieder an Schlüsselthemen, Aufstellungen, Bilder, Mitglieder der „Inneren Teams" und an Durchbruchsziele, die daraus hervorgingen.

Nach dem wir die Grundlagen der phänomenologischen Wahrnehmung von Situationen, ihre Dynamik und Niveaus beschrieben haben, gilt es den persönlichkeitsspezifischen Differenzierungen nachzugehen.

3.4 Persönlichkeit als Ausdifferenzierung von Angst

Unserem aktuellen Wahrnehmen liegen frühere Wahrnehmungen zugrunde. Umrisse oder Fragmente werden im Hinblick auf gespeicherte Wahrnehmungsbilder ergänzt. Wir sehen, was wir schon einmal gesehen haben. Dieser Prozess des Identifizierens bekannter Formen löst dazugehörige Muster aus. Was systemtheoretisch Muster sind, sind phänomenologisch Formen der Regression und Emanzipation, der Engung und Weitung sowie weiterer antagonistisch wirkender Regelkreise des Erlebens. Was psychoanalytisch Strukturen und Funktionen der Persönlichkeit sind, wird hier als nächstes in deren Bedeutung für die Arbeit im KTC ausgeführt. Wir können dann auch erklären, warum gleichartige Situationen unterschiedlich wahrgenommen werden. Was für den einen ein Chaos ist, ist für den anderen wohltuende Inspiration, was für den einen Entscheidungsdruck ist, erlebt ein anderer als Chance der Profilierung.

Riemann befasst sich in seinen „Grundformen der Angst" *(1961)* mit der Lehre von den Grundstrebungen des Lebens und der Bedeutung der Angst für die Bildung von Persönlichkeit. Er gelangt darüber zu Typen der Persönlichkeit und behauptet bereits in seiner Einleitung: „Jeder hat eine persönliche, individuelle Form der Angst, hat seine zu ihm und seinem Wesen gehörigen Ängste" *(Riemann 1961, 8)* und sagt daran anschließend weiter: „Es gibt also Angst nur erlebt und gespiegelt von einem bestimmten Menschen und sie hat darum eine persönlich-individuelle Prägung bei aller Gemeinsamkeit des Erlebnisses Angst an sich."

Angst als Quelle der Entwicklung unterschiedlicher Reaktionen und Muster zu identifizieren ist gerade im Kollegialen Teamcoaching eine spannende Analogie. Wir müssen dazu im Erfassen einer Situation, im Spüren ihrer aktuellen Inadäquatheit auf Analogien zu früheren Szenen zurückgreifen. Die alten Ängste, die einmal persönlichkeitsprägend gewirkt haben, treten in Krisen, in Bedrängungen, in der Unsicherheit von Entscheidungen wieder auf. Und oft setzen gerade hier die Vermeidungstendenzen ein und gehen der Konfrontation aus dem Weg. Die KTC-Gruppe kann die Konfrontation für den Akteur eingehen und angstbesetzte Szenarien konstruktiv und konfrontativ lösen ohne Schaden zu nehmen. Der Akteur erlebt diesen Prozess stellvertretend für sich selbst.

Lernen findet an Übergängen statt: Wenn wir eine Grenze überschreiten, die vom guten Boden der vertrauten Verhältnisse in neues, dem Subjekt nicht vertrautes Gelände führt, fühlen wir uns unwohl. Krisen bringen Menschen an solche Grenzen, die alten Wege führen nicht zum Ziel, das Denken dreht sich im Kreis, Angst vor dem Scheitern setzt ein. Übergänge lösen Irritation aus, die Zone des „nicht mehr" mit gleichzeitigem „noch nicht" ist schwer zu ertragen. Sicherheits-, und Strukturbedürfnisse melden sich. Zugleich bilden sich im Regelkreis aus Regression und Emanzipation die lösungsorientierten Kräfte heraus, die den Menschen befähigen, Situationen von ihrem potentiellen Gehalt an Entwicklung und Lösung zu betrachten. *Scharmer* nennt diesen Paradigmenwechsel Lernen von der entstehenden Zukunft her, kurz „emerging future" *(Scharmer 2009, 203)*. Existentiell ist diese Perspektive an die Bewältigung der Angst gebunden. „Endlich geschieht etwas. Ich kann beitragen. Die Stagnation, das Festsitzen war noch schlimmer. Wir kommen in Bewegung, endlich." Solche sich Erleichterung verschaffenden Stoßseufzer sind am Übergang vom alten zum neuen Muster oft zu hören. Schmerzhaftes Zurücklassen vertrauter Muster.

Der Leitgedanke des Übergangs in Krisen, fundamentalen Veränderungen des Gegebenen und die sich daraus ergebende Fähigkeit zur Wandlung knüpft an die im Kapitel 2 beschriebene gesellschaftliche Dynamik einer Intensivierung der Zunahme an Quellen der Angst an. Sie wird durch die exponentiell gesteigerte Komplexität, Dynamik und Unsicherheit ausgelöst und schafft eine verbreitete Atmosphäre gesellschaftlicher Unsicherheit. Die Fähigkeiten des Umgangs, der Bewältigung und Verarbeitung als Reaktionen auf diesen gesellschaftlichen Wandel sind aber individuell und persönlichkeitsbedingt sehr verschieden. Sie sind von jedem auf eigene Weise anzueignen und zu schaffen. In der Auseinandersetzung mit den „Grundformen der Angst", die vor uns und im Kontakt zu uns auch andere Studiengruppen geführt haben *(vgl. Schulz von Thun/Thomann 2003)*, ist ein Perspektivenwechsel entstanden. Während *Riemann* die vier von ihm unterschiedenen Persönlichkeiten von den zugrunde liegenden Ängsten und deren Abwehr her erschließt, hat sich in unserer Arbeit zur Stimulierung von Entwicklungsprozessen eine Verlagerung zu den komplementären Strebungen durchgesetzt, ohne die Rolle und Funktion der dahinter liegenden Angst zu vernachlässigen. Es sind demnach vier Grundstrebungen und Aufgaben zugleich, die in jedem Einzelnen in unterschiedlicher Ausprägung wirken, die auch von Gemeinschaften, Menschen in Organisationen und Teams bewältigt werden müssen.

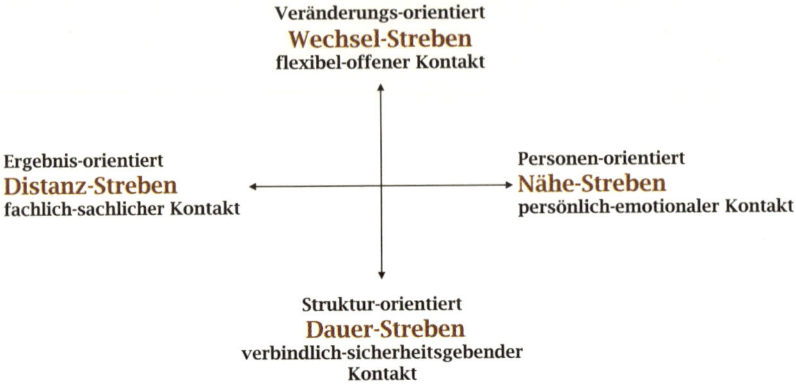

Abb. 15: Polaritäten im Riemann-Kreuz

Riemann begreift den Menschen existentiell als vier grundlegenden Forderungen gegenüber stehend, die in „wechselnder Gestalt unser ganzes Leben durchziehen" *(Riemann 1961, 12)*. Die polaren Kräfte auf beiden Achsen ordnet er zwei elementaren und zugleich paradoxen Antinomien zu.

Konfrontation mit zwei Paradoxien

Die Entwicklung der Persönlichkeit konfrontiert den Menschen mit zwei Paradoxien:

Paradoxe Zumutung Nr. 1
Er soll gleichzeitig die Eigenständigkeit und Selbstverwirklichung, Abgrenzung (= Distanz) leben, mit der dahinterliegenden Angst des Verlustes von Autonomie durch Abhängigkeit, Vereinnahmung und Verlust der Ich-Qualität. Komplementär dazu hat er die Aufgabe Bindung, Selbsthingabe und Selbstaufgabe (= Nähe), verbunden mit der Angst vor Alleinsein und Abkapselung, zu integrieren.

Auf der horizontalen Achse der Grundformen der Angst finden wir die Raumqualitäten von Nähe und Distanz als Pol und Gegenpol. Im Streben nach Nähe ist der Kontakt, die Bindung, die Kommunikation, das Vertrauen, die Kooperation und die Verständigung zu Hause, während im Streben nach Distanz das Selbstbewusstsein, die Autonomie, Autarkie, die Unabhängigkeit und Eigenständigkeit ihren Platz finden.

In jeder Strebung ist bereits eine Gefahr enthalten, die eintritt, wenn der Gegenpol zu schwach ist. Ein starkes Nähestreben ohne den Gegenpol der Distanz führt in die Anpassung und Abhängigkeit mit der Folge einer Schwächung des Selbstbewusstseins und der Selbstbehauptung. Ein großes Streben nach Distanz ohne die komplementäre Kraft der Nähe enthält im Kern bereits die Gefahr der Isolation, des Alleinseins und der Abkapselung.

Paradoxe Zumutung Nr. 2
Als vollständige Persönlichkeit soll der Mensch gleichzeitig einem Streben nach Beständigkeit, Ordnung, Stabilität und Struktur nachkommen (= Dauer) mit der dahinter liegenden Grundangst vor Unsicherheit, Veränderung, Kontrollverlust und Chaos. Zugleich ist ihm aufgegeben, dem Streben nach Entwicklung, Wandlung, Veränderung und Neubeginn nachzugehen (= Wechsel) mit der damit verbundenen Angst vor Unbeweglichkeit, Determiniertheit und Erstarrung.

Jede Strebung ist eine Antwort auf die zugrunde liegende Angst, jede Angst thematisiert die komplementäre Strebung. Diese dynamische Konstruktion von Persönlichkeit kennzeichnet *Riemanns* Theorie, die sich aufgrund ihrer Dynamik der Persönlichkeitsbildung gerade nicht als Typologie mit Klassifikationskriterien versteht.

Gegenstand der 2. Paradoxie ist die vertikale Zeitdimension, aufgespannt zwischen den Polen der Dauer und des Wechsels. In unserem Streben nach Berechenbarkeit, Verlässlichkeit, nach Strukturen und Ordnungen verbunden mit der Abwehr der dahinter liegenden Angst vor Chaos, Willkür und Unsicherheit versuchen wir Sicherheit in unberechenbare komplexe Systeme und Situationen zu bringen. Im komplementären Streben nach Wandlung, Aufbruch, Entdeckung und Innovation erheben wir die Forderung nach Veränderung, Entwicklung und die Bereitschaft, Traditionen und Gewohntes hinter uns lassen zu können. Dieses Entwicklungsstreben wird getrieben von Ängsten vor dem Stehenbleiben, vor der Rigidität, der Unbeweglichkeit und dem Stillstand.

Muster und frühe Prägungen

Kinder wachsen in Umgebungen mit sehr unterschiedlichen Merkmalen auf, die sie auf das Leben vorbereiten. Gut geregelte bis starre Normsysteme sowie offene, durchlässige bis überraschende, nicht berechenbare Kulturen einerseits und herzliche, Nähe stiftende Situationen im Kontrast zu distanzierten, nüchternen Systemen andererseits. Kinder und Jugendliche entwickeln aus sich heraus in Auseinandersetzung mit ihrer Umgebung Muster der Bewältigung und bilden so ihre Überlebenstheorien für ihre jeweiligen Bezugssysteme. Gerade um sich den zugrunde liegenden Ängsten gegenüber gewappnet zu zeigen, benötigen sie innere Modelle der Konstanz, Beständigkeit und Berechenbarkeit, wenn das Umfeld sich als chaotisch erweist. Niemand nimmt dem Menschen das Dilemma ab, in seiner Biographie, in dem Drehbuch seines Lebens die Aufgabe der Individuation mit der der Sozialisation zu verbinden. Sie gelingt immer wieder, nur entwickelt jeder Mensch dabei ganz eigene Muster und Präferenzen.

Prägungen sind keine Determinierungen. Niemand wird durch sein Schicksal festgelegt. Jede Konstellation aus verursachender, belastender und schwächender Situation korrespondiert mit der Suche nach möglichen Überlebensstrategien. Wir stoßen auf protektive Faktoren und das Feld der Resilienz.

Die Resilienzforschung hat in ersten Studien gezeigt, dass Kinder in chaotischen, für sie unberechenbaren Umwelten zu einem bemerkenswert großen

Anteil heilsame strukturierende Modalitäten als Ordnungen für sich selbst entwickeln konnten. Eine systematische Forschung steht noch aus. Die vorläufigen Erkenntnisse stellen wir skizzenhaft dar.

- Resiliente Kinder haben eine bessere Impulskontrolle und sind disziplinierter.
- Die Fähigkeit zum Belohnungsaufschub ist stärker ausgebildet.
- Resiliente Kinder sind kontaktfähiger und reagieren positiv auf Aufmerksamkeit.
- Resiliente Kinder sind einfühlsamer und emotionaler als nichtresiliente Kinder.
- Sie sprechen eher über ihre Gefühle, sind vertrauensvoller und weniger aggressiv.
- Resiliente Kinder sind nicht stark in der Durchsetzung. Das Gegenteil ist der Fall, sie ersuchen andere eher um Hilfe und geben Schwächen eher zu.
- Resiliente Kinder haben eine realistische Einschätzung von sich selbst wie von der Zukunft.
- Sie können sich in andere Menschen hineindenken und eine Situation aus der Perspektive eines anderen sehen.
- Sie haben eine positive Selbstwirksamkeitseinschätzung und interne Kontrollüberzeugung.

Präferenzen bilden sich in einem dynamischen Prozess der Auseinandersetzung in symmetrischer und/oder komplementärer Weise. Sie sind auf diese Weise durch ihre Muster geprägt. Wer lange rebellisch Aufmerksamkeit geschaffen hat, wird es schwer haben, sich in ein größeres Ganzes einzufügen. Wer Erfolg hatte durch schnelles Entschlüsseln von Erwartungen, hat oft Mühe, eigene Gedanken zu entwickeln und sich unabhängig zu positionieren. Viele an Nr. 2 gesetzte Führungspersonen haben plötzlich Mühe, als Nr. 1 dazustehen.

Die Angst vor dem Alleinsein, den Gefahren des Lebens ausgesetzt zu sein, führt zum Streben nach Bindung und Nähe mit einer hohen Anpassungsbereitschaft. Die innere Zugehörigkeit, Identifikation und Anpassung hat als große Gefahr, dass darüber die Individuation nicht gelingt, eine Ablösung nicht stattfindet und so keine Autonomie gebildet wird. Aus dem Streben nach Nähe und der Angstabwehr des Verlassenseins wird des Guten zuviel, eine klammernde Anhänglichkeit kann Zeichen einer Übertreibung des Strebens nach Verbundenheit und Nähe sein.

Wir arbeiten mit den Hypothesen des diametralen Gegensatzes und der komplementären Stärkeergänzung, um Veränderungen und Entwicklungsrichtungen zu verstehen und zu bestimmen. Die Entfaltung der Persönlichkeit bedeutet eine Öffnung für jede dieser vier oben beschriebenen Grundstrebungen. Am Ende sind wir durch neue Rollen, Aufgaben und Funktionen im privaten wie beruflichen Leben gezwungen, auch Seiten zu entwickeln, die unserer persönlichen Grundstrebung entgegenstehen. Die Fähigkeit zum lebenslangen Lernen und zur Weiterentwicklung der Persönlichkeit in wechselnden Phasen und Kontexten gründet sich auf die Plastizität im Aufbau des Gehirns, die Aktivierung personaler Ressourcen und die Entfaltung der sozialen Phantasie.

Das KTC hat als eine wichtige Funktion die der Stärkung protektiver Faktoren. Dort wo sich geeignete Formen der Bewältigung nicht ausbilden konnten, bedarf es einer phantasievollen Entwicklung der persönlichen Resilienz, die das Ich stark macht und das Selbst bekräftigt.

3.5 Aufeinandertreffen der Persönlichkeitstypen in Interaktion

Der Sprung von der polaren Persönlichkeitstheorie zur Feldtheorie der kognitiv-mentalen Motive führt zu einer neuen Perspektive. Wir betrachten mit dem „Riemann-Schley-Modell" Menschen als in Kongruenz oder Inkongruenz zu ihren Umgebungen befindlich und sehen sie dabei als Repräsentanten jeweils in vier prototypischen Feldern. Unser Bestreben ist wiederum nicht, in Art einer typologischen Zuordnung Menschen oder Situationen zu klassifizieren. Vielmehr geht es uns um die Beziehungen zueinander, die durch symmetrische oder komplementäre Modalitäten der Begegnung ausgelösten Dynamiken zu verstehen und den dazugehörigen kulturellen Habitus mitzudenken, der sich wiederum im entsprechenden Modus abbilden lässt. Wir arbeiten daher mit einer fraktalen Logik und wählen strukturanaloge Dimensionen für Individuen, Gruppen, Organisationen und Gesellschaften als Ganzes.

Netzwerkpower trifft auf Fachkultur

Paula Power lebt und liebt ihre Lebendigkeit. Sie tritt mitreißend auf, bezaubert durch Charme und Herzlichkeit und besticht durch ihre Ideen. In ihrer Organisation trifft sie in wechselnden Projekten mit Franz Faktisch zusammen, der als ersten Kommentar zu ihren begeistert vorgetragenen Ideen oft den Ablöscher bringt: „Wie soll das denn funktionieren?" Er nämlich ist ein Mensch der Zahlen, Daten und Fakten. „ZDF", rufen sie ihm manchmal im Team zu, „kannst du uns mal sagen, wie wir mit unserem Umsatz und unseren Kosten im Verhältnis zum Plan liegen?"

Beide Charaktere ergänzen sich komplementär zueinander. In der Zusammenarbeit bilden sie ein gutes Gespann, solange sie ihre wechselseitige Abhängigkeit und Ergänzung begrüßen und bejahen können. In Auseinandersetzungen kann es jedoch auch zu einer Eskalation der Vorwürfe und zu heftigen Zurückweisungen kommen: „Ich bin doch nicht der Zahlenknecht." und „Ich bin nicht die Ideentante, lass dir selber mal was einfallen!" Im Bewusstsein der eigenen Stärken den anderen erkennen, akzeptieren und wertschätzen, so kann sich eine erfolgreiche Kooperationsbeziehung entwickeln. Paula Power begrüßt die kritischen Prüfungen ihrer Ideen und bezeichnet sie innerlich als Prüfstand oder Rüttelstrecken ihrer Inspirationen. Und Franz Faktisch schätzt die guten Ideen, die manchmal übers Ziel hinaus schießend Gelegenheit zur kritischen Revision der Entwürfe geben. Am Ende stimmen Design und Qualität, die Konzepte sind überzeugend und zudem sind die Zahlen im Rahmen des Projektplans.

Abb. 16: Repräsentanten der Riemann-Schley-Felder

Strategischer Weitblick verbindet sich mit Integrationskraft

Dr. Donald Dominant ist als verantwortlicher Leiter seines international agierenden Forschungsinstituts gedanklich immer weit voraus. Er sieht Situationen kommen, bevor sie da sind. Drückt auf die Kostenbremse, wo andere noch Einnahmen erwarten. Sieht Lebenszyklen von Produkten zu Ende gehen, sieht neue Bewerber als Konkurrenten, er denkt in demographischen Entwicklungen, er entscheidet gern schnell und scheut keinen Konflikt. Meist hat er weit reichende Strategien, manchmal überzeugende Visionen. Klar und analytisch hervorragend begründet trägt er sie vor.

Demgegenüber sieht sich Freddy Friendly in der Welt der Teams zu Hause. Er hat ein offenes Ohr für Probleme der Kollegen und nimmt sich die zunehmende Belastung, den Druck und die extreme Verdichtung der Anforderungen und Aufgaben zu Herzen. Er ist Leiter einer Forschungseinheit, bei ihm arbeitet ein hoch motiviertes Team. Die Stimmung ist gut nach innen, zunehmend kritisch nach außen. Er verbreitet Sympathie, schafft positive Atmosphären, sorgt für Harmonie und Unterstützung. Und hat die Akzeptanz der Belegschaft.

Mit Dominant verbindet ihn eine lange Geschichte. Beide sind sich vom Wesen her eher fremd, haben sich nach all den Jahren schätzen gelernt und sind zugleich wechselseitig fasziniert von den Stärken des anderen. In letzter Zeit kam es zu ersten gereizten und vorwurfsvollen Konfrontationen. Friendly bat darum, die Schraube nicht zu fest anzuziehen, sie seien schon am Anschlag. „Jetzt fallen Sie mir noch in den Rücken. Wir haben hier doch keinen Wellness-Club", bekam er von Dominant zur Antwort. Eine offene Aussprache führte zu einer guten Lösung in komplementär abgestimmter Aktion. Den Teams sei die aktuelle Situation und strategische Perspektive nicht transparent, es wäre gut, eine große Mitarbeiterrunde einzuberufen, die er, Friendly, dann moderieren könne. Als Ergebnis kam eine Strategiediskussion mit einer Vision von Dominants Innovationsgruppe zustande. Daraus ging eine Gruppe hervor, die ihrerseits Kosten und Entwicklung in eine Balance bringen wollte. Die Komplementarität der Kräfte erwies sich als erfolgreich, die notwendigen Einsparungen konnten am Ende anhand einer Prioritätenliste realisiert werden.

Alle vier skizzierten Persönlichkeiten sind Konstruktionen von Wirklichkeit, die es in realen Konstellationen gegeben hat. Keiner hatte die Kompetenz, alle Felder der Unternehmensführung und Strategieentwicklung zu besetzen. In gewisser Weise fehlte dem einen gerade das, was den anderen auszeichnete. Das Management der Diversität kann als Leadershipqualität verstanden werden. Sie hat mit der Energie zu tun, Unterschiedlichkeit zu würdigen und konstruktiv zu verbinden. Die Fähigkeit, die komplementäre Ergänzung der Charaktere und Kompetenzen als Ressource zu erkennen, erfordert einen entscheidenden Schritt in der Qualität der Kommunikation. Er besteht darin, über die Stufe der inhaltlichen Debatte und Diskussion von Standpunkten hinauszukommen und die Ebene des Dialogs zu erreichen.

Das Potential des KTCs besteht darin, in den Gruppen durch die unterschiedlichen Persönlichkeiten der Coachs alle Grundstrebungen repräsentiert zu haben, die sich entweder bestätigend vertiefend oder aber komplementär ergänzend zum Akteur äußern. Dadurch erfahren die persönlichkeitsbedingten Wahrnehmungskonstruktionen der Akteure eine soziale Spiegelung, strukturelle Repräsentanz und Dynamik in der Bearbeitung. Die Arbeitsweise der Konferenz der Coachs ist dialogisch, es besteht kein Einigungsdruck.

Für den Akteur ist die Interaktion der Coachs ein spannendes Szenario, spielt sich doch vor ihm die Auseinandersetzung der eigenen widerstrebenden Gedanken und Gefühle ab. Für ihn ist es eine soziodramatische Begegnung der Mitglieder des Inneren Teams und der dazu entsprechenden Botschaften. Am Ende gelingt die Entwicklung einer integrierenden zukunftsgerichteten Perspektive.

In der Selbstklärung hat der Akteur die Chance seine Aufstellung im Inneren Team neu zu bestimmen. Wer ist dominant und bestimmend, wer dagegen kaum wahrzunehmen? Welche Stimme im Inneren Team muss gestärkt werden? In der Beziehungsklärung geht es darum die Verstrickungsqualität zweier Kontrahenten zu erkunden und zu begreifen, in welchen Teufelskreisen sich ihre Interaktion gerade dreht. *Schulz von Thun (2003)* lädt auf kurzweilige Art und Weise dazu ein, sich mit dem „Inneren Team" näher zu befassen. Eine lohnende und erkenntnisreiche Vertiefung.

3.6 Verbindung von Person- und Systemperspektive

Die Verbindung der Psychoanalyse von *Riemann*, der Phänomenologie von *Schmitz*, der *Scharmer'schen* Grammatik des sozialen Feldes und *Denekes* dynamischer Strukturtheorie bildet einen empirisch gut begründeten und theoretisch weit gespannten Rahmen, der sich für die Erklärung der Persönlichkeitsentwicklung genauso eignet wie für Beziehungs- und Teamentwicklungen oder noch weiter gefasst die Dynamik von Unternehmens- und Kulturentwicklungen. In der Verbindung von Person- und Systemperspektive liefert das Riemann-Schley-Modell den strukturellen Denkrahmen.

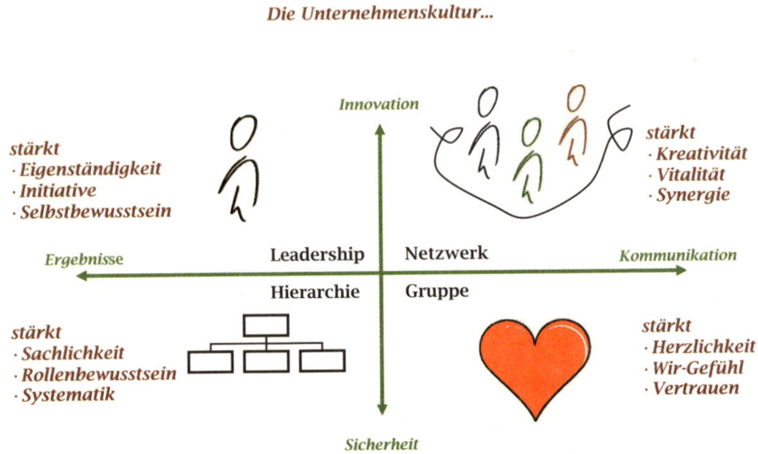

Abb. 17: Riemann-Schley-Modell der Systemqualitäten

Der Situationsansatz des KTCs in Verbindung mit dem Konzept der aktivierenden Wahrnehmung *(Scharmer 2009)* bildet eine fraktale Logik. Auf jeder Ebene ist die Person in Wechselwirkung mit der jeweiligen Systemumwelt als Einheit zu verstehen. Im KTC kann deshalb an Stelle einer persönlichen Situation auch die soziale Situation eines Unternehmens als sozialer Akteur mit einer Biographie, mit Merkmalen, Images und Dynamiken beschrieben werden. Gleiches gilt für Institutionen, Systeme und Netzwerke.

Die Aufgabe eines Unternehmens ist dabei vergleichbar der eines Individuums. Es hat sich zu entwickeln, Phasen und Krisen des Wachstums zu überwinden, es bildet Identität, verkörpert Werte und stärkt je nach Ausprägung der sozialen Felder in unterschiedlicher Weise die notwendigen Kulturqualitäten für Formen der Krisenbewältigung und Bewältigung von Entwicklungsaufgaben der Integration, der Reorganisation, der Kommunikation nach außen und Bindung nach innen. Wir wählen zwei Beispiele für die exemplarische Darstellung dieser Betrachtung aus. Im KTC bedarf es dann geeigneter Repräsentanten, die die Situation des Unternehmens subjektiv beschreiben oder als ein Stehsoziogramm inszenieren, damit Resonanz erzeugt werden kann. Näheres zu den angesprochenen Methoden selbst findet sich im Kapitel 6 unseres Handbuchs.

Innovation lebt in innovativen Umgebungen

Eine langjährig erfolgreich operierende Unternehmung mit klarer hierarchischer Struktur, guten Ergebnissen und strategischen Perspektiven wagt sich auf das Gebiet des Online-Business, von dem es derzeit noch wenig versteht. Trotz besten Willens und einer Bereitschaft, Experimente zu fördern und mit Finanzen zu unterstützen, gelingt der Erfolg jedoch nicht auf Anhieb. Die für die Innovation einberufene Projektgruppe wird von der Leitung in immer kurzfristigeren Reportings zur Berichterstattung eingeladen. Die Nervosität steigt auf beiden Seiten.

Eine Intervention bringt Leben ins System: Eine alte Fabrikhalle wird kostengünstig saniert und zum Ort der Innovation umgebaut. Das zukunftsweisende Projekt im Unternehmen entwickelt sich im neuen Kontext offener Strukturen autonom. Es arbeitet in einer für das Unternehmen bislang ungewöhnlichen Umgebung, Hierarchie findet nicht statt, es gibt keine Arbeitszeitkontrolle. Das Klima ist offen und kämpferisch. Die Kultur des neuen Online-Unternehmens, seine Werte, sein Umfeld und die Mentalität der dort Tätigen passen jetzt zusammen, eine kreative autonome Einheit hat sich gebildet.

Kreative Kräfte leben von offenen Strukturen, die nur durch Kommunikation verbunden sind, sie lieben Netzwerke, lose Koppelungen und haben einen unbändigen Ehrgeiz, Neues hervorzubringen. Kulturen stärken die Qualitäten der Quadranten, die für den Erfolg ihrer Vision und Mission entscheidend sind. Es ist oft leichter, eine Kultur außerhalb des Systems zu entwickeln, die auf dem Weg der Rückkoppelung auf das Ursprungssystem zurückwirkt als das Ursprungssystem selbst zu verändern. Die Kraft der Urhebererlebnisse kann hier stärker aktiviert werden.

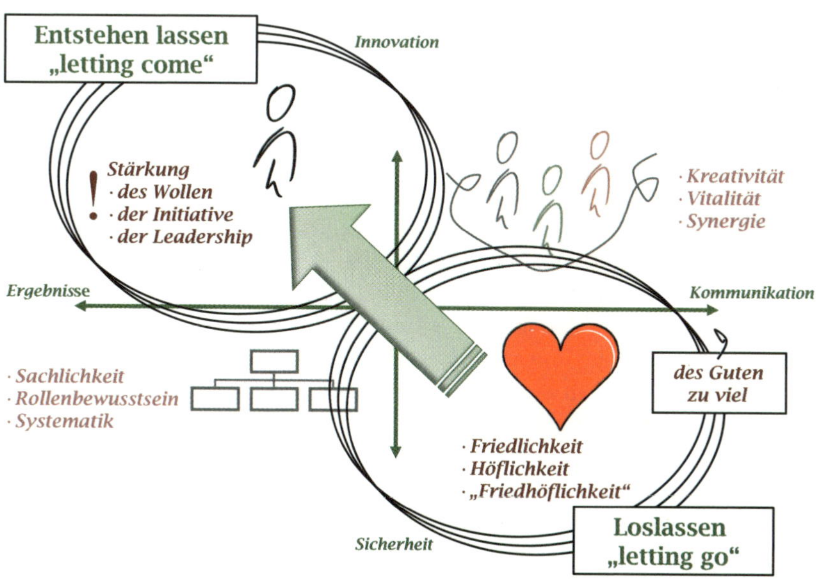

Abb. 18: Entwicklung der Stärkung der Gegenqualität

Aus der Rolle fallen und in die Rolle kommen

Ein kultivierter Historiker baut im Verlag eine neue Publikation auf und konzipiert eine eigene Marktstrategie. Er ist hoch motiviert, sozial kompetent und zielstrebig, bringt für seine Ambitionen gute Voraussetzungen mit. Die Spielregeln einer Verlagswelt mit Präsentationen, Strategien, Durchsetzung von Positionen sind ihm dagegen eher fremd. Er versucht es mit Höflichkeit, Andeutungen von Wünschen, platziert seine Vorstellungen in friedlicher Form. Er ist der ruhende Pol eines Systems und hofft auf Anerkennung durch große Verantwortung und eine entsprechende hierarchische Position, die aber ausbleibt. Im KTC kommt es zum Erkennen der Trilogie aus Friedlichkeit, Höflichkeit und deren entwertender Übertreibung bis zur „Friedhöflichkeit", wie sie in der Konstruktion von Wertequadraten (vgl. Schulz von Thun 1989, 188 f.) eingeführt wurde.

In der Konferenz der Coachs im KTC wird durch die Übertragungsenergie der Gruppe die Ungeduld, das Ausbleiben des Kämpferischen und der Unmut über diese Indifferenz deutlich. Ein Prozess des Loslassens der entwertenden Übertreibung der Konvention und Diplomatie zugunsten eines stärkeren und entschiedenen Wollens zeichnet sich ab. Der Akteur lebt auf, diese Art von Erlaubnis und Ermächtigung bestärkt ihn. Inspiriert und mit Ideen versehen, vertritt er seine Vorstellungen in der Unternehmensspitze. Sein entschiedenes Auftreten und die Kompetenz in der Sache verbinden sich auf gute Weise. Der Erfolg bleibt in der Folge nicht aus. „Und fürs Private habe ich auch noch etwas gelernt. Ich bin einfach zu gut erzogen", kommentiert er abschließend.

In beiden Fällen verweben sich die Ich- und die Wir-Position. Im ersten dominiert das „Wir" eines Innovationsteams und bewirkt die Öffnung des Systems für neue Strukturen. Im zweiten steht die Perspektive des personalen Subjekts im Vordergrund und verwebt sich mit der Bereitschaft der Organisation zum Systemwandel.

Entwicklung zeigt sich als Bewältigung von Krisen, als Transformation auf ein reiferes Niveau der Antinomie der Regression und Emanzipation, als Fähigkeit des Loslassens alter Muster und des Entstehens neuer Modelle der Integration von Person und System. Sie beruhen auf der Fähigkeit der Einfühlung und der Distanznahme zugleich. Dabei kann die zugrunde liegende Entwicklungsherausforderung im Coachingszenario sichtbar und im Rahmen des KTC durch aktivierende Wahrnehmung und Identifikation *(Scharmer 2009)* zur Prägnanz gebracht werden.

Das Riemann-Schley-Modell des „Kreuz des Lebens" erlaubt es, Themen und Prozesse in voneinander unterschiedenen Kontexten mit gleichen Dimensionen in struktureller Analogie zu betrachten. Zur Illustration werfen wir einen Blick auf die Leitung einer Bildungsinstitution.

Eine Leiterin einer Schule beschreibt sich als im Feld der Dynamik und Lebendigkeit zu Hause und sieht ihr Kollegium eher im Modus von Fächern, Stunden, Inhalten und Leistungsergebnissen im Feld der strukturellen Ordnung. Sie erlebt sich in dieser Sicht der Dinge als komplementär und versteht sich als Impulsgeber. „Spannungsfrei geht da gar nichts, manchmal rauben sie mir den Nerv." In der Komplementarität liegt die entscheidende Entwicklungsherausforderung.

3.7 Multiple Ebenen und Kontexte

Alles Leben spielt sich in Antinomien ab, die sich in dynamischen Wechselwirkungen stärken, blockieren und/oder ergänzen können. Die Dynamik der Entwicklung wird von Ängsten, Strebungen und Gegenqualitäten getrieben. Menschen entfalten Kräfte und geben ihrer persönlichen Situation eine Richtung. Für das Erleben sind die Spannung, das Niveau an Tiefung und Intensität bedeutsam, sie bestimmen zugleich über die Dynamik und das Niveau der Progression. Einfacher gesagt: Wer sich offener einlassen kann und tiefer eintaucht, kann entsprechend stärker und erfahrungsreicher auftauchen. Und gewinnt so an Reife.

Im Riemann-Schley-Modell werden die Antinomien den unterschiedlichen Ebenen zugeordnet, die miteinander in Wechselwirkung verknüpft sind. Veränderungen in einem Kontext - wenn z. B. ein neuer Leiter in eine Akademie kommt - wirken sich auf die interpersonelle und organisationale Ebene aus. Vermutlich wird sogar der gesamtsystemische Wertekontext davon berührt. Wir unterscheiden vier Ebenen oder Kontexte.

Personeller Kontext: Subjektperspektive, Persönlichkeit, Kompetenz, Identität

In jedem Menschen findet das Ringen um die Präferenzen und Dominanzen der einzelnen Felder seiner Persönlichkeit statt. Die klassischen Ambivalenzen zwischen Eigenwille/Durchsetzung und Teamharmonie/Integration wollen gesteuert werden. Noch stärker lebt auf der personalen Ebene der Innere Dialog zwischen Berechenbarkeit/Ordnung und Spontaneität/Inspiration. Auch die Steuerung des Regelkreises aus Regression und Emanzipation gehört hierher. Als Kompetenzen braucht es Selbstempathie, Introspektion, Management der Instabilität und Musterwechsel. *Schulz von Thun (2005)* nennt es Führung des „Inneren Teams" durch Besetzung des Oberhaupts. Das Management der Kohärenz und Kontingenz gehört zu den Kernaufgaben des Ichs, das diese Aufgabe nach Kontexten und Situationsgegebenheiten ausführt und es als Gestaltung subjektiver Wirklichkeit konstruktiv löst. Das Modell eignet sich sehr gut zur Feldbestimmung der Mitglieder im „Inneren Team". *Paula Power, Freddie Friendly, Dr. Donald Dominant und Franz Faktisch* sind dem Leser ja schon im Text begegnet. Jeder kann durch Feedback, Interviews, Fragebogen und subjektive Feldbestimmung seine eigenen Ausprägungen ermitteln und darüber ein Zielportfolio erstellen.

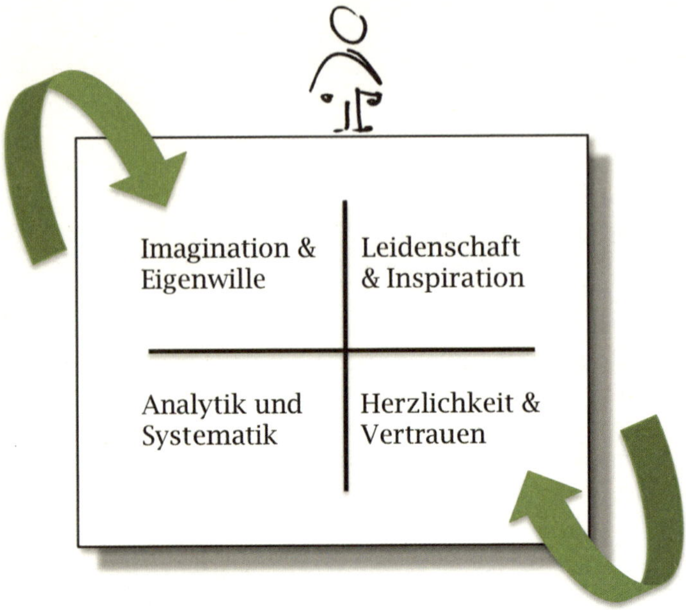

Abb. 19: Personeller Kontext

Interpersoneller Kontext: Kooperatives Handeln, Interaktion, Gruppe und Team

„Das Lieben, das Lieben ist schön. Das Lieben hat zwei Personen, das ist in der Liebe der Kummer." *(Hölderlin)* Wenn es in der Liebe schon schwierig ist, wie sehr dann in der Zusammenarbeit, der gemeinsamen Lenkung eines Flugzeugs, im abgestimmten Vorgehen im Operationssaal oder beim Teamteaching im Klassenzimmer. Die Konstruktionen von Wirklichkeit stoßen aufeinander. Kommunikation gelingt nur in den seltensten Fällen. Feedback ist erforderlich. „Ich weiß erst, was ich gesagt habe, wenn ich deine Antwort gehört habe." In symmetrischer Eskalation und einander ergänzender Komplementarität können Paar- und Teamsynergien entstehen. So können Partner sich begegnen, im Dance of Change miteinander schwingen oder sich dabei behindernd auf die Füße treten.

Das Riemann-Schley Team-Tableau kann wie ein Magnetfeld die Anziehungs- und Abstoßungskräfte sichtbar machen. Teamaufstellungen, Selbst- und Fremdbilder von Teams, Teamevaluationen und andere aus Hypothesen abgeleitete Fragen zum Kräftefeld können die interpersonellen Kontexte erkunden, in denen die intrapersonalen Konflikte ihren Niederschlag finden. Denn jedes Teammitglied hat es mit zwei Teamaufstellungen zu tun, mit seinem „Inneren Team" und seinem externen Arbeits-, Leitungs- oder Forschungsteam. Und beide stehen in dynamischer Wechselwirkung. Die Realbilder des Teams können mit Zielbildern kontrastiert werden, um die Abstände und Entwicklungsschritte zu bemessen.

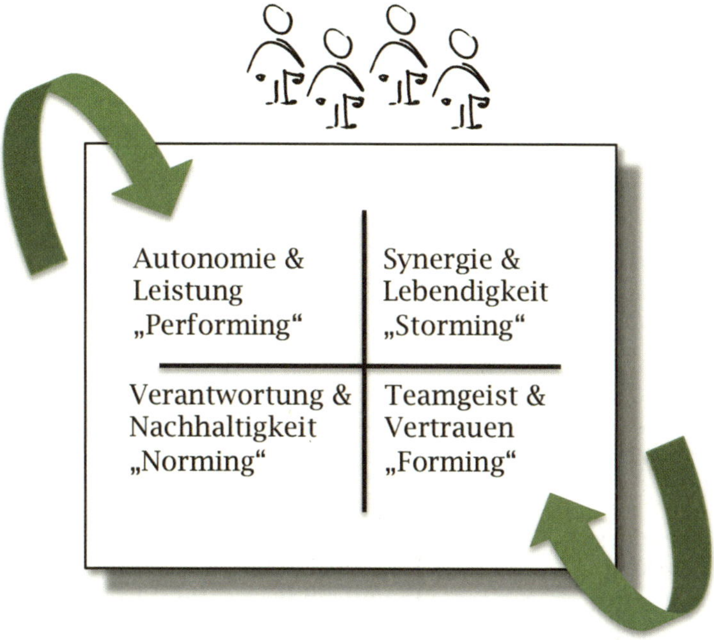

Abb. 20: Interpersoneller Kontext

Systemischer Kontext: Sozialer Akteur, organisationale Energie, Kulturentwicklung

Organisationen bilden systemische Kulturen, die wiederum aus Team-, Abteilungs- oder Bereichskulturen bestehen können. Jedes System entwickelt eine poröse Haut, die abgrenzt und durchlässig ist. Innerhalb der Systemhaut ist das „Wir“, das sich abgrenzt von der Umwelt. Die Beziehung kann feindlich oder einladend-partnerschaftlich sein. Organisationale schöpferische Kräfte werden innerhalb von konstruierten Systemgrenzen entfaltet.

Dementsprechend sind Prozesse besonders sperrig und widerstrebend, die die Integration zweier zuvor autonomer Systeme als Ziel haben. Ganz gleich ob im Unternehmensbereich, im Gesundheitswesen, bei Schulen oder Fluglinien, Theatern oder Kaufhäusern, Städten oder wiedervereinigten Ländern: Fusionen fallen schwer. Noch nach Jahren identifizieren sich Menschen mit ihren Ursprungssystemen, die es formal längst nicht mehr gibt.

Bindung und Identifikation sind starke Kräfte. Auch sie lassen sich in der Stärke und Ausprägung mit Analysen zur sozialen Architektur bestimmen, mit Maßen zur sozialen Distanz etwa. Qualitativ interessant ist vor allem die Frage, welche Kulturqualitäten Systeme ausbilden. Das Organisations-Tableau unterscheidet wieder vier Felder der Kultur: Die strategische *Innovationskultur* steht in Spannung zur vertrauensvollen *Zugehörigkeitskultur*. Die in Zahlen messbare *Leistungskultur* reibt sich an den Qualitätsansprüchen der synergetischen *Entwicklungskultur*.

Im Kampf der Kulturen gibt es auch strategische Allianzen zwischen Nachbarkulturen. So lassen sich die beiden Nähekulturen kooperativ verbinden, ebenso die beiden Distanzkulturen der Ordnungen und Regeln mit der Strategiekultur. Anders lassen sich die beiden Dauer- und Strukturkulturen aus „Herzlichkeit und Wir-Gefühl" sowie „Sachlichkeit und Ergebnisorientierung" unter gewissen Gesichtspunkten als Allianzpartner verstehen, denen die Wechsel- und Innovationskulturen „Freiheit und Eigensinn" sowie „Lebendigkeit und Synergie" gegenüberstehen.

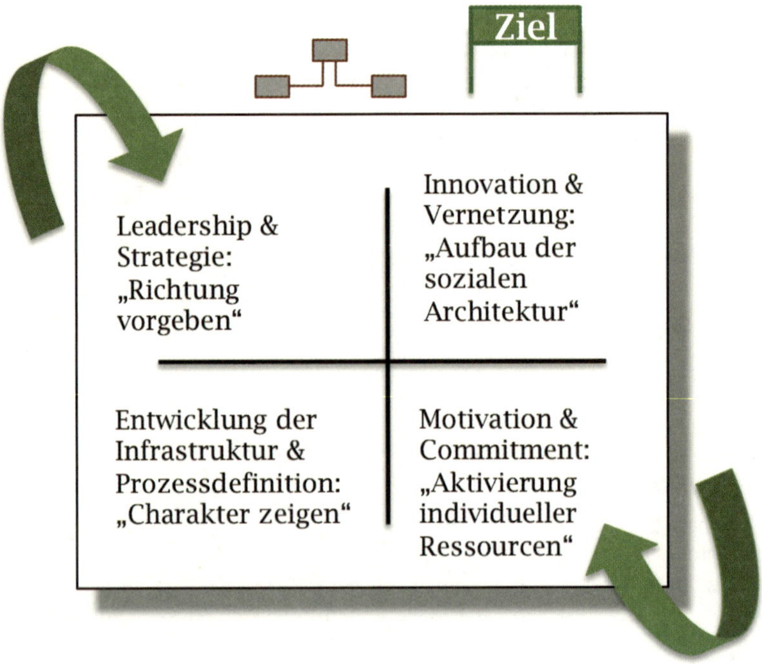

Abb. 21: Systemischer Kontext

Gesamtsystemischer Kontext: Gesellschaft, Werte, Vernetzung und Transformationen

Schließlich ereichen wir die Ebene des Gesamtsystems, hier geht es um den Kampf und die Entwicklung der Werte. Der Kampf ist der Ursprung aller Dinge. Am heftigsten wird über Werte gestritten. In Religionen und Gesellschaftssystemen mit massiver Abgrenzung durch Feindbilder ist der Wert der Toleranz gering geschätzt. In modernen Kulturen der Ungewissheit und der flüchtigen Zeiten *(Baumann 2007)* beherrschen Trends, Moden, Hypes und mobile Kommunikationsmedien die Szenen und sorgen für kurzfristige Bindungen an etwas Flüchtiges. Weltweite Netzwerke gelten als die mächtigsten Kräfte, virtuelle Finanzströme labilisieren die Weltwirtschaft und bringen Volkswirtschaften zum Kippen. Daneben bestimmen übergreifende Ängste und kollektive Gefühle der Sorge um das Klima oder die Atomgefahr das Erleben. Die Beschleunigung der Entwicklung zum globalen Dorf und globalen Netz ist längst geschehen. Die Welt ist vernetzt und dynamisch verbunden. Wer glaubt noch sie steuern zu können. Und dennoch tragen wir Verantwortung im Sinne der Positionen von *Giddens (2000)*, der mit „Structure and Agency" die Rahmen und Haltungen vom Menschen in globalen Vernetzungen benennt. Vor allem geht es um „Agency". Sich angesprochen und gemeint fühlen und tätig werden in neuartigen Formen der Artikulierung eines Verantwortungsgefühls und politischen Willens.

Gesellschaften durchlaufen Entwicklungen über Werte, Weltanschauungen und Ich-Identitäten. Die Darstellung kann in Spiralen der stetigen Ko-Evolution *(vgl. Wilber 2001, 33 ff.)* beschrieben werden oder im Werte-Tableau des Riemann-Schley-Konzepts. Integrale Orientierungen über Zugehörigkeit liegen im Feld SO mit starker Ausprägung der Struktur und der Bindung. Sie ringen mit Werten der pluralistischen Individualität im Feld NW. Während die Werte im Feld SW als formal rationale Qualitäten der Ordnung und Systematik gekennzeichnet werden, steht ihnen die Wertewelt des Feldes NO diametral gegenüber, dort haben sie eine hohe Autonomie erreicht und sind integral d.h. ganzheitlich ausgerichtet. Sie haben eine Stufe erklommen, auf der die Werte der vorausgegangenen Stufen integriert erscheinen.

Auf jeder darunter liegenden Systemebene, die der Micro-, Meso-, Macro- und Mundo-Ebene, finden sich die Wertekorrespondenzen. Bereiche besetzen diese Werte für sich, Abteilungen unterscheiden sich in ihren Werten, Standorte befehden sich deshalb und Dynamiken im Team werden nicht selten im Hinblick auf die unterschiedlichen Werte und Verständnisse ausgetragen. Alle Ebenen entfalten ihre Potentiale in der Fähigkeit der Akteure, ihre Ängste und Strebungen zu organisieren und zu regulieren. Im KTC kommt der gesamtsystemische Kontext oft als mächtige Strömung, Ausrichtung des ganzen Systems, als eine wirkungsvolle Kraft, die der Akteur in seinem Umfeld wahrnimmt.

Das KTC ist in der Lage zu reflektieren, wohin es im Denken, Fühlen und Wollen des Akteurs führt, was es für ihn bedeutet. Die in Kompassangaben aufgezeigten Werte können als Werteherausforderung und Wertekonflikt betrachtet werden, die für den Akteur hohe persönliche Relevanz haben können.

In der Prozessreflexion gibt es die Möglichkeit zu erkennen, welche Werte und Ebenen durch das Szenario des Akteurs berührt waren. Wir unterscheiden dabei Prozesse im Vorder- und Hintergrund sowie beeinflussbare und nicht beeinflussbare Prozesse.

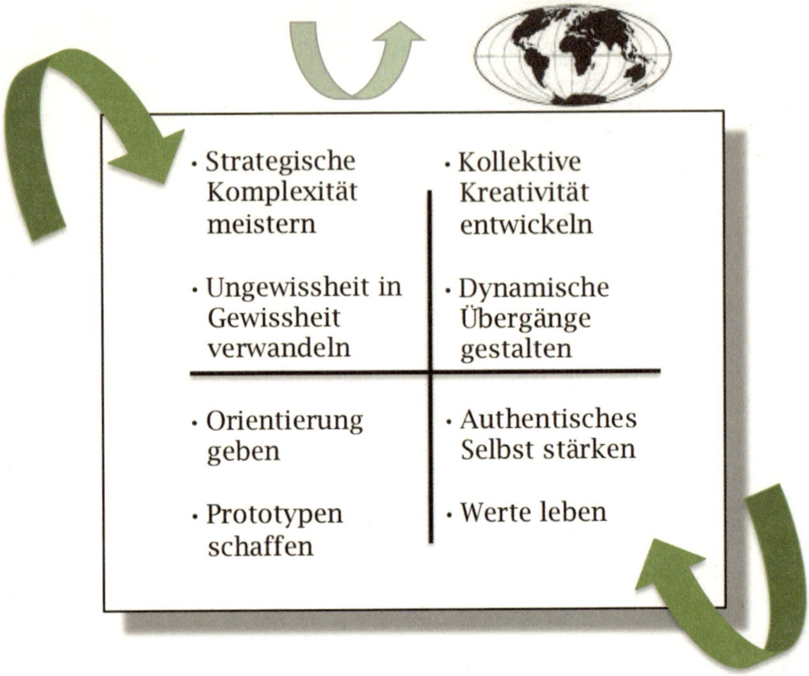

Abb. 22: Gesamtsystemischer Kontext

Zusammenfassung zum Riemann-Schley-Bild der Kontexte und Tableaus

Im KTC repräsentiert der Akteur in der Beschreibung der Situation die ineinander verschachtelten Kontexte. So kann er gleichzeitig ein ehrgeiziger, zielstrebiger Leistungsmensch in einer Konsenskultur seines Teams im Kulturwandel eines von einer Krise geschüttelten Unternehmens sein, das sich im gesellschaftlichen Umfeld dem Wandel und der Suche nach Werten und Überzeugungen zu stellen hat.

In jedem Feld geht es um die Spannung zwischen den Antagonisten. In guter Spannung (Eu-Tonie) entstehen integrative Qualitäten, geringe Spannung belässt es bei einem bloßen Nebeneinander der Intentionen.

Das KTC ist Arbeit mit dem Akteur an seiner personalen und sozialen Emanzipation. Wie gelingt es ihm, im Ein- und Auftauchen die Gegenqualitäten und Entwicklungsrichtungen zu bestimmen? Und wie meistert er die Herausforderung, die personale Entwicklung mit der sozialen Situation zu verbinden?

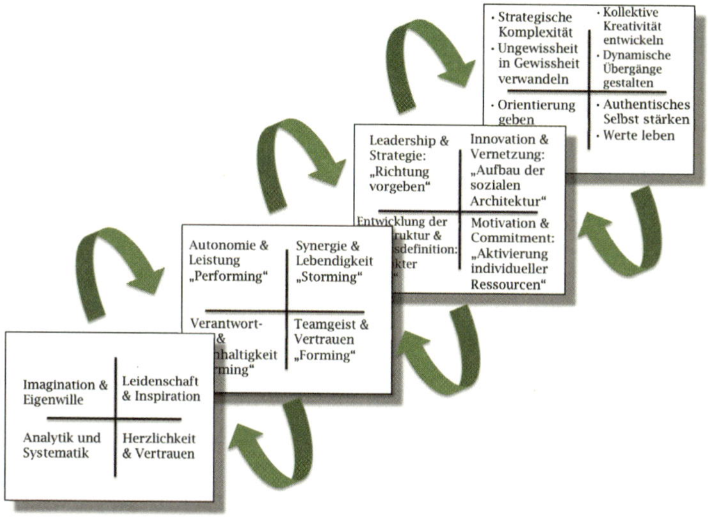

Abb. 23: Riemann-Schley-Kontexte

Spannung als produktive Energie und Aufforderung zur Regulierung von Kreisläufen und Balancen löst sich auf unterschiedlichen Ebenen in spezifischer Weise.

- Im personalen Kontext als Selbstklärung
- Im interpersonellen Kontext als Kommunikationsklärung
- Im organisationalen Kontext als Systemklärung
- Im gesamtsystemischen Kontext als Werteklärung

Die Ebenen sind untereinander durchlässig und verbunden, es ist dabei nicht einmal klar, welche Ebene oben oder unten angesiedelt ist. Eine Hierarchie existiert nicht.

Das ist die Chance des KTC. Arbeit im Prozess des Sich-Öffnens, um neue Sichten zuzulassen und Optionen zu entwickeln. KTC ist Arbeit am Selbstbewusstsein im Verhältnis zu relevanten Umwelten.

Die Struktur- und Bindungsqualitäten geben Rückhalt, die Zukunfts- und Ideenfelder sorgen für die Gegenkräfte. Im Zusammenspiel entsteht Dynamik. Das KTC ist die Methode der Entfaltung von Kräften und Dynamiken im Raum der beiden existentiell entscheidenden Antinomien, dem Kampf um die Positionierung im Raum bemessen nach Nähe und Distanz und dem Umgang mit der Zeit als strukturelle Orientierung und innovative Dynamik. Diese Antinomien sind die grundlegenden Kräfte des Lebens. Ihr Wechselspiel bleibt eine „never ending story“ in wechselnden Konstellationen und an immer neuen Themen.

Das KTC schafft den Raum, bildet den Rahmen und leistet eine Ermutigung zur Klärung von personalen und sozialen Situationen in den unterschiedlichen Lebenskontexten und Systemwelten. Die hier entwickelten Persönlichkeitstheorien auf der Basis der Neuen Phänomenologie *(Schmitz 1980)* und der Grundformen der Angst *(Riemann 1999)* sind Wahrnehmungs- und Erkenntnishilfen und zugleich Heuristiken für das Verstehen wie für das Handeln. Wir haben von beiden Theorien in unserer Systemberatung in Aktion vielfach profitieren können.

4. Szenen und Praxisbilder des KTCs

„Man hebt das öffentliche Schweigen auf, das Schweigen über unsere Wünsche und Ängste." (Max Frisch)

Bevor wir zu Fragen der Durchführung von Kollegialem Teamcoaching kommen, liegt uns daran, ein anschauliches Bild dieser methodisch systematischen Arbeit klärender Gruppeninteraktionen zu vermitteln. Es ist schwer, sich ein KTC als ein organisch fließendes Geschehen vorzustellen. Bilder von Supervisionen, Trainings, Selbsthilfegruppen oder Workshops stellen sich ein. Coaching wird als Einzelsituation der Beratung gesehen, im Team kann man sich das nicht vorstellen. Wenn es denn gleich eine ganze Gruppe ist, die sich mit meiner Situation beschäftigt, wie kann man sich da schützen vor zu vielen Ratschlägen und einem Hin und Her der Ideen? Weitere skeptische Fragen nach Vertraulichkeit, möglichem psychologischem Dilettantismus und der Qualität professioneller Beratung schließen sich an. Und wenn einer gar kein Problem hat, wie geht es dann?

Das Kollegiale Teamcoaching ist eine professionelle Form der Intervention im Denken, Fühlen und Handeln eines Akteurs, der als personales Subjekt seine persönliche Situation beschreibt und im Dialog mit einer angeleiteten Gruppe von 6–8 Teilnehmern bearbeitet. Das KTC unterscheidet sich von Expertenmodellen durch sein Verständnis der kollektiven Intelligenz. Ein KTC ist ein Geschenk der Gruppe an einen Akteur. Sie greifen sein Anliegen auf, erspüren seine Befindlichkeit und erfassen im Modus der Identifikation das bislang ungelöste Thema. Die Öffnung des Denkens, Fühlens und Wollens wirkt Wunder. In einem Prozess des szenischen Verstehens machen sich die Coachs ein Bild der Situation mit hoher Prägnanz. In der Unschärfe der Details liegt die Genauigkeit des Kerns. Dieses Bild des Verstehens ist Gegenstand der Wandlung. Loslassen-Können fällt den identifizierten, aber nicht blockierten Coachs leicht. Sie lösen sich, ergründen die Frage des Sinns in der bestehenden und der zukünftigen Situation. Dabei gewinnen sie Phantasie und Lebendigkeit. Der Raum der Optionen wird größer. Aus höherer Warte werden Spannungen aufgelöst und Gegensätze integriert. Parallel verarbeitet der Akteur als personales Subjekt die Eindrücke, gleicht sie ab.

In dieser Drift geschieht der Perspektivenwechsel. Ängste fallen ab, eine Ermutigung tritt ein. Nach einer Stunde geht der Akteur aus der Beobachterrolle seiner eigenen Existenz im Kontext heraus. Und tritt gelöst in den Kreis, lächelnd oder strahlend, er wirkt im Auftreten stimmig und kohärent, die Angst ist erlebt und überwunden. Der Blick ist offen. Eine positive Spannung hat sich eingestellt.

Diese Erlebnis aktivierende Beschreibung gibt eine Vorstellung vom Geschehen in einem KTC. Wie lässt sich ein solcher Prozess erklären? Wie muss unser Bild von Persönlichkeit sich ändern, wenn die Bandbreite der Lösungen so groß ist, dass ein Musterwechsel denkbar wird? Wie sehr müssen wir die Theorie der Persönlichkeit um die Dimension der dynamischen Wandlung und der Fähigkeit zur dynamischen Entwicklung erweitern?

Wir geben Einblick in zwei KTC-Werkstätten. Die erste umfasst Teilnehmer aus einem Unternehmen, die im Verlauf eines Jahres im Rahmen einer Führungskräfteentwicklung mit dem KTC gearbeitet haben. Der zweite Einblick beschreibt Szenen und Erlebnisse einer Teilnehmerin in einem KTC-Netzwerk für Führungskräfte in innovativen Systemumwelten. Jeder Gruppenteilnehmer kommt dort aus einer anderen Systemwelt und Kultur.

4.1 Bilanz einer KTC-Gruppe aus einem Unternehmen

Eine Führungsentwicklungsgruppe mit Teilnehmern des mittleren Managements in einem Medienunternehmen blickt auf den Verlauf ihrer einjährigen Gruppe zurück. 14 Teilnehmer aus allen Bereichen haben an ihren persönlichen und unternehmensspezifischen Themen gearbeitet. Alle haben bereits Positionen mit höherer Verantwortung inne, sie leiten Abteilungen, Ressorts, führen zentrale Funktionen und entwickeln innovative Konzepte.

Das Ziel der Qualifizierung bestand in der Vermittlung von Leadershipkompetenz mit Schwerpunkten auf Innovationsmanagement, Kommunikations- und Konfliktkompetenz und Veränderung von Einstellung und Verhalten in Richtung einer Verantwortlichkeit und Initiative. Im Rollenverständnis waren die Teilnehmer noch stark auf ihre fachlichen Spezialistenrollen als Leiter, Finanzexperten, IT-Spezialisten, Vertriebsverantwortliche und Fachressortleiter fokussiert. 90 % der Tätigkeit nahmen ihre Fachaufgaben ein, für Führung blieb bislang nur Zeit am Rande. Die KTC-basierte Qualifizierung hatte zum Ziel, in Zukunft 40 % der Tätigkeit bewusst an Leadershipaufgaben zu arbeiten mit überfachlichen Vernetzungen, strategischen Entwicklungen, Professionalisierungskonzepten, Innovationsvorhaben und Kulturentwicklungen als Arbeit am System. Das bedeutete zugleich, Leadership mit dem Management fachlicher, strategischer und technischer Themen zu verbinden.

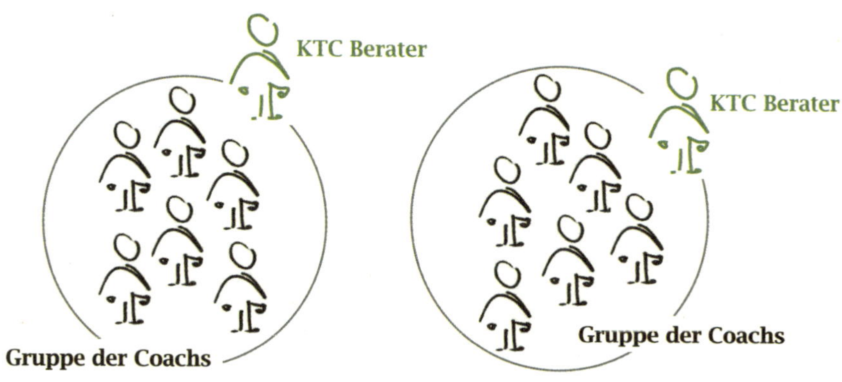

Abb. 24: Führungskolleg in zwei KTC-Gruppen

Zu diesem Zweck kam die Gruppe von 14–16 Teilnehmenden über ein Jahr im Abstand von 3 Monaten für jeweils drei Tage in einem KTC-Führungsnetzwerk zusammen und bildete darin zwei KTC-Gruppen.

Die Vorbereitung auf das erste KTC

Die Teilnehmergruppe konnte sich anfangs unter dem Kollegialen Teamcoaching als Mittel der Kompetenzentwicklung mit hoher Praxisnähe kaum etwas vorstellen.

Im Vorfeld machten alle eine 360°-Analyse ihrer Tätigkeit und hatten so schon ein erstes Bild ihrer Rolle in Form eines systemischen Feedbacks. Allerdings schienen die Begründungen plausibel und die Einführung in die Arbeit überzeugend. Sie waren Menschen mit Berufserfahrung und Führungspraxis, die sich gut auf ein Lernen einlassen konnten, das von ihnen selbst bestimmt wurde und keine Trichterdidaktik verfolgte.

Das Grundmodell und die Konzeption von Expertise

Der Kompetenzbegriff des Angebotes leuchtete ein, Aufbau von Fähigkeiten im Umgang mit Führungsaufgaben, das klang zwar noch recht allgemein, aber es enthielt wichtige Kernaussagen, die aufgenommen wurden:

- „Richtung, Vision und Strategie entwickeln und überzeugend vermitteln"
- „Überzeugend auftreten, inspirierend wirken und Vertrauen bilden"
- „Aufbau von organisationaler Infrastruktur und Führung im Change"
- „Mobilisierung individueller Kräfte und personalisierte Führung"

Transformation statt Transfer

Besonders interessant war die Vorstellung der unmittelbaren Arbeit an der eigenen Führungssituation ohne den klassischen Umweg über die Abstraktion und spätere Konkretion klassischer Transferstrategien nach dem Prinzip „learning now for later use". Jeder Bearbeitungsschritt in einem KTC hatte unmittelbar einen Transformationsschritt in die Praxis zur Folge, der mit dem zuvor gewählten Lernpartner als Unterstützer ausgearbeitet wurde.

Vertrauen und Atmosphäre

Die Hinführung auf die konkrete Ebene des Erlebens und Beschreibens von Szenen, Verläufen, Interaktionen aus dem konkreten Unternehmensalltag einschließlich der begleitenden Gedanken und Gefühle führte zu vielen Rückfragen. Mehr und mehr festigte sich aber das Vertrauen, alle befanden sich auf ihre Weise in spannungsvollen, teils kritischen, teils beflügelnden Situationen, in die sich die anderen gut hineindenken konnten.

Verblüffung durch die KTCs

Das erste KTC mit der Schlüsselerfahrung, dass eine Gruppe bereits nach einem Bericht von 10 Minuten, unterstützt von einer Visualisierung, und nach weiteren 5 Minuten für offene Fragen sich ohne direkte Interaktion mit dem Akteur mit seiner Situation auseinandersetzen konnte, wurde als eindrücklich erlebt. Die Methode wirkte von Anfang an, und diese Erfahrung wirkte als Beschleuniger mit Turbowirkung. Vor allem die Erfahrung mit einem Prozess, der die Akteure hinter einen gedachten Vorhang verbannte, war verblüffend. Bereits das erste KTC hatte eine Durchbruchswirkung. Die Akteure äußerten ihre Begeisterung offen und steckten damit die anderen an.

KTC-Coach als Spielertrainer

Der KTC-Leiter war in zweierlei Weise engagiert. Er agierte als teilnehmender Coach und als Impuls gebender Unterstützer für die Teamrollen. Von Anfang an wurde die Steuerung des Ablaufs aber in die Verantwortung der Gruppe gelegt. An entscheidenden Stellen gab er durch Resonanz, Bilder und Assoziationen Impulse für weitere Perspektiven und Qualitäten der Wahrnehmung.

Das Schlüsselthema

Schnell und unmittelbar überzeugend wirkte die Arbeit der Coachs, die sich spontan auf die Situation einlassen konnten. In den Eindrücken, die jeder beitrug, wurden die Resonanzen und Verständnisse gut übersetzt. Am Schlüsselthema kam es zu einem Suchprozess nach der Gegenqualität. Wo liegt die eigentliche Herausforderung für den Akteur? Was muss ihm gelingen? Zur Aufgabe, schwungvolle metaphorische Formulierungen aus der entstehenden Zukunft zu finden, überwog anfänglich die Skepsis. Später wuchs die Formulierungslust, zumal die anschließenden Ideenwerkstätten zu sehr viel Konkretheit beitrugen.

Visualisierung

Die Gruppeninteraktionen wurden durch das Visualisieren des Schreibers verlangsamt. Viele äußerten später, dass diese Entschleunigung gut tat, es erlaubte ihnen mit eigenen Gedanken abzuschweifen und wieder zurückzukommen. Die Stichworte und angedeuteten Skizzen bildeten eine gute Dokumentation.

Die weiterführenden KTCs

In der Ideenwerkstatt kamen bereits gedachte und auch noch nicht erwogene Optionen auf den Tisch, einiges schien zu provokant oder riskant, anderes gerade recht im Grad seiner ungewöhnlichen Intervention. Die Akteure brauchten ja nur auszuwählen. Und ihre Möglichkeiten waren um so vieles bereichert.

Am Ende ist es ein Anfang

Lernpartner, das war am Anfang nur ein Wort. Später wurde es zu einer tragenden Beziehung. Einer der Zeuge, Gefährte, Mitstreiter im Coachingprozess war, unterstützte später als Begleiter den Akteur im Konkretisieren, Übersetzen und Antizipieren von konkreten Transfersituationen. Das hat Beziehungen geschaffen, in denen sie füreinander Sparringspartner wurden. Auf jeden Fall gab es für jeden eine Person des Vertrauens und der Erreichbarkeit.

Die neue Wahrnehmung einer vertrauten Situation

Das KTC ist am Ende, die Reflexion beginnt. Die Akteure erleben sich wieder integriert und präsent. Ihre Aussagen zum Feedback enthielten wiederkehrend und in Abwandlungen die folgenden Attribute:

Der Verlauf war nicht in allen Momenten gleich intensiv, die Beiträge im Einzelnen nicht immer zutreffend oder richtig. Aber im Ganzen, in der Essenz war es aufregend präzise. Vor allem weil die Unterschiede und inneren Gegensätze nicht aufgehoben wurden, manches Hin und Her in der Runde hätte direkt dem inneren Dialog entsprochen.

Die Vernetzung der Teilnehmer

Neben den Einzeleindrücken wurde die Vernetzung der Akteure über Ressortgrenzen, Standorte und Hierarchien hinweg hervorgehoben. Das Vertrauen untereinander, die Kontakte zwischen den KTC-Sitzungen und die Möglichkeit der direkten Ansprache und Unterstützung seien großartig: die Möglichkeit, sich direkt abzustimmen bei bereichsübergreifenden Aufgaben im Unternehmen, besseres Verständnis für das Ganze, die Ermutigung und Anregung für die Führung nach oben.

Das „Wunder“ des KTC

Aber das Entscheidende sei doch das Wunder KTC, eine so starke, verstehbare und methodische Vorgehensweise hätten sie noch nicht erlebt. Strukturelles Vorgehen mit technischem Charakter und zugleich eine an Zauberei grenzende Verwandlung. Das Erleben vorher und nachher sei ein fundamentaler Unterschied gewesen.

Abb. 25: Selbstreflexion einer Teilnehmerin im KTC-Managernetzwerk

4.2 Bericht einer Teilnehmerin über ihr KTC

Wir berichten jetzt über ein konkretes KTC in einem Managernetzwerk. Das ist eine Gruppe von 6–8 Teilnehmern, die sich über eine längere Zeit von nahezu 1 1/2 Jahren regelmäßig im Abstand von etwa 10 Wochen traf. Wir haben hier einen Bericht einer Teilnehmerin aus ihrer Sicht zu ihrem KTC.

Einstimmung auf die Gruppe und KTC-Vorbereitung
Ich bin Leiterin einer IT-Einheit in einem weltweit agierenden Finanzunternehmen und komme aus der Beraterwelt. Es ist meine erste große Führungsaufgabe und eine Frau in der Männerwelt ist für dieses Unternehmen noch eine Neuheit. Nach wenigen Monaten der Einarbeitung in die neue Rolle kam mir die Möglichkeit in den Sinn, an einem Managernetzwerk teilzunehmen und so bin ich zu meinem ersten Kollegialen Teamcoaching mit fünf anderen Führungskräften aus ganz anderen Bereichen und Unternehmen angereist. Wir haben uns erst einmal persönlich vorgestellt, unsere Erwartungen mitgeteilt und eine kurze Visualisierung unseres Tätigkeitsfeldes vorgenommen.

Uns sind dann die Spielregeln und Vorgehensweisen vorgestellt worden. Wir werden uns vier Mal im Laufe eines Jahres für zwei bis drei Tage treffen und jeder hat Gelegenheit, die eigene Situation mit den anderen in dem KTC zu reflektieren. Gut wäre es, sich ein strategisches Vorhaben auszuwählen, das einen roten Faden bildet.

Vor mir haben schon zwei Kollegen aus der Gruppe als Teilnehmer ihr erstes KTC wahrgenommen und wir haben sehr schnell gelernt, die Methodik auf uns anzuwenden. Die KTC-Beraterin führt sehr behutsam, gibt wesentliche Impulse und Anstöße. Sie greift vor allen Dingen dort ein, wo wir in Gefahr kommen, in alte Formen der Diskussion über den Fall zu geraten, in Debatten über die Ursachen von Problemen zu landen oder bereits am Anfang zur Diskussion von Lösungsvorschlägen zu kommen. Der wiederkehrende Hinweis auf die Problematik von Diskussionen zur Aktivierung von Gruppenenergie ließ mich an unsere Meetings denken, viel Debatte, wenig Ergebnis. Am Ende gehen Sieger und Verlierer vom Platz.

Im Beispiel des Kollegen vor mir wurde deutlich, dass es interessant ist, darauf zu hören, wie jemand seine Situation beschreibt. Wir haben uns hineingedacht in seine Lage, haben gespürt, wie er über die verschiedenen Rollen, die er gleichzeitig wahrnimmt, als stellvertretender Leiter eines Bereichs, auch noch als Personalvertreter, Leiter einer strategischen Projektgruppe und Fachexperte für Organisationsabläufe, dass er in dieser Vielheit der Rollen gleichzeitig überfordert und für die anderen auch irgendwie nicht berechenbar war. So fokussierte sich unsere Ideenrunde auf die Frage: „Wer bist du eigentlich, in welcher Rolle bist du tätig?" und kam auf die Idee des Loslassens, dass vielleicht weniger mehr sein könnte. Jetzt bin ich dran.

Mein Bericht zu meiner Situation anhand eines Bildes

Wir sitzen in einem Kreis. Ich habe auf einer Stellwand meine Situation aufgezeichnet, mir ist die Idee einer Landschaft gekommen und die Vorstellung von einer engen Projektwelt, die sich jetzt öffnen soll zu einer globalisierten, weltweit vernetzten Orientierung. Wir stehen noch dazu kurz davor, unsere Arbeitssprache zu verändern und auf Englisch als Arbeitsmodus umzusteigen. Integrationsthemen haben wir auch, in unserem großen Team arbeiten Leute aus 14 Ländern. Ja ich lege los, beschreibe meine Situation und nach Darstellung der Landschaft dachte ich mir, es sei am besten, wenn ich anhand einer Teamsitzung deutlich machen würde, wie ich mit meinem Team agiere.

Natürlich bin ich die Leiterin und liefere den einzelnen Teamverantwortlichen für die jeweiligen Berichte aus den Entwicklungsteams den Rahmen und die Vorgabe. Da ich als Beraterin schon lange in diesem Feld auch fachliche Expertise mitbringe, springe ich hier und da auch in die Fachdebatte ein und trage entsprechende Vorschläge vor, wie das Ganze technisch zu handhaben sei. Wir haben einen ungezwungenen, lockeren Stil, doch manchmal geht's nicht umhin, dass ich auch sehr deutlich mache, wo Abweichungen von unserer Abmachung passieren. Ich sage dann, „halt, stopp Leute, so können wir das nicht machen, da haben wir andere Spielregeln. Da bitte ich einfach um Verständnis, dass hier ein Eingriff sein muss", das gehört zu meiner Governancefunktion.

Die Zeit vergeht, die zehn Minuten Präsentation sind schnell um, es ergeben sich eine ganze Reihe an Fragen, die ich für die anderen im KTC gern beantworte. Bin dann schon gespannt, was daraus erwachsen würde. Ganz wie die Spielregel es vorsieht, setze ich mich zur Seite und drehe mich ab, kann auf diese Weise sehr gut zuhören.

Aufnehmen ohne Eingreifen in der Konferenz der Coachs
Beim Hinhören fällt mir auf, dass die Gruppe sehr schnell mit ihren Kommentaren, Eindrücken, Anmerkungen, Beobachtungen, Resonanzen loslegt, vielfach fallen sie einander ins Wort. Fast so wie in unseren Meetings. Immer wieder bin ich das Thema: „Also die Frau mit den verschiedenen Hüten und welchen Hut hat sie denn jetzt auf!" Und ich frage mich, ob ich darin unklar war in meiner Erklärung. Mir wurde dann aber selbst beim Zuhören deutlich, dass tatsächlich die Rollenstruktur vielschichtig ist und die Mitarbeiter möglicherweise nicht immer ganz klar wissen, wen sie da vor sich haben, eine Fachkollegin, eine offene mitdiskutierende Partnerin, eine Vorgesetzte, die den Rahmen bestimmt oder eine Auftraggeberin, die jetzt das Projektcontrolling macht, also da scheint etwas dran zu sein.

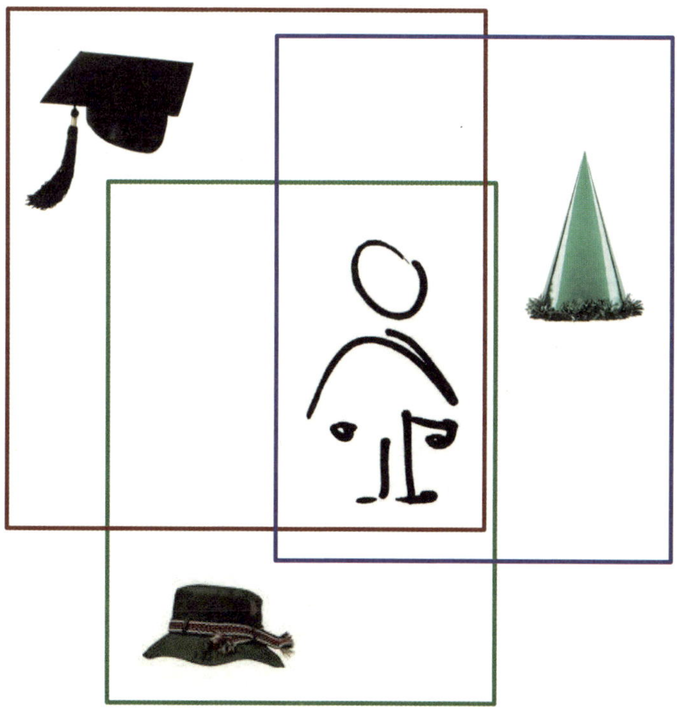

Abb. 26: Rollen, Kontexte und Hüte

Beim Hinhören schweiften die Gedanken, ob ich mich an ähnliche Situationen in meinen Beraterteams erinnere, gleichzeitig gehen die Gedanken noch weiter zurück, in meine Schule, aber auch in meine Familie. Die Situation mit meinem Vater und meinen Brüdern kommt mir in den Sinn. Und unsere Gespräche am Tisch zu Hause mit heftigen Debatten, klar auch mit Ins-Wort-Fallen. Kam mir ganz vertraut vor. Nicht viel anders war es im Teamraum unserer Beraterprojekte beim Kunden. Alles vertraut. Aber bin ich denn diejenige, die das alles so in Szene setzt? Sind das die Muster, von denen die Rede war?

Suche nach dem Schlüsselthema

Ich finde es ganz angenehm, nicht zu jedem dieser Kommentare oder Eindrücke Stellung nehmen zu müssen und meinen eigenen Raum zu haben. Da bin ich mir nicht immer sicher, ob sie wirklich den Kern treffen. Sie tasten sich so heran mit ihren Beobachtungen und Kommentaren und am Ende steht ein Schlüsselthema, eines, das die Ideensammlung einleitet. Es lautet: „Weniger ist mehr. Führen ist Zuhören.“

Ideenwerkstatt mit Brainstorming

Die Ideenwerkstatt beginnt und eine Fülle von Optionen kommt zusammen. Mit dem Vorschlag, die Kollegen im Team nach der Wirkung meiner Führung zu fragen und mir dazu ein Feedback zu holen, beginnt jetzt eine flüssige, spontane, assoziative Ideensammlung. Feedbackvorschläge, Blickkontakt, Atmen, klar machen, welchen Fokus ich gerade im Blick habe.

Eine Idee greift immer wieder das Bild mit den Hüten auf. Verschiedene Hüte symbolisch hinstellen, einen blauen für die Fachdiskurse, einen roten für die Führung, einen gelben für kollegiale Botschaften. So würde deutlich, wo bin ich eigentlich hier selbst als Projektmitglied, wo bin ich Controllerin, wo bin ich beauftragende Vorgesetzte und damit auch für die anderen erkennbar. Weniger ist mehr, pro Kontext ein Hut, das scheint mir im ersten Moment etwas künstlich zu sein, aber die Gruppe versteht es, den Gedanken spielerisch zu erweitern und am Ende ist eine ganze Anzahl von Ideen gefunden.

Mein Feedback

Ich komme jetzt zu Wort und sage, es hätte mich ungeduldig gemacht, nicht gleich Einfluss nehmen zu können. Dann kam es mir so angenehm vor, dass andere kluge Menschen sich mit meiner Situation so intensiv auseinandersetzten, und hielt mich zurück. Das Bild von einer mentalen Wellness kam mir, eine sehr angenehme Behandlung mit entspannender und lösender Wirkung, die mich selber zunächst mal aus dem engen Fokus und dem Aktionsmodus befreit und die Gedanken laufen lässt, um dann wieder zurückzukommen auf einen Punkt, an dem ich tatsächlich etwas tun kann, etwas, was in meinen Möglichkeiten liegt.

Mir ist die Atmosphäre noch bedeutsam, also bedanke ich mich für diese entspannte und nach den ersten hektischen Startphasen doch zunehmend wertschätzend gelöste Form der Auseinandersetzung mit meiner Situation. Mit dem Fokus bin ich einverstanden, hatte mir noch gedacht, dass es vielleicht noch eine stärkere, strategische Diskussion geben würde, aber jetzt ging es sehr stark um mein Verhalten, auch um die Lautstärke und die Art, wie ich hier gesprochen habe.

Prozessreflexion

Es kamen dann Analogien auf. Wir landeten sehr schnell bei der Prozessreflexion, die den Abschluss bildete. Was hat sich hier in dieser Runde gezeigt, was möglicherweise eine Art von Übertragung oder eine Art von Parallele darstellt zu der Situation, von der ich gesprochen habe.

Die KTC-Beraterin konnte die Gruppe und mich sehr gut auf die Spur bringen, noch andere Parallelen und Analogien zu finden mit der Frage: „Was kam ihnen bekannt vor?" Mir kam eine frühere Feedbacksituation in den Sinn, in der mir schon häufiger gesagt wurde, dass meine Sprechweise sehr schnell, manchmal abgerissen, manchmal auch kurzatmig sei, dass ich einfach schneller denken könne als ich zu sprechen vermöge und das kam hier jetzt wieder auf den Tisch.

Entschleunigen war am Ende eine Botschaft: „Weniger ist mehr, vielleicht nicht quantitativ, sondern qualitativ." Das könnte die Kernidee sein, damit die anderen mitkommen und nicht abgekoppelt würden. Im Fluge war die Stunde des KTC vorbei und abgeschlossen. Und ich war angeregt und in Gedanken entführt in meine eigene Welt. So ging ich in die Pause und beschloss, ein paar Schritte vor die Tür zu machen und einfach für mich zu sein.

Heterogenität in meiner KTC-Gruppe

Ich will noch etwas zu den anderen in meiner KTC-Gruppe sagen. Es saßen sehr verschiedene Leute in unserer kleinen Runde, so ging es sehr bunt zu. Ein Gymnasialdirektor, eine Medienfrau im Anzeigengeschäft, ein Ressortleiter aus der Versicherung, ein Akademieleiter und eine HR-Managerin, Leiterin des Bereichs im Businesspartnerkonzept. Schnell habe ich mich verglichen:

- *Der Gymnasialdirektor hat noch mehr Rollen am Hals als ich,*
- *die Medienfrau im Anzeigengeschäft überholt mich noch an Schnelligkeit,*
- *der Ressortleiter aus der Rentenversicherung erinnert mich in Langsamkeit an meine Männer,*
- *der Akademieleiter muss Führung nach oben betreiben,*
- *die HR-Managerin hat strategische Ambitionen wie ich.*

Langzeitwirkung

Die Wirkungen des KTC haben lange angehalten. Ich kann mich an die einzelnen Szenen wie in einem Film erinnern. Die Feedbackrunde nach dem ersten KTC hatte es in sich. So wäre ich bei einer Feedbackrunde im Rahmen eines Workshops mit der gesamten Mannschaft von 30 Leuten am liebsten bei jedem in eine Richtigstellung gegangen. Es war gut, es nicht zu tun. Das Feedback hat viel gelöst und ausgelöst.

Ich war durch die Struktur gezwungen, beim nächsten KTC-Treffen Bericht zu geben. Ein heilsamer Druck war da. Ohnehin hatte ich die Aufgabe, mit meinem Team zu arbeiten, gleich aufgegriffen. Die Aufgaben der Vernetzung durch systematische Kontakte zu den Geschäftsbereichen und zur vorgesetzten Ebene waren nicht so einfach zu realisieren. Aus Druck und Zug kam schließlich die nötige Energie zusammen, es gezielter anzugehen, als darauf zu warten, dass es sich ergibt. Ich kam darüber in ein strategisches Netzwerk für neue Geschäftsfelder, diese Einladung hätte ich ohne den heilsamen Gruppenzwang nicht so schnell erreicht.

Aus der KTC-Gruppe haben sich zwei persönliche Kontakte weiterentwickelt, da besteht eine gute Beziehung, manchmal treffen wir uns noch zu dritt. Die Gruppe als Ganzes hat sich noch zwei Jahre lang zweimal im Jahr getroffen.

Vor allem aber habe ich verstanden, was Leadership ist, wie ich wirke, wie ich mich bewusster ins Spiel bringen kann und anderen Luft zum Atmen lasse. Die anderen kommen Lassen wurde später mein Prinzip. Inzwischen habe ich die globale Strategie im Unternehmen im IT-Bereich verwirklicht. Sie lebt und hat mir gezeigt, wie ich mit einem gut aufgestellten Team und einer abgestimmten Strategie einen weltweiten Prozess steuern kann.

Ich habe gerade jetzt die Stelle gewechselt und bin in ein anderes Unternehmen gegangen, und es scheint wieder um einen Neuaufbau mit Reorganisation und Innovation zu gehen. Meine Spezialität. Ich freue mich drauf. Wie durch Zufall sind mir in der vorigen Woche die Notizen und Dokumentationen aus meiner KTC-Netzwerkgruppe in die Hände gefallen. Zufall oder nicht, ich habe sie mir angesehen und vertraute Themen gefunden.

Kernbotschaften
Ich habe sehr viel gelernt, aus meinem Coaching und dem der anderen Kollegen. Ich konnte mich sehr oft identifizieren, selbst wenn die konkreten Welten ganz verschieden waren.

Soweit der leicht gekürzte Bericht einer Teilnehmerin. Wenn wir von dieser individuellen Perspektive einmal zurückgehen auf die Auswertungen der KTCs in den Managernetzwerken, dann kommen wir auf einige „Schlüsselthemen der Schlüsselthemen". Immer wieder formten sich Entwicklungsbotschaften aus den Konferenzen der Coachs heraus:

- Verantwortung übernehmen und Initiative ergreifen:
  „Ich habe meine Rolle gefunden, schreibe mein Drehbuch und bin gespannt auf das nächste Kapitel. Hier geht es um ein verändertes Verständnis von Verantwortung."
- Dialog statt Diskussion:
  „Ich frage heute nach dem ‚Ja, und', das ‚aber' hab ich rausgeschmissen. Die Qualität der Kommunikation ist so wesentlich wie ihr Inhalt."
- Perspektivenwechsel gelungen:
  „Ich sehe Situationen von mehreren Seiten und erkenne das Potential des Ganzen. Das hilft mir auch in Verhandlungsgesprächen. Diese geistige Beweglichkeit ist schon ein Merkmal meiner sozialen Intelligenz."
- Dance of Change gibt Schwung:
  „Ich sehe mehr das Runde in der Bewegung, den Schwung, die Rückkopplung, die iterative Schleife – habe die Schwere verloren, freue mich an der gewonnenen Beweglichkeit. Ich beharre nicht mehr auf meinen Standpunkten."
- Sprache schafft Wirklichkeit:
  „Ich habe meine Sprache verändert, spreche in Bildern, wecke Vorstellungen, das erzeugt Interesse. Überhaupt habe ich ein verändertes Verhältnis zu Emotionen. Für mich sind es jetzt die Dinge, die in der Luft liegen, nicht sichtbar aber spürbar."
- Limbischer Tango schafft Synergie:
  „Ich erreiche mein Gegenüber heute emotional, schwinge häufiger auf gleicher Wellenlänge. Das macht Kommunikation so viel leichter."
- Systemisches Denken verändert Haltung und Handeln:
  „Ich kann in jedem Handeln meiner Partner einen subjektiven Sinn erkennen und mich häufig komplementär aufstellen. Ich habe darüber meine bewertende

und einordnende Art verloren, man sagt mir jetzt größere Toleranz und vor allem stärkere Wertschätzung nach."

- Visualisierungen und Transformationen spielen zusammen:
  „Ich erkläre und begründe weniger und setze stärker auf die Kraft der Bilder. Oft zeichne ich kurz etwas an, um eine Situation deutlich zu machen. Mir gelingt es jetzt auch besser in Entwicklungen zu denken und Schritte sichtbar zu machen. Auch da hilft der Zeichenstift."
- Konflikte sind Energien:
  „Aus Spannungen und Blockaden hole ich die Energien heraus. Konflikte habe ich früher gefürchtet und gehasst. Ich konnte darin keinen Sinn erkennen. Jetzt bin ich konfliktfreundlicher und -freudiger. Ich gehe auf Konfliktpartner offen zu und spreche sie direkt an. Meistens kommt es zu einer klärenden Begegnung."
- Rollenbewusstheit schafft Vorfreude aufs Stück :
  „Ich habe richtig Lust meine Rolle zu spielen. Die Art, wie ich mich ins Spiel bringe, gefällt mir. Dadurch fühle ich mich nicht mehr so durch Erwartungen bedrängt. Ich fühle mich freier."

Die Beschreibung der KTC-Arbeit aus der Perspektive von Teilnehmern und Schlüsselthemen wird hier abgeschlossen. Es hat Bilder und Vorstellungen von einer personenzentrierten Entwicklungsdynamik mit dem Akteur wecken sollen, die in Interaktion mit der Gruppe mit Resonanz und Identifikation beantwortet werden.

Es folgen jetzt drei Kapitel zu Fragen der methodischen Anleitung, der Werkstattteil des Handbuchs.

5. Einführung der KTC-Methode

„Ich habe keine Sprache für die Wirklichkeit. Natürlich hat sie niemand […].“ (Max Frisch)

Das Kollegiale Teamcoaching ist eine strukturierte und systematische Anleitung zur Arbeit in professionellen Lerngemeinschaften. Der Erfolg des KTCs korreliert mit der Stringenz und Kontingenz der Methodik, sie sichert die Struktur, gibt Halt im Vorgehen und erlaubt im systematischen Rahmen höchst mögliche inhaltliche Kreativität. Sie ist damit ein Beispiel für gelebte produktive Paradoxie. Zur Bereitschaft, die Regeln des KTCs anzuwenden, kommen einige Grundhaltungen hinzu. Die Gruppen müssen sich in einem bewertungsfreien und störungsarmen Raum zusammen finden. Dieser Raum im konkreten wie im übertragenen Sinn stärkt die Fähigkeit, sich aufeinander einzustellen, einander zuzuhören, sich mitzuteilen und in einen wechselnden Prozess von Geben und Nehmen einzutauchen.

Damit es überhaupt möglich ist, sich der Breite der Wahrnehmungen, Ideen und Assoziationen zu stellen, braucht dieser Prozess einen guten strukturellen Halt. Die Begleitung der Arbeit können Moderatoren, Berater oder Netzwerkmitglieder übernehmen, aber auch erfahrene Kollegen, die sich mit der Dynamik in Gruppen und speziell mit den Mechanismen der Wirksamkeit im KTC auskennen. Das KTC lebt von der Aktivierung der Potentiale und Ressourcen aller Gruppenmitglieder und arbeitet in einem geistigen Raum jenseits von Richtig und Falsch.

Der sich immer wieder aufs Neue einstellende starke Erfolg bei der Bearbeitung komplexer Fragestellungen mit dieser Methodik gründet sich auf drei zentrale Erfolgsfaktoren:

- *Einhalten der Struktur:*

Der straffe Ablauf der Methodik mit ihrer klaren Abfolge der Schritte, der Rollen und der Spielregeln schafft Orientierung.

- *Orientierung am Zeitrahmen:*

Die Begrenzung auf eine Stunde sichert den ökonomischen Zeiteinsatz aller Beteiligten und macht Ablauf und Aufwand kalkulierbar.

- *Fokus auf Lösungen:*

Jedes KTC endet mit konkreten Ergebnissen und Lösungen für den Akteur und sein System. Er geht nicht mit Fragen, sondern Antworten aus der Gruppe.

5.1 Gelingensbedingungen im Vorfeld

Die klare Systematik und Methodik macht es den Teilnehmern leicht, in einem raschen Lernprozess die KTC-Methodik kompetent anzuwenden. Die Gruppen sind mit sechs bis höchstens acht Teilnehmern relativ klein, das macht die Arbeit leicht organisierbar. Eine unabdingbare Voraussetzung für das Entstehen eines produktiven Arbeitsprozesses ist die verbindliche Anwesenheit aller Teilnehmer bei den Treffen, mit jeder fehlenden Person sinkt das Anregungs- und Ideenpotential merkbar. Um in einem Coachingteam arbeitsfähig zu sein, liegt die absolute Untergrenze bei vier Teilnehmern, damit ist es noch möglich, für jeden Teilnehmer eine aktive Rolle zu übernehmen.

Zu Beginn der Zusammenarbeit vereinbaren die KTC-Gruppen, in welchem Rhythmus und welcher Zusammensetzung sie sich treffen werden. Es haben sich neben weiteren Kombinationen zwei erfolgreiche Varianten herausgebildet:

- *Kollegen aus der gleichen Organisation*
  Die Gruppe besteht aus Kollegen der gleichen Organisation, die sich zwar kennen, aber möglichst nicht in einem Team zusammen arbeiten und auf einer vergleichbaren Verantwortungsebene sind. Fachliche Heterogenität steigert dabei die Ergebnisqualität deutlich. Der Vorteil dieser Zusammensetzung ist, dass alle Beteiligten die Systembedingungen und kulturellen Merkmale kennen, der Erklärungsbedarf darüber ist demzufolge gering. Im Sinne kollektiver blinder Flecken kann genau das aber auch eine Einschränkung bedeuten. Werden diese Gruppen von einem externen Berater begleitet, besteht seine wesentliche Funktion darin, für Blickwinkelerweiterungen und Spiegelungen von nicht bewussten Beschränkungen hinsichtlich des Lösungsraums zu sorgen.
- *Kollegen aus verschiedenen Organisationen*
  Es bildet sich ein Team mit Kollegen aus verschiedenen Organisationen. Hier wirkt der Faktor des „fremden Blicks“ auf die eigene Situation als wesentliche Erkenntnisquelle, die Heterogenität wirkt stimulierend auf die Aktivierung der Handlungsressourcen der Akteure. Gleichzeitig erweitert sich das strategische und fachliche Repertoire der Kollegen auf Zeit in einer solchen KTC-Gruppe, da sich jeder Teilnehmer in völlig neue Strukturen und Organisationswelten eindenkt und von den bereits bewährten Lösungen anderer Systeme profitiert.

Arbeitsrhythmus von KTC-Gruppen

Neben der Zusammensetzung ist zum Aufbau von Vertrauen für eine entwicklungsorientierte Arbeit ein perspektivisch klarer Rhythmus wichtig. Wir beschreiben verschiedene Varianten, die sich bewährt haben.

- *Treffen der Teilnehmer alle zwei Monate:*
  Dies ist ein gut realisierbarer Abstand zwischen den Sitzungen, wenn die Teilnehmer aus einer Organisation zusammenkommen, um ihre Arbeit kontinuierlich kollegial zu reflektieren. Die Umsetzungswahrscheinlichkeit ist hoch, weil das soziale Gedächtnis der Gruppe für die Konstellationen der anderen bei so kurzen Intervallen noch „frisch“ ist. Jeder erinnert sich und kann sich schnell auf die Situation der anderen einstellen.
- *Quartalsweise Sitzungen:*
  Dieser Rhythmus bewährt sich in allen Programmen, in denen die KTC-Arbeit ein fester Bestandteil zur Praxisreflexion ist. Bei einjährigen Weiterbildungen kommen vier Sitzungen im Jahr zustande. Diese vierteljährlichen Treffen geben

den Akteuren bei komplexen Aufgabenstellungen genügend Erfahrungszeit zum Musterwechsel und zur Umsetzung konkreter Ideen. Dieser Abstand sichert, dass jeder Teilnehmer die neuen Aspekte für seine eigene Person und Konstellation innerlich lebendig erhält und dass gleichzeitig die Themen der anderen Gruppenteilnehmer genügend präsent bleiben, um bei erneuten Treffen daran anknüpfen zu können.

- *Jährliche Treffen:*
  Wir kennen diese Praxis von Teilnehmergruppen, die gemeinsame KTC-Erfahrungen aus einer Weiterbildung oder einem Führungsprogramm haben und ihre gemeinsame Arbeit als Gruppe im Anschluss daran fortsetzen wollen. Während eines Jahres ereignet sich in der Zwischenzeit bei den Teilnehmern meist viel, dafür braucht es Raum zum Austausch, die Intensität der Arbeit stellt sich in der Regel sehr schnell wieder ein. Diese Gruppen können sich selber organisieren, indem sie einen Prozessberater bestimmen oder einen externen Coach dazuholen.

Wie kann eine neue Gruppe auf die KTC-Arbeit vorbereitet werden?

Der KTC-Berater oder Prozessbegleiter macht zu Beginn deutlich, dass die Wirksamkeit und Besonderheit in dieser kollegialen Arbeitsform ein Grundklima von Offenheit, Vertrauen, Akzeptanz und Zuhörbereitschaft braucht. Dazu gehört vor allem eine Verabredung über den vertraulichen Umgang mit allem, was sich in der gemeinsamen Arbeit ereignet. Die Verschwiegenheit ist eine Grundlage für Offenheit, das gilt besonders bei Gruppen mit Teilnehmern, die der gleichen Organisation angehören. Dazu gehört auch die Vereinbarung, Mitschriften des KTCs nicht in ein Protokoll aufzunehmen.

In der Einstimmung auf die Arbeit sollte die Bedeutung der Wahrnehmung und deren Mitteilung betont werden mit allen Impulsen und Assoziationen. Dabei kann auch die Wirksamkeit der stellvertretenden Wahrnehmung erklärt werden, die aus der systemischen Aufstellungsarbeit als Phänomen hinreichend bekannt ist. Das Wichtigste ist, einen resonanten Boden in der Gruppe zu bereiten, bevor die eigentliche Arbeit beginnen kann. Es braucht ein Klima, das nicht wertend oder normativ ist, damit sich jeder Akteur in der Subjektivität seiner Wirklichkeitskonstruktion zeigen kann und die Coachs sich trauen, ihre inneren Bilder und Resonanzen dazu zu äußern.

Nach diesen grundsätzlichen klimatischen Vorbemerkungen zum Arbeitsverständnis und Klärungen für die Zusammenarbeit ist genügend Aufnahmebereitschaft für einen Einführungsvortrag, der die theoretischen und methodischen Hintergründe des Verfahrens erklärt und den eigentlichen Ablauf vermittelt. Die Einführung in das Kollegiale Teamcoaching sollte diese Elemente enthalten:

- Was bedeutet kollegiales Coaching?
- Theoretische und systemische Begründungen und Hintergründe zur Arbeit: wie wirkt das Vorgehen?

- Überlegenheit und Bedeutung der Mehrperspektivität gegenüber der Individualsicht
- Übersicht des Gesamtablaufs, die KTC-Uhr, die im Raum sichtbar bleibt
- Erklärung der KTC-Rollen und deren besondere Aufgabe
- die Rolle des KTC-Beraters in Abgrenzung zum Moderator
- Matrix der Rollenverteilung und Zeiten
- die einzelnen Phasen: Vorbereitung der Akteure, Präsentation der Akteure, Konferenz der Coachs, Schlüsselthema, Ideenbrainstorming, Feedback des Akteurs
- und schließlich die Prozessbeobachtung und Aktivierung des Akteurs zur Umsetzung

Gruppendynamische Besonderheiten des Anfangs

Der Anfang stellt die Weichen für einen gelungenen KTC-Prozess. Kommt eine Gruppe neu zusammen und ist mit dem Verfahren unerfahren, befinden sich die künftigen Akteure in einer für sie doppelt unvertrauten und damit unkomfortablen Situation.

- *Verunsicherung 1*

Sie kennen das Vorgehen und die Methode nicht, wissen nicht, was auf sie zu kommt und was es für Erwartungen an sie gibt.

- *Verunsicherung 2*

Sie befinden sich als Gruppe im Formingprozess, der Platz ist noch unsicher, die Spielregeln und Normen noch nicht gefunden.
Im Forming wird viel Energie darauf gerichtet, eine „gute Figur“ in der Gruppe zu machen, sich keine Blöße vor den Kollegen zu geben, die vermeintlichen Spielregeln möglichst schnell zu erfassen und nicht zu verletzen, sich mit den anderen Gruppenmitgliedern zu vergleichen. In dieser Phase des Gruppenanfangs kommt die Aufforderung, jeder solle eine Situation identifizieren, in der er sich nicht souverän fühlt oder Beratungsbedarf verspürt, erst mal nicht sehr gelegen. Ein Hinweis für den Berater auf diese Dynamik kann sein, dass einzelne Mitglieder einer neuen KTC-Gruppe zunächst betonen, gar kein unmittelbares Anliegen zu haben, oder es kommt zu Bemerkungen vor Beginn wie: „Ich habe kein Problem.“ „Ich höre lieber nur zu.“

Für den unerfahrenen KTC-Berater können das beunruhigende Aussagen sein, sieht er doch sein ganzes Vorhaben für den Tag in Gefahr, falls die Akteure keine Situationen beisteuern wollen. Wenn es ihm aber gelingt, dies als Ausdruck der gruppendynamischen Grundsituation mit dem dazugehörigen besonderen Schutzbedürfnis zu verstehen, kann er mit einer stimulierenden Zentrierung der Gruppe den Zugang zu ihren Themen ermöglichen. Besonders organisationsinterne Führungskräftelerngruppen zeigen sich oft zögerlich, wenn der Boden des Vertrauens noch nicht ausreichend auf seine Tragfähigkeit hin getestet werden konnte.

Eine wichtige Voraussetzung für die erfolgreiche KTC-Arbeit ist das Vorhandensein einer bearbeitbaren Situation der beteiligen Akteure in der Gruppe. Es ist wichtig, dass der KTC-Berater dafür sorgt, dass jeder Teilnehmer einen Zugang zu seiner Situation zu Beginn finden kann. Jeder Teilnehmer soll vom Handlungs- bzw. Erledigungsmodus in einen Wahrnehmungs- bzw. Reflexionsmodus gelangen. Findet die KTC-Gruppe in Räumen des Unternehmens der Beteiligten statt, so muss hier ein methodisches Angebot zur Distanzierung erfolgen, damit dieser Moduswechsel mit der nötigen mentalen Abstandnahme möglich wird. Erkenntnis entsteht aus der Distanz zur eigenen Situation. Aus der Metaperspektive heraus kann sich der Akteur als Bestandteil einer Situation erkennen.

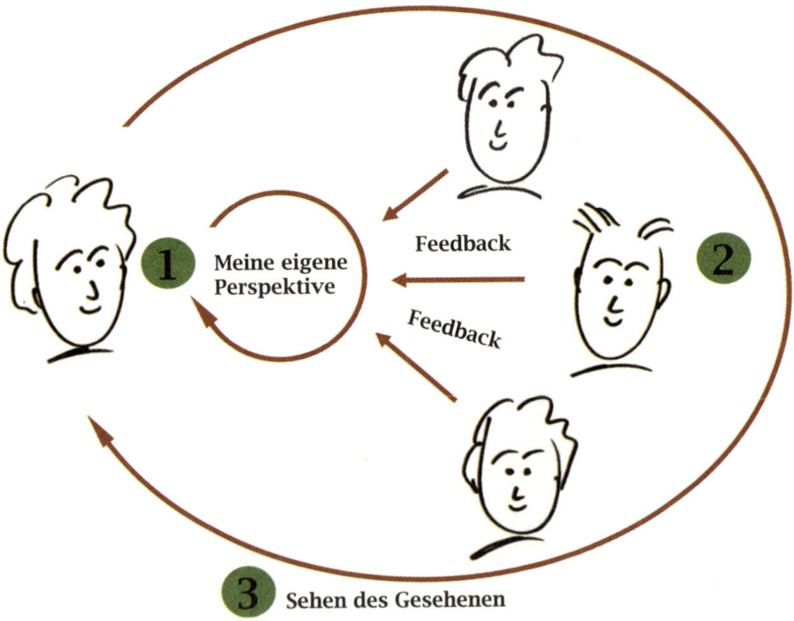

Abb. 27: Perspektiven in der KTC-Gruppe

5.2 Einstiege für die Akteure – Methodenpanorama der Zentrierungen

Die Arbeit ist nur dann erfolgreich, wenn jeder Akteur eine gute Präsentation seiner Situation geben kann. Dabei können ihm verschiedene Arten der Zentrierung helfen. Dabei ist es empfehlenswert, sich als Berater oder Koordinator der KTC-Methode von der Vielfalt der Möglichkeiten inspirieren zu lassen, um die Akteure auf immer wieder neue Weise in Kontakt mit ihren inneren Bildern zu bringen und ihnen damit zu helfen, einen kreativen Ausdruck ihrer subjektiven Wirklichkeit zu finden. Für eine hohe Qualität und Intensität der KTC-Arbeit ist es wichtig, dass die Akteure in professioneller Weise in „ihre Situation" finden. Bei längeren Programmen, in denen die Teilnehmer mehrfach mit der Methode des KTCs arbeiten, sollte die Präsentation der Anliegen durch den Einsatz verschiedener methodischer Varianten abwechslungsreich gestaltet werden. Auch Gruppen, die sich in kollegialen Netzwerken treffen, finden im Folgenden ein Inventar an Ideen, mit denen sie sich auf unterschiedliche Art auf die Arbeit vorbereiten können.

Mit einem gut bedachten Einsatz kreativer Methoden sprechen wir die häufig weniger genutzten analogen Regionen des Gehirns an. Die Anforderungen der Arbeitswelt sind überwiegend digital und analytisch ausgerichtet, dabei findet Kreativität meist nur in Konzepten und Problemlösungen ihren Ausdruck. Aus diesem Grunde beschreiben wir in der Folge Vorgehensweisen, die sich an die kreativen Potentiale richten. Haben Sie Verständnis dafür, wenn Teilnehmer zunächst gegen das Zeichnen von Bildern oder andere kreative Darstellungsformen Bedenken haben. Dieser Unmut sollte als ein Ausdruck dafür verstanden werden, dass sie sich unsicher fühlen und sich auf ungeübtem Terrain bewegen. Auch setzen die üblichen Sehgewohnheiten einen hohen Maßstab, sodass Perfektionsansprüche den spontanen Ausdruck hemmen können.

Vier-Felder-Matrix: Persönliche Situation

Das KTC lebt von der aktivierenden Wahrnehmung und dem Prinzip der Mehrperspektivität.

Für den Einstieg in die KTC-Arbeit, wenn Teilnehmer ihre Situation erstmalig vorstellen, eignet sich eine Matrix mit vier Feldern gut. Wir stellen verschiedene Varianten vor, wie mit dieser Vier-Felder-Struktur auch weitere Themenfelder erschlossen werden können, damit der Akteur für die Präsentation seiner Person, seiner Organisation, seiner Kräftefelder oder seiner Führungssituation einen Visualisierungsrahmen bekommt.

Meine persönliche Situation

Wir beginnen mit einem ersten methodischen Zugang für die Akteure. Sie bekommen eine klare und einfach zu bearbeitende Struktur angeboten, in der sie einen guten Überblick über relevante Perspektiven zu sich selbst und ihrer Situation geben können. Bei diesem Vorgehen erfolgt eine Draufsicht auf die gesamte Situation, in der das System und die darin handelnden Personen aus der Vogelperspektive sichtbar werden. Diese vier abgebildeten Aspekte können bei einer gedanklichen Hinführung als Leitstruktur verwendet werden, am Ende zeichnet jeder Akteur seine Situation auf einen Bogen Papier.

- Eine Draufsicht: Vogelperspektive
- Eine Einsicht: Introspektion
- Eine Dialogsicht: Kommunikation
- Eine Aussicht: Zukunftsperspektive.

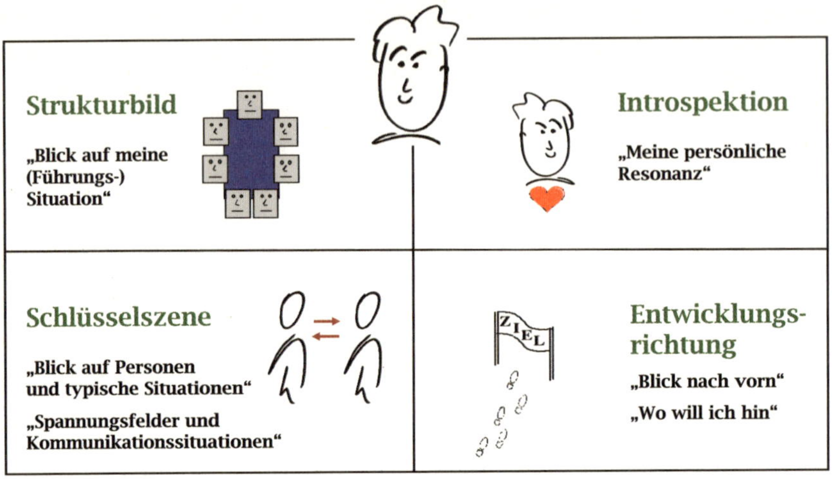

Abb. 28: Zentrierung 1 - Ich in meiner Situation

„Strukturbild“
Es beginnt mit der strukturellen Kulisse des Erlebens. Wie ist die Struktur, das Organigramm, der Hintergrund gebende Rahmen für mein subjektives Erleben? Zunächst empfiehlt sich, die Makrosicht auf die Organisation mit den entsprechenden Kräfte- und Machtfeldern darzustellen, in der die Verortung des eigenen Bereichs erkennbar wird. In der Mikrosicht können Funktionen und Rollen des eigenen Bereichs sowie angrenzende Funktionen dargestellt werden. Dieses Feld ist ein leichter Einstieg, da die Teilnehmer meist sehr präsente Bilder ihrer Organisationsstruktur im Kopf haben.

„Schlüsselszene“
Das zweite Feld ist etwas fordernder, hier geht es um die Beziehungsperspektive. Es wird eine Schlüsselszene fokussiert, die beispielhaft das Beziehungssystem sichtbar und konkret macht. Der soziale Raum ist gefragt: „Welche Personen sind in welcher Rolle beteiligt, worum geht es, was ist das Typische oder absolut Besondere der Szene, wie verhalten sich die Beteiligten, wie verhalte ich mich selber, wie lässt sich die Interaktion beschreiben?“ Es kann ein Gespräch, eine Gruppensituation, ein Konflikt oder ein Meeting dargestellt werden, eine Szene, die stellvertretend für die kommunikative Situation des Anliegens spricht. Die optische Vergrößerung einer sozialen Situation, die wie durch ein Brennglas betrachtet wird, macht dem Akteur und den Coachs das Anliegen szenisch sichtbar.

„Introspektion“
Mit diesem Feld wird der Scheinwerfer auf die Erkundung der Innensicht des Akteurs gelenkt, auf seine Selbstwahrnehmung. Wie ergeht es ihm, was sind seine Hauptstrebungen und Empfindungen, was sind seine Antriebe, die ihm in der Situation gar nicht so bewusst sind, welche Reaktionen und Impulse hat er auf beteiligte Personen, was steht ihm als Ressource zu Verfügung, welche Fähigkeiten sind wie gelähmt? Es geht vornehmlich um das Erleben der emotionalen Seite der

Situation, die Erkundung der eigenen Innenwelt, die oft erst durch die bewusste Aufmerksamkeitslenkung in ihrer Differenzierung sichtbar wird. Es können auch Fragen nach dem „Inneren Team" (*Schulz von Thun 2005)* und seinen Mitspielern als Metapher für personalisierte innere Anteile gestellt werden. Das setzt voraus, dass die Teilnehmer mit dieser bildhaften Analogie erfahren sind. Für diesen Fall kann in dem Feld ein kleines „Inneres Team" dargestellt werden.

„Entwicklungsrichtung"
Hier wird in die Vorstellung von Zukunft geblickt. Wie stellt sich der Akteur die gelingende Situation und seine gelebte Vision vor, mit Blick auf sich selbst und Personen in seinem Umfeld und mit Blick auf die Organisation, in der er sich befindet. Dabei steht die Frage im Vordergrund: „Wo will ich hin, was strebe ich an, was wünsche ich mir für meine Entwicklung?" Das Feld erfasst seine Herausforderungen und Ziele und macht damit seine Entwicklungsrichtung sichtbar. Wenn das Ziel attraktiv ist, entfaltet es eine gewisse Sogwirkung, in der Konferenz der Coachs wird dieses Feld in die Gesamtbetrachtung unter dem Aspekt von Über- oder Unterschätzung dessen, was der Akteur sich zutraut, einbezogen.

Vier-Felder-Matrix: Kräftefeldbetrachtung

Mit der Anleitung „Mein Kräftefeld" kann der Akteur die Gesamtheit seiner personalen Situation unter vier Polaritäten betrachten. Auf der Längsachse befinden sich die beiden Pole Zukunft und Vergangenheit: für den Aspekt der Zukunft steht „Das Veränderliche", für die Vergangenheit steht „Das Bewährte". Auf der Querachse stehen sich die beiden Pole Ergebnis und Person gegenüber, übersetzt in das Kräftefeld heißt es dann „Meine Leistung" und „Mein Mensch-Sein".

Abb. 29: Zentrierung 2 - Kräftefeldbetrachtung

Die Akteure werden in einer gedanklichen Zentrierung auf die Themen in den vier Quadranten geführt. Sie erleben und entdecken darin ihre eigenen inneren Bilder, Vorstellungen und Szenen, die im Anschluss daran von jedem Teilnehmer auf ein großes Blatt gezeichnet werden zur Vorbereitung seiner Präsentation.

Vier-Felder-Matrix: Führungssituation

Diese Matrix ist eine besonders gut geeignete Struktur, um die Bearbeitung von Führungssituationen vorzubereiten. Die vier Felder erfassen alle wesentlichen Dimensionen von Führung und strukturieren zugleich die Fülle der Fakten und Eindrücke, die der Akteur in eine Übersicht bringen kann, die für die Gruppe nachvollziehbar ist, ohne dass ihm wichtige Aspekte verloren gehen.

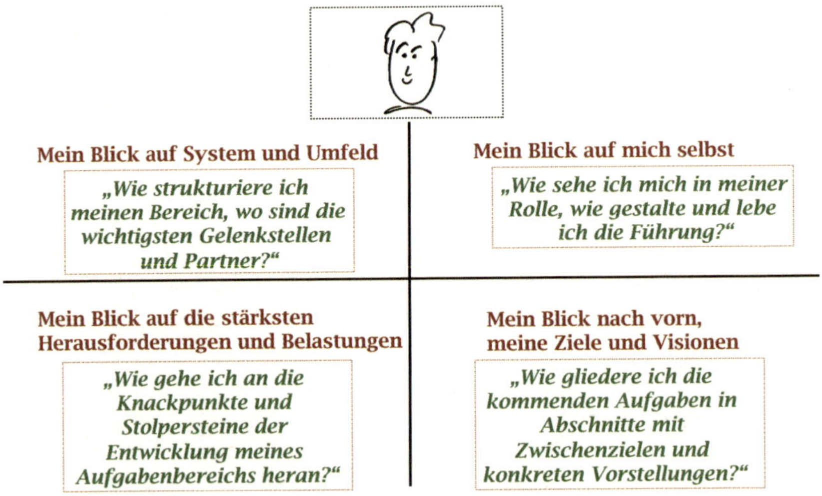

Abb. 30: Zentrierung 3 – Erhebung meiner Führungssituation

- Das Strukturfeld konzentriert sich auf die Fragen: „Wie habe ich meinen Verantwortungsbereich gegliedert? Wie sehen meine wichtigen Gelenkstellen und Partner im Umfeld meines Bereiches aus?“ Hier liegt der Fokus auf dem eigenen Führungsbereich, den der Akteur auf diese Weise in eine grafische Darstellung bringen kann.
- Die Frage nach den Herausforderungen und Belastungen lädt ein, sich sehr bewusst den dysfunktionalen Strukturen, den die Entwicklung hemmenden Personen und Faktoren zuzuwenden und sich diese klar vor Augen zu führen. Dabei sollten die Akteure angeregt werden, auch ihre bisherigen Lösungswege zu beschreiben, sie geben damit den Coachs wichtige Hinweise auf ihre Denkmuster und Wirklichkeitskonstruktionen.
- Der Blick auf mich selbst, meine Rolle, meine gelebte Führungshaltung lenkt die Aufmerksamkeit auf die Introspektion: „Wie sehe ich mich selbst?“, aber

auch: „Wie werde ich in meiner Führungsrolle wahrgenommen?" Welche Werte und Annahmen über Führung werden sichtbar, was sind sehr bewusst formulierte Orientierungen, welche Grundhaltungen zeigen sich implizit?

- Die Perspektive der Ziele und Visionen enthält die Annahme, dass der Akteur Visionen für das eigene Führungshandeln hat, die Frage in diesem Feld kann ihm schmerzlich vor Augen führen, dass er bei Konzentration auf die Abwicklung des Tagesgeschäftes keinen Raum mehr für die Entfaltung einer Vision für sich und seinen Bereich hat. Wenn der Akteur eine Vorstellung von seiner Zukunft hat, gibt dieses Feld die Möglichkeit, den Weg dorthin zeitlich zu gliedern und über Zwischenziele erreichbar zu machen.

Vier-Felder-Matrix: Personale Kompetenz

Die Matrix „Meine Person" kann in Programmen zum Einsatz kommen, die einen wesentlichen Schwerpunkt auf Persönlichkeitsentwicklung legen, wie beispielsweise Ausbildungs- und Supervisionsgruppen, Leadership- oder Nachwuchsprogramme in Unternehmen. Mit dieser Blickrichtung lenken die Akteure ihre ganze Aufmerksamkeit auf sich selbst und die Wirkung ihrer Person auf andere. Das KTC eröffnet durch den Prozess der Selbsterkenntnis und des Feedbacks in der Gruppe die Entfaltung der Person und der sozialen Kompetenz.

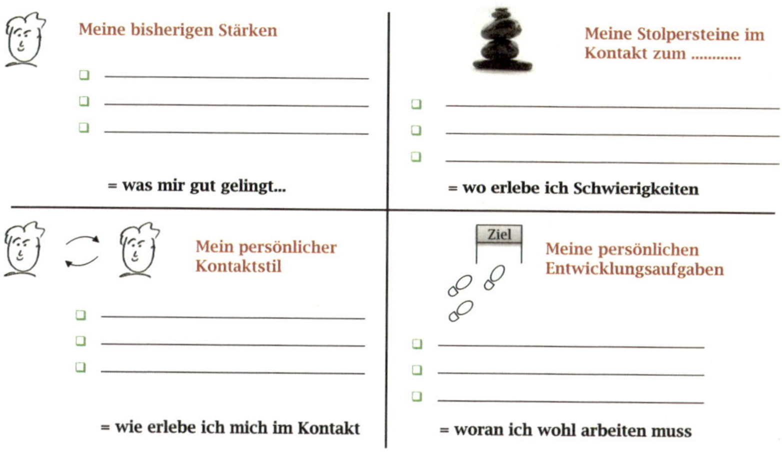

Abb. 31: Zentrierung 4 – Persönliches Kräftebild

Diese Visualisierungsmethode sollte nur dann in einer Gruppe eingesetzt werden, wenn das Klima von Vertrauen geprägt ist mit einem tragenden emotionalen Boden, der erlaubt, sich mit seinen Schattenseiten zu zeigen. Die Konzentration auf die vier Felder kann wieder mit einer gedanklichen Anleitung beginnen, in der sich die Teilnehmer entspannt auf die aufsteigenden Bilder und Szenen von sich und ihrem Umfeld einlassen. Die daraus folgende Darstellung wählt bewusst die

Sprache als vertraute Ausdrucksform für ein weniger vertrautes Terrain. Mitteilungen über die eigene Person und Persönlichkeit werden üblicherweise in beruflichen Kontexten weniger praktiziert.

Die Begrenzung auf jeweils drei Aspekte pro Feld führt zu einer Verdichtung und Konzentration auf das Wesentliche.

„Meine bisherigen Stärken"
Das Feld erfasst die relevanten hervorstechenden Selbst- und Fremdbild-Informationen, die dem Akteur bewusst verfügbar sind. Er soll hier nicht über- oder untertreiben, sondern seine persönlichen Merkmale und Stärken auf den Punkt bringen.

„Mein persönlicher Kontaktstil"
Mit der Frage in diesem Feld wird der Akteur aktiviert, sein Verhalten im Umgang mit fremden und vertrauten Personen aus der Vogelperspektive zu betrachten, ebenso sein Verhalten mit Personen, die in einem Über- oder Unterordnungsverhältnis zu ihm stehen, als auch mit Einzelpersonen und Gruppen. Bei der gedanklichen Aktivierung für dieses Feld kann die Aufmerksamkeit auf die Art der Kontaktaufnahme und die damit verbundenen polaren Qualitäten gelenkt werden: „Erlebe ich mich aktiv oder reaktiv, abwartend oder gestaltend, aggressiv oder defensiv in meinem Kontaktstil?"

„Meine Stolpersteine im Kontakt"
Das Feld öffnet den Blick für bewusst wahrzunehmende Schwierigkeiten im Umgang mit bestimmten Situationen und Personen. Es lässt die Möglichkeit offen, das Gegenüber genauer zu definieren. Das können beispielsweise Kunden, Mitarbeiter, Schüler, Patienten oder Vorgesetzte sein, je nach professionellem Hintergrund der Teilnehmer. Hier kann auch zirkulär danach gefragt werden: „Was erleben meine Kontaktpartner an mir als schwierig?"

„Meine persönlichen Entwicklungsaufgaben"
In dieses Feld münden dann auch konsequent alle dem Akteur bis dahin verfügbaren Erkenntnisse über sich selbst und seinen Entwicklungsbedarf. Er beschreibt selbstkritisch und realistisch, was er an Entwicklungsaufgaben vor sich liegen sieht. Die Coachs haben über seine formulierte Selbsterkenntnis eine gute Ausgangsbasis, um mit ihrer Arbeit der Resonanz und des Feedbacks zu beginnen.

Visualisierungen

Diese Form der Anleitung empfiehlt sich nur, wenn sich die Gruppe bereits etwas näher kennt, für eine erste Sitzung ist diese Methode nicht geeignet.

Die Teilnehmer werden in eine körperlich entspannte Situation gebracht, indem sie angeleitet werden, mit geschlossenen Augen oder auf den Boden gerichtetem Blick zunächst nur ihren Atem wahrzunehmen, die Aufmerksamkeit nur auf sich zu richten, Außengeräusche als solche zu registrieren, um sodann die Wahrnehmung auf eigene innere Vorgänge und Bilder zu richten.

Anleitung zu einer gedanklichen Reise in den beruflichen Alltag
Mit Hilfe der Metapher eines Flugkörpers, z. B. ein Hubschrauber oder Heißluftballon, wird eine mentale Metaposition zur eigenen Berufssituation eingenommen. Aus dieser Perspektive werden bedeutsame Gebäude, Räume, Personen, Gegenstände und Situationen angeschaut, in denen sich der Teilnehmer sonst befindet. Typische Szenen oder Ereignisse können wie in einem Film angehalten und betrachtet und dann wieder verlassen werden, um dann „weiterzufliegen". Die Anleitung soll den Akteuren ermöglichen, sich selber in bedeutsamen Situationen wie mit einer Kamera aufgenommen zu sehen und zu hören. Am Ende werden alle Teilnehmer aufgefordert, mit „ihren Bildern" zurück in den Raum zu kommen und die inneren Bilder und Szenarien in reale Zeichnungen und Bilder zu überführen. Dafür liegen genügend Stifte und Flip-Chart-Bögen bereit. Während dieser Phase soll nicht gesprochen werden, um die Konzentration und Verbindung zu den individuellen inneren Bildern nicht durch Reaktionen von außen zu zerstören oder zu verfremden.

Phantasiereise mit einer vorgegebenen Metapher
Nach einer wie oben beschriebenen körperlichen Entspannung und Zentrierung auf sich selbst wird die Vorstellung von einem gedanklichen Rundgang in einem Haus angeregt, das an einem angenehmen Ort in angenehmem Klima steht. In der Anleitung wird dann beschrieben, dass sich in dem Haus verschiedene Türen befinden, die zu öffnen sind. Diese stehen stellvertretend für die verschiedenen Aspekte des Lebens: ein Raum für die Familie, ein weiterer für Kollegen, einer für Träume, ein weiterer für momentane Projekte und unerledigte Dinge. Die Charakterisierungen für die Räume kann der Berater auf die Teilnehmergruppe bezogen anpassen und modellieren. Bei einer Phantasiereise mit einer vorgegebenen bildhaften Struktur, wie in diesem Falle den Zimmern eines Hauses, sollte in den Bildern viel Gestaltungsmöglichkeit gelassen werden, um dem eigenen inneren kreativen Material genügend Freiraum zu geben.

Freies Bild zeichnen
Auch hier wird die mentale Zentrierung dadurch eingeleitet, dass sich die Teilnehmer zunächst auf sich und ihre Körperwahrnehmung konzentrieren, um sich dann in einer aufnahmebereiten inneren Haltung auf die Bilder einzulassen, die unwillkürlich ohne Lenkung, ohne Absicht, ohne thematische Steuerung auftauchen. In der Anleitung ermuntert der KTC-Berater die Teilnehmer, alles vor dem inneren Auge auftauchen zu lassen, was sich meldet, diese Elemente oder Gedanken an sich vorbeiziehen zu lassen, keines der Bilder festzuhalten und neuen auftauchenden Szenen, Farben und Formen Platz zu machen. Das Besondere ist, dass er keine inhaltliche Vorgabe oder Steuerung anbietet, sondern einzig auf den kreativen Akt des seelischen Ausdrucks setzt, der sich seinen Weg bahnt.

Den Abschluss bildet dann das freie Malen eines Bildes auf einem großen Flip Chart-Bogen, möglichst mit Kreiden oder Aquarell-Farben, die vom Material her farbigen Ausdruck anregen. Wenn Sie diese Einstimmungsform wählen, sollten Sie als Leiter die Gruppe gut kennen, die Teilnehmer sollten dem Leiter vertrauen, experimentierfreudig und offen für neue Erfahrungen sein. Diese Methode ist ein sehr offenes Vorgehen, das verunsichern kann, so dass in der Folge der Zugang zu den eigenen inneren Wahrnehmungen nicht freigegeben wird und eine Blockade eintritt.

Skulpturen und Collagen

Bei dieser zunächst ungewöhnlichen Methode der Themenerhebung wird mit unkonventionellen Mitteln gearbeitet, um der eigenen thematischen Konstellation und Situation einen sichtbaren und greifbaren Ausdruck zu geben.

Skulptur
Nachdem der Akteur von seiner Situation in freier Rede berichtet hat, wird er gebeten, wie ein Bildhauer einen räumlichen, verfremdeten symbolischen Ausdruck für seine Situationswahrnehmung zu finden und diese mit den vorhandenen Personen und Gegenständen konkret räumlich umzusetzen. Dazu stehen alle Coachs als „Gestaltungsmaterial" zur Verfügung. Hier liegt die besondere Aufgabe des KTC-Beraters darin, den Akteur zu einem kreativ-experimentellen Ausdruck anzuregen. Die am Ende gefundene Skulptur sollte dann von allen Beteiligten in ihrer Wirkung durch ein kurzzeitiges „Einfrieren" der Position und Haltung körperlich gespeichert werden. Am Ende erfolgt wieder eine Rollendissoziation wie oben beschrieben. Diese Methode der Präsentation ist nur für Situationen geeignet, die sich auf einen konkreten Systemausschnitt beziehen, sie kann dann dem Akteur zur Verdeutlichung vorgeschlagen werden.

Stehsoziogramm
Der Akteur wird zur Präsentation seiner Situation an die Coachs angeleitet, in einem Stehsoziogramm alle beteiligten Personen, die für ihn in dieser Situation wichtig sind, in der Weise im Raum aufzustellen, dass Abstände und Verbindungen sichtbar und fühlbar werden. Dazu werden die Coachs stellvertretend für die Personen der realen Situation in einem Standbild vom Akteur aufgestellt. Entspricht das Soziogramm seinen Vorstellungen, werden alle Beteiligten vom Berater aufgefordert, für einen kurzen Moment die Haltung und den Platz, an dem sie stehen, mit geschlossenen Augen in sich aufzunehmen und sich ganz und gar in diese Position einzufühlen. Danach öffnen sie wieder die Augen und können ein Wort oder einen Satz zu dieser Position und dem Platz in Beziehung zu den anderen sagen.

Der KTC-Berater hat bei dieser Art der Situationserhebung am Ende bei den Coachs dafür zu sorgen, dass eine klare Dissoziation von der jeweiligen Person stattfindet, für die jeder stellvertretend gestanden hat. Erfolgt das nicht, besteht für die Coachs die Gefahr, sich in den Beiträgen im weiteren KTC-Prozess immer wieder auf die Perspektive der Person, für die sie im Stehsoziogramm gestanden haben, zu beziehen. Eine Methode zur Dissoziation von einer übernommenen Rolle kann sein, beim Verlassen des Soziogramms, bevor man sich wieder auf seinen Platz setzt, laut seinen eigenen Namen zu sagen und somit vernehmbar wieder die eigene Identität einzunehmen.

Handtaschen-Collage
Die Teilnehmer werden aufgefordert und bestärkt, sich aus dem vorhandenen Material in ihren Jacken-, Hosen- oder Handtaschen zu bedienen, um ein Bild zu kreieren. So werden Brillenetuis, Bonbons, Parkhaustickets, Schminkutensilien, Münzen oder Gegenstände aus dem Seminarraum zu symbolischen Bühnendarstellern der subjektiven Wahrnehmung.

Jeder Teilnehmer legt „seine" Collage auf ein großes weißes Blatt vor sich auf den Boden und präsentiert dann damit der Gruppe seine Situation. Hier haben auch ungewöhnliche Gegenstände ihren Platz und sprechen in ihrer eigenen Sprache über den Akteur und seine Situation.

Geschichten erzählen oder schreiben

Die einfache Aufforderung an eine KTC-Gruppe, jeder möge zu Beginn sein „mitgebrachtes Thema" benennen, führt in keinem Fall zu einer gewünschten Zentrierung auf sich als Person in der eigenen Situation und einer bearbeitbaren intensiven Situation. Vielmehr ist dafür immer eine methodische Anleitung oder Hilfestellung erforderlich.

Hebammengespräch mit einem Kollegen
Die bisher beschriebenen Vorbereitungen für die Präsentation des Anliegens sind so aufgebaut, dass jeder Akteur die Vorstellung seines Anliegens für sich individuell anfertigt.

Die nächste Methode erfolgt in einem speziellen Dialog, bei dem zwei Teilnehmer abwechselnd füreinander als „Hebamme" tätig werden. Der Begriff „Hebamme" ist hier als symbolischer Ausdruck für die Aufgabe zu verstehen, das Mitgebrachte des anderen, das dieser in seiner thematischen Kontur noch nicht erkennen und auch noch nicht zur Sprache bringen kann, zu Tage zu fördern.

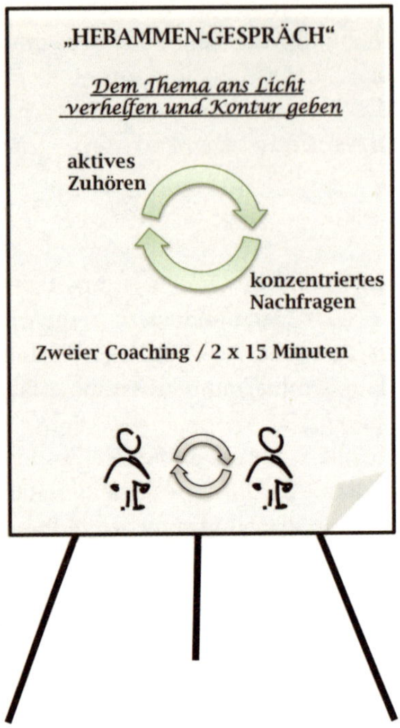

Abb. 32: Fokussierung auf das Anliegen des Akteurs

Das in dem Gespräch deutlich werdende Thema visualisiert der als Themen-Hebamme fungierende Coach auf einem Flip-Chart für den Akteur. Dieses Bild ist dann später die Grundlage für den Akteur, über seine Situation an die Kollegen in der Runde zu berichten. Das fertige Bild aus der Feder des Gesprächspartners kann vom Akteur bei dessen Präsentation sprachlich noch ergänzt werden, um sich verständlicher zu machen, das Bild selber sollte aber als eine visualisierte Resonanz des Coachs auf das Anliegen des Akteurs unverändert bleiben. Das Gespräch dauert maximal 15 Minuten inklusive Visualisierung pro Gesprächspartner, dann erfolgt der Wechsel.

Mikroartikel

Gegenstand eines Mikroartikels ist eine Herausforderung an die Entwicklung des Akteurs und seines Systems und zugleich eine spannenden Aufgabe: „Was schwebt mir vor, worauf will und werde ich meine Aufmerksamkeit richten, welche Veränderungen habe ich vor?" Ausgangspunkt für die Arbeit mit Mikroartikeln (microART) ist die Erfahrung, dass man Aufgaben dann optimal verstehen und bearbeiten kann, wenn man darüber schreibt. Praktiker haben in der Regel wenig Zeit, ausführliche Artikel oder Bücher zu schreiben. Daher wurde der microART erfunden *(Willke 2005)*, der die Antizipation einer zu gestaltenden Wirklichkeit sowie einer bereits gemachten Erfahrungen in einem System beschreibt. Es können konkrete Erfahrungen eines Tages, eines Projekts, einer wichtigen Sitzung, einer Arbeitswoche sein, die auf einer gestalteten Seite zusammengefasst dargestellt werden. In Führungskompetenztrainings kann dieses Instrument zur Erfassung des Entwicklungsfortgangs der Teilnehmer eingesetzt werden. Die Teilnehmer können sich auf das nächste KTC-Treffen mit einem Mikroartikel vorbereiten und ihn mitbringen. Anlässlich seiner Präsentation liest jeder Akteur zu Beginn seinen Text vor.

Beispieltext für die Anleitung eines Mikroartikels
Eine attraktive Gestaltungsaufgabe
Wählen Sie als Thema ein „kritisches Ereignis" oder eine herausfordernde Situation aus Ihrer Führungsarbeit, das oder die für Sie bisher nicht oder nur unbefriedigend gelöst werden konnte, z.B. mit dem Team, mit Einzelnen, mit Partnerabteilungen im Haus, im Kundenkontakt oder der Abstimmung mit Kollegen. Sie können auch einen komplexen Verlauf mit vertikalen und horizontalen Abstimmungen oder eine paradox erscheinende Situation auswählen. Wählen Sie eine griffige Überschrift („Headline"), die dieses Ereignis auf den Punkt bringt. Beispiele für Headlines:„Ruhe vor dem Sturm"; „Ich reflektiere, wie weit wir gekommen sind und setze Schwerpunkte"; „Kommunikation kommt zu spät"; „Ein Mann sieht rot".

Antizipation eines innovativen Entwicklungsprozesses
Berichten Sie den Entwicklungsprozess wie ein Geschehen mit einem Spannungsbogen. Sie sind der virtuelle Mittelpunkt dieses Erlebens, Ihre subjektive Perspektive zählt. Schreiben Sie die drei bis fünf wichtigsten Stationen Ihres bevorstehenden Prozesses oder Ihrer „herausfordernden Situation" verständlich nieder. Achten Sie auf den roten Faden Ihrer Geschichte („Storyline"). Beschreiben Sie den Entwicklungsprozess nicht nur, sondern notieren Sie auch, was Sie daran besonders bewegt und berührt.
Beispiele für Storyline: „Ich eröffne den Dialog"; „Ich gewinne spannende Perspektiven"; „Das Vorhaben entwickelt Kontur"; „Der Mut wächst – die Klarheit auch".

Attraktive Zielbilder und Visionen
Halten Sie am Ende Ihrer Beschreibung kurz inne und fragen Sie sich, was daran für Sie persönlich der entscheidende Moment der Erkenntnis war. Was waren die Lektionen, die Sie mitnehmen? Formulieren Sie diese „Aha-Erlebnisse" als Prinzipien, Leitsätze oder Bewusstwerdungen, die Sie für die Zukunft gebrauchen werden. Stellen Sie sich konkret vor, wie es für Sie und Ihr System sein wird, wenn Sie Ihr Ziel erreicht haben. „Was wird anders sein? Wie sieht unsere Wirklichkeit nach meiner Vorstellung dann aus?"

Schlussfolgerungen
Ziehen Sie am Ende die zu erwartenden Schlüsse aus Ihrer Erfahrung. „Was ist Ihr Erkenntnisgewinn? Was sind die Kernbotschaften Ihres Vorhabens? Worauf kommt es Ihnen besonders an? Welche Prinzipien, Haltungen, Schwerpunkte sollen sich am Ende realisiert haben?

Wenn Sie ein Prinzip oder eine Erfahrungsregel formulieren würden, wie würde diese lauten? Formulieren Sie möglichst prägnant und „crisp"!

Entwicklungsbilanzen

Zum Ende einer gemeinsamen Entwicklungszeit in einer KTC-Gruppe sollte eine besondere Form gefunden werden, in der die Gruppe und jeder Einzelne darin die gemeinsame Arbeit auswerten kann. Das kann etwa die Abschlusssitzung einer Supervisionsgruppe oder einer Führungskräftelerngruppe sein oder eine Netzwerkgruppe bei ihrem letzten Treffen.

Das Triptychon meiner Situation
Die Methode des Triptychons bietet eine umfassende Struktur zur Veranschaulichung der Zeitdimension von Entwicklungsthemen. Die Anleitung fokussiert dabei die Aspekte Vergangenheit, Gegenwart und Zukunft. Diese drei Aspekte werden ausgeleuchtet und im Anschluss von jedem Teilnehmer auf einem Blatt in einem dreiflügeligen Bild dargestellt.

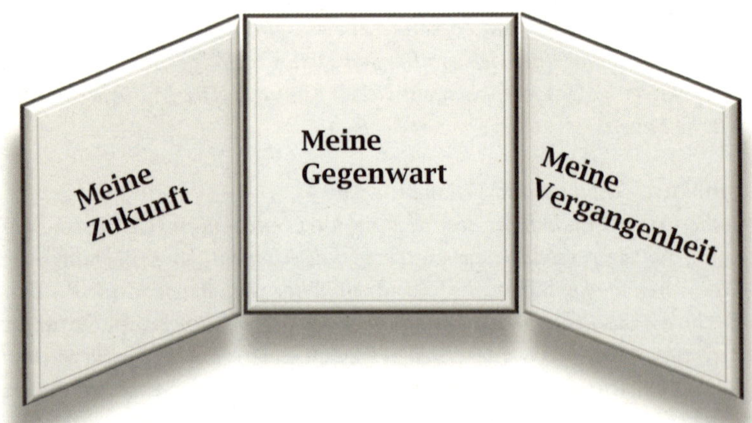

Abb. 33: Entwicklungsbilanz im Triptychon

- „Vergangenheit“
  Ein Bild von meiner Ausgangslage zu Beginn der Gruppe: „Welches Bild hatte ich zu diesem Zeitpunkt von mir in meiner Rolle? Mit welchen Fragen kam ich in diese Gruppe? Wie habe ich die anderen erlebt? Was habe ich schon lange zurückgelassen? Was sind meine Wurzeln, die zu mir gehören?“
- „Gegenwart“
  Ein symbolisches Bild meiner jetzigen Situation: „Welches Bild habe ich von mir als Person in der Gegenwart, wie werde ich gesehen, was bestimmt mein aktuelles Denken und Handeln?“
- „Zukunft“
  Eine bildhafte Vorstellung von dem, was ich auf mich zukommen sehe: „Was will ich erreichen? Wie sehe ich mich in der Zukunft? Welche Personen und Situationen stelle ich mir vor, was hat eine attraktive Sogwirkung auf mich?“

Rückblick auf meine Entwicklung

Eine weitere Anleitung zum Abschluss einer Entwicklungszeit, in der eine Reflexion der eigenen Entwicklung erfolgen soll, ist in dieser stark strukturierten Form möglich.

- „Blick zurück“
  Der Fokus liegt auf den wesentlichen Situationen, die sich in der Gruppe, im Umfeld oder im Kontakt mit anderen Menschen ereignet haben und eine bedeutsame Spur und Erkenntnis hinterlassen haben.
- „Blick auf die Veränderungen“
  Die Betrachtung richtet sich auf die Person und ihr Verhalten: „Welche Veränderungen habe ich an mir festgestellt, was davon steht mir schon vertraut und selbstverständlich zur Verfügung?“.
- „Blick nach innen“
  Hier wird nach den persönlichen Ressourcen gefragt, den bereits genutzten, den erlebten und den noch nicht ausgeschöpften, noch zu entdeckenden.
- „Blick nach vorn“
  Dieses Feld richtet sich konsequent an die Selbststeuerung des Akteurs, an seine klaren Zielsetzungen und konkreten Schritte zur Erreichung seiner Vorhaben.

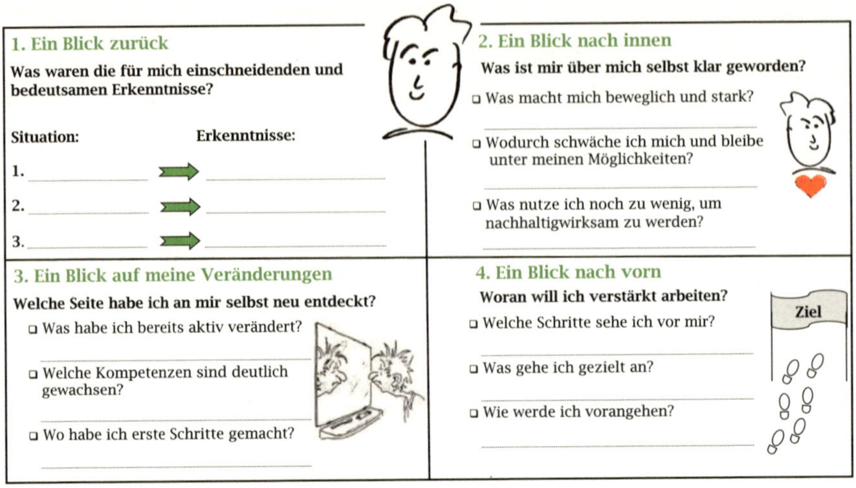

Abb. 34: Entwicklungsbilanz – Blick zurück, Blick nach vorn

Dieses Instrument zur Selbsteinschätzung kann in Sitzungen zur Bilanzierung der persönlichen Entwicklung, der persönlichen Veränderung im eigenen System oder dem Fortschritt in einer neuen Rolle verwendet werden. Innerhalb der KTC-Arbeit dient dann diese Visualisierung zu einer „Begutachtung" durch die Coachs. Unter einer wertschätzenden und kritischen Perspektive geben die Coachs als Entwicklungszeugen Feedback zum Akteur. Dazu kann die Gruppe in die beiden verschiedenen Aspekte geteilt werden oder zwei Coachs übernehmen stellvertretend die beiden gegensätzlichen Rollen.

Mit dieser methodischen Konkretisierung möchten wir gern die Kreativität und den Ideenreichtum zur Themenzentrierung in KTC-Gruppen stimulieren, sodass den Akteuren ein Zugang zu den nicht bewusst verfügbaren Elementen ihrer Wahrnehmung möglich wird.

6. Rollen, Phasen und Dynamik im Prozess des KTC

„Wir können nur, indem wir den Zickzack unsrer jeweiligen Gedanken bezeugen und sichtbar machen, unser Wesen kennen lernen, seine Wirrnis oder seine heimliche Einheit, sein Unentrinnbares, seine Wahrheit, die wir unmittelbar nicht aussagen können, nicht von einem einzelnen Augenblick aus."
(Max Frisch)

Die KTC-Arbeit lebt von der kollektiven Intelligenz in der Gruppe. Die komplementären Beobachtungen der Coachs, die zu einem großen Bild zusammengefasst werden, bedürfen eines strukturellen Rahmens aus Phasen, Rollen und Regeln, für die die Gruppe selbst Verantwortung übernimmt.

KTC-Gruppen arbeiten mit professioneller Anleitung
Die klare Systematik und Methodik macht es den Gruppen leicht, in einem raschen Lernprozess die Methode des KTCs unter Anleitung korrekt anzuwenden. Das ist Kraft und Schwäche des Vorgehens zugleich.

Unsere Erfahrungen in der Beratung zeigen, dass sich auf dem Boden von Anfangseuphorie KTC-Gruppen mit hoher Motivation selbstorganisiert an die Arbeit machen. Die Überlebensdauer dieser Gruppen ist meist gering. Diese selbstgesteuerten Gruppen bilden sehr oft unbemerkt eigene Besonderheiten in der Anwendung der Methode aus, bei dem die den Erfolg sichernde Methodendisziplin nachlässt.

Das hat zur Folge, dass die zu Beginn als so verblüffend gut erlebten Ergebnisse ausbleiben, woraufhin die Begeisterung und Arbeitsmotivation nachlässt. Die Gruppen treffen sich dann nicht mehr vollzählig und bröckeln auseinander, Zeiteinsatz und Ergebnis werden nicht mehr als effektiv erlebt. Ein Zusammenhang zwischen abnehmender Qualität und Prägnanz der Ergebnisse mit der „aufgeweichten" eigenen Durchführungspraxis wird selten hergestellt, dieses Phänomen wird vielmehr der Methode als Schwäche angelastet.

Wir raten daher auch noch so motivierten Teilnehmern, bei selbstgeleiteten Gruppentreffen immer einen Berater zu benennen und mindestens zu jeder dritten Sitzung einen externen Berater dazuzuholen, damit die Kraft und das Potential der Methodik weiterhin ihre volle Wirkung in der Gruppe entfalten.

6.1 Aufgaben und Charakteristika der Rollen

Zur Entfaltung genau dieser Kraft braucht das KTC neben professioneller Leitung eine klare Struktur des Ablaufs und eindeutig definierte Rollen, die den Prozess stützen und sichern. Die sechs Hauptrollen werden in der Folge charakterisiert:

Was macht jede Rolle wirksam und was ist ihre Gefahr, wenn das Potential unterschritten wird?

- Akteur
- KTC-Berater
- Moderator
- Schreiber
- Coach
- Prozessbeobachter

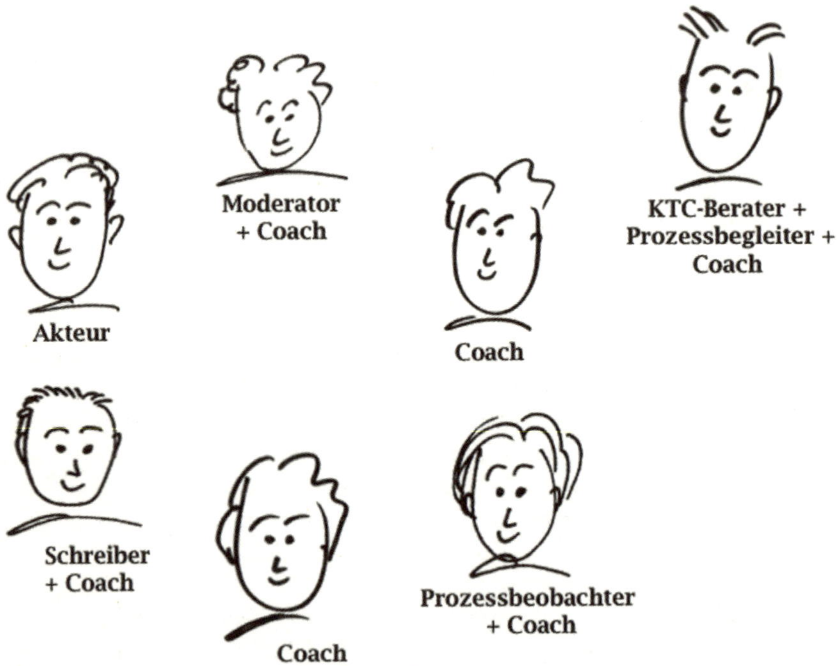

Abb. 35: Rollen im KTC

Der Akteur als abwesend Anwesender

Zu Beginn einer KTC-Sitzung präsentiert der Akteur seine Situation in einer der beschriebenen Formen, nach den Verständnisfragen der Coachs verlässt er die Gruppe. Er verlässt sie jedoch nicht wirklich, denn er bleibt im Raum, geht nur aus dem Sichtfeld der Coachs hinter eine Stellwand oder setzt sich abgewandt in eine Raumecke. Er ist eingeladen, als aufmerksamer Zuhörer aus einer distanzierten Position sich auf seine Situation zu konzentrieren, ohne durch eigene Beiträge oder Stellungnahmen abgelenkt zu sein. Die abgewandte Position im Raum bewahrt ihn vor sozialen Reaktionen auf das Gesagte und damit vor einer Störung seiner inneren Aufmerksamkeitsrichtung und erhöht seine Durchlässigkeit für Emotionen.

Nachdem er den Aktionsmodus mit Abschluss seiner Präsentation verlassen hat, befindet er sich danach komplett im Empfangsmodus, er ist ganz auf die Aufnahme der äußeren Worte und seiner inneren Impulse eingestellt. Für den Akteur beginnt nun ein für seine Erkenntnisbildung bedeutsamer Moment, er wird äußerlich still und innerlich aktiv, er kann sich in der folgenden Zeit ganz dem Zuhören, dem Aufnehmen der Worte und deren Bedeutung, den szenischen Bildern in seinem Kopf, den assoziativen Querverbindungen und der Wahrnehmung der Stimmungen im Raum überlassen.

Er versinkt in seiner inneren Welt, in der er sich auskennt und zu Hause ist. Es tauchen eigene neue Bilder zu seiner Situation auf, die durch bildhafte Formulierungen einzelner Coachs noch erweitert und intensiviert werden. Es können Aspekte und Gedanken, die der Akteur in der Vergangenheit bereits erwogen und dann wieder verloren oder verdrängt hat, erneut aktiviert und lebendig werden. Auf die von den Coachs benannten Facetten folgen eigene Bilder, die den Akteur auf neue und andere als von ihm intendierte Themenfelder führen können. Die Assoziationen der Gruppe schwappen quasi auf den Akteur über, ein für ihn nicht kontrollierbarer, oft unerwarteter Prozess, in dem überraschend Gefühle von Trauer, Wut oder auch Stolz hervorgerufen werden können. Nicht selten finden Tränen ihren Weg nach außen, die bis zu diesem Moment immer zurückgedrängt worden waren. Der Akteur ist vom Berater darauf vorzubereiten, dass ihm unerwartete und auch merkwürdige Regungen, Empfindungen, Gefühle begegnen können, während die Coachs in der Runde ihre Eindrücke, Gefühle und Hypothesen zu seinem Bericht äußern und die Konferenz der Coachs ihren Lauf nimmt.

Die Besonderheit der Struktur ist die undialogische Situation für den Akteur. Er kann nichts von dem, was ihn bewegt, zum Ausdruck bringen. Das führt für ihn zu einer Verdichtung im Erleben. Während der Konferenz der Coachs kann ihn auch ein starker Wunsch zum Widerspruch oder zur Korrektur befallen, wenn er bestimmte Überlegungen als eigentümlich oder abwegig empfindet. Den Impuls muss er jedoch beherrschen, um den Prozess nicht zu stören oder zu beeinflussen. Der Lauf der Bearbeitung durch die Coachs schlängelt auf der Zielgeraden der Lösungsfindung entgegen. Während der Ideenwerkstatt findet beim Akteur meist ein gedanklicher Praxis-Check statt: „Was erscheint mir realisierbar, was habe ich bereits versucht, was sieht nach einem lohnenswerten neuen Weg aus, was ist unrealistisch angesichts von Rahmenbedingungen, was traue ich mir zu, was nicht?“

Bedeutung der Abwesenheit des Akteurs für die Coachs

Der Akteur muss die Gruppe verlassen, damit sich die Coachs von seiner subjektiven Wirklichkeitskonstruktion freimachen und emanzipieren können. Dazu gehört auch, sich von der entstandenen Atmosphäre wieder zu lösen, die durch die Präsentation und Anwesenheit des Akteurs erzeugt wurde.

Mit seinen Bildern, Beschreibungen und Erklärungen hat er die Gruppe mit seiner ganz persönlichen Sichtweise verwoben und über das aktive Nachfragen haben die Coachs partielle Aspekte seiner Perspektive übernommen. Der Lösungsraum für den Akteur liegt jedoch außerhalb der ihm vertrauten Betrachtungen, mit der Konsequenz, dass der erforderliche Perspektivwechsel nur ohne den Akteur erfolgen kann.

Im sozialen Zusammensein von Menschen besteht eine unausgesprochene soziale Übereinkunft, kritische Wahrnehmungen und Beobachtungen der betreffenden Person gegenüber direkt nur nach dem „Zumutungsprinzip" dosiert zu äußern. Ausnahmen davon sind professionelle Coachings, Klärungssituationen oder explizite Feedbacks. Durch das Ausscheiden des Akteurs aus der Runde wird diese konventionelle Schonhaltung durchkreuzt. Da mimische Reaktionen des Akteurs nicht wahrgenommen werden, ist ein zeitweiliges Außer-Kraft-Setzen dieses Musters möglich. Es können nun ungewöhnliche, scheinbar abwegige oder irrationale Einfälle, Vermutungen, gewagte Hypothesen und kritische Eindrücke frei geäußert werden. Der Akteur hat die Chance, über die Assoziationen der Coachs ein differenziertes Feedback zu seiner Person, zu seinen Aktionen und seiner Wirkung auf Dritte zu hören. Die mehrperspektivischen Sichtweisen entfalten sich in dieser Situation ungestört, es kann sogar eine Dynamik entstehen, in der sich die Assoziationen und Ideen wie in einem Flow wechselseitig anreichern, überlagern und entfalten.

Der Prozess des Ausscheidens des Akteurs aus dem Gruppenprozess im KTC markiert einen der wesentlichsten Unterschiede zu anderen Formen kollegialer Beratung, wie etwa dem „kollegialen Erfahrungsaustausch" oder einer klassischen „Fallbesprechung", in der ein „Fallgeber" sein Anliegen der Gruppe schildert und dann im weiteren Verlauf in der Gruppe mitdiskutiert. Auf diese Weise bleibt die Gruppe in ihrer gedanklichen Bewegung und Lösungssuche auf die Deutungsmuster und „blinden Flecke" des „Fallgebers" beschränkt, meist haben diese auch in die Schwierigkeiten geführt. Beide Seiten, Akteur und Gruppe, bleiben in den bisherigen Erklärungsmustern befangen, die Gruppe teilt nach einiger Zeit mit dem Akteur das Gefühl, keine Lösung zu finden. Damit befinden sich alle Beteiligten in der Ratlosigkeit des Anfangs, es hat sich nichts bewegt, nur die Zeiger der Uhr.

Diese so wichtige systemische Intervention der Trennung des Akteurs von der Besprechung der Coachs hat seinen Ursprung in einem zufälligen Ereignis im Rahmen einer klinischen Familientherapie.

Am Ende einer familientherapeutischen Sitzung zogen sich die aktiv beratenden Therapeuten hinter die Einwegscheibe zu ihren Kollegen zurück, die als Beobachter das Familiengespräch verfolgten. Ein üblicher Vorgang, klinische Experten werten die Sitzung im Anschluss an das Familiengespräch miteinander aus und fassen danach ihre Beobachtungen und Empfehlungen für die Familie zusammen.

Das Besondere an diesem Tag war, dass versehentlich die Lautsprecheranlage eingeschaltet blieb, die den Beobachtungsraum der Therapeuten mit dem Behandlungsraum, in dem die Familie saß, verband. So konnte die Familie unbeabsichtigt die Auswertung mit allen Beobachtungen, Eindrücken und Gedanken der Therapeutenrunde „unzensiert" und ungefiltert mithören. Für die Familie war das ein hochgradig wirksames Ereignis, das zu Einsichten 2. Ordnung und einer sofortigen Bereitschaft zur Veränderung führte. Muster und eigene Beiträge zum Familienkonflikt wurden ohne wohlformulierte und damit nicht immer verständliche Erklärungen deutlich. Es wurde Klartext ohne puffernde Schonhaltung gesprochen.

Gefahren in der Rolle des Akteurs

- Er nimmt die Anregungen und Beiträge der Coachs kritisch abwehrend auf.
- Er versteht alles Neue, bisher nicht selbst Gedachte als Kränkung, weniger als Perspektiverweiterung.
- Er bleibt im schnellen Abgleich mit seiner Alltagsrealität befangen und bewegt sich zu wenig vom Problemraum in den Lösungsraum.
- Er be- und entwertet die Lösungsideen als entweder schon versuchte oder verworfene Lösungen oder als zu unrealistisch, da die Coachs seine Systemwirklichkeit nicht richtig einschätzen können.
- Er wandert gedanklich aus dem Prozess des Coachings ab, ist abgelenkt.
- Er überschätzt sich in seiner Fähigkeit und Bereitschaft zum Musterwechsel und nimmt sich zu viel vor.
- Er lässt sich von der Ideenfülle der Coachs entmutigen.

Aufgaben und Rollenbeiträge des KTC-Beraters

Die Rolle des KTC-Beraters bildet die Klammer um alle weiteren Hilfsrollen im Prozess. Der professionelle KTC-Prozess braucht einen Leiter auf der Meta-Ebene. Er ist gesamtverantwortlich für Ablauf und Ergebnis, damit alle anderen Beteiligten ihren aktiven Beitrag wirksam leisten können, zumal wenn die Teilnehmer anfangs mit dieser Arbeitsform unerfahren sind. Vor allem achtet der Berater auf die Balance in der Bearbeitung zwischen Person und Organisation. Er nimmt eine eminent wichtige Funktion wahr, indem er zugleich auch Coach wie alle anderen Teilnehmer ist, ohne den Coachs zuvorzukommen. Der bewusste Umgang mit dieser Doppelrolle eröffnet ihm die Möglichkeit, Fehlendes oder Komplementäres in den Prozess einzugeben, Emotionen zu benennen, Regression zu ermöglichen und die Ressourcen der Gruppe zu weiten, er ist zugleich für die Teilnehmer ein Modell dafür, wie ein Moderator oder ein Coach sich offen und direkt äußern kann.

Über die Art der Rollenausübung des KTC-Beraters braucht es zu Beginn der Arbeit ein Commitment mit der Gruppe, insbesondere im Zusammenspiel mit dem jeweiligen Moderator, für den er ein professioneller Schatten ist. Als symbolischer Ausdruck für dieses spezielle Zusammenspiel hat sich bewährt, dass sich der KTC-Berater jeweils neben den Moderator setzt und mit ihm ein Interventions- und Beratungsrecht vereinbart, während der Moderator den eigentlichen Ablauf steuert.

Der KTC-Berater interveniert während des Prozessverlaufs nur wenn

- einzelne Personen Meinungshoheit gewinnen und dadurch wesentliche andere Aspekte keinen Raum finden,
- einzelne Phasen zu sehr ausgedehnt werden, der Moderator seine Kollegen in der Gruppe nicht stoppt oder unterbricht,
- die Coachs nur einen Aspekt in den Blick nehmen und festfahren,
- dem Moderator alternative Vorgehensweisen fehlen, um den Prozess zu unterstützen,
- der Schreiber Beiträge nicht aufnimmt oder verfälscht wiedergibt.

Weitere wichtige Funktionen hat der KTC-Berater während der Formulierung des Schlüsselthemas, hier kann er den Moderator unterstützen und durch entsprechende Methoden für eine Fokussierung und ein besseres Ergebnis sorgen. Es ist nicht seine Aufgabe, fertige Formulierungen zu finden. Der Berater ist auch als Coach aktiv an der Gestaltung des Schlüsselthemas beteiligt, allerdings erst, nachdem die Coachs ihre Beiträge geäußert haben, um nicht ungewollt mit seinen Beiträgen eine Richtung vorzugeben.

Der KTC-Berater fügt zur Integration des Prozesses im Anschluss an den Prozessbeobachter seine Prozessreflexion hinzu, verdeutlicht dabei besonders die systemischen Spiegelungen des Anliegens auf den KTC-Prozess in der Gruppe, macht Übertragungen sichtbar, wenn beispielsweise eine Hilfsrolle Anteile des Akteurs übernommen hat. Auch unterstützt er den Akteur nach dessen Rückkehr bei der Verarbeitung der Erkenntnisse, sorgt für die Sicherung der Ergebnisse. Im Anschluss an das KTC klärt er mit dem Akteur dessen Bereitschaft, noch ein aktivierendes Training zur Umsetzung durchzuführen.

Gefahren in der Rolle des KTC-Beraters

Der KTC-Berater macht „zu viel des Guten“, wenn er

- die Leitung im Prozess übernimmt,
- den Coachs mit seinem Systemblick und seiner Erfahrung zuvorkommt,
- in Prozessschritte, die der Moderator einleitet, eingreift, sie verändert,
- selber Teile der Moderation übernimmt,
- den Schreiber zu häufig korrigiert,
- frühzeitig fertige Vorschläge für das Schlüsselthema macht und damit der Gruppe Raum nimmt,
- selber unter Druck gerät, für ein gutes Ergebnis verantwortlich zu sein,
- die Möglichkeiten des Erkennens von Übertragungen auf den Prozess während der Prozessreflexion übermäßig stark ausführt und den Coachs die Entdeckung eigener Erkenntnisse nimmt.

Die Rolle des Moderators

Wird der Moderator vom Akteur ausgewählt, so hat er meist die Erwartung an den Moderator, dass dieser ihn in besonderer Weise einfühlsam oder konfrontativ in der Bearbeitung seines Anliegens begleitet. Der Moderator hat die Aufgabe, neben dem Akteur zugleich auch die Coachs, die einzelnen Hilfsrollen und die Gruppe als Ganzes in ihrem Erarbeitungsprozess zu unterstützen und zu steuern. Dazu gehört auch, zu Beginn die Arbeitsfähigkeit der Gruppe herzustellen, Bewegungspausen oder -übungen anzubieten, um die Konzentration bei mehreren KTCs nacheinander auf den neuen Akteur zu sichern. Er ist in der Folge für die Struktur und den darin stattfindenden Prozess verantwortlich.

Der Moderator unterstützt den Akteur zu Beginn, seine Darstellungsform in kurzer Zeit zu finden und steuert über die Zeit die einzelnen inhaltlichen Abschnitte. Er ermuntert die Coachs immer wieder aufs Neue, auch ungewöhnliche Impulse zu äußern, eigene Emotionen zu berücksichtigen und diese dem Akteur als Resonanz zur Verfügung zu stellen. Zugleich beschränkt er Diskussionen der Coachs, unterbindet wertende Beiträge und Ratschläge und wird somit zum Anwalt eines wertschätzenden und lösungsorientierten Vorgehens. Der Moderator ermuntert die Coachs, ihre Beiträge ohne innere Zensur vorzutragen und sorgt dafür, dass auch stillere Coachs aktiv einbezogen werden. Nach Möglichkeit fasst er immer wieder einzelne Abschnitte mit eigenen Worten zusammen und versucht weitere Dialogebenen zu eröffnen. Die Doppelrolle, zugleich sowohl Moderator als auch Coach zu sein, ist nicht ganz leicht zu handhaben und erfordert Klarheit in beiden Rollen. Für Führungskräfte ist das ein sehr realitätsnahes Training im bewussten Umgang mit verschiedenen Rollen, wie es z. B. in jedem selbst geleiteten Meeting erforderlich ist, das eine Führungskraft moderiert, bei dem zugleich ein eigenes inhaltliches Interesse an den Themen besteht.

Der Moderator sollte sich bei Unsicherheiten mit dem KTC-Berater darüber abstimmen und beraten, wie der Gruppenprozess einzuschätzen ist.

Gefahren in der Rolle des Moderators

Der Moderator macht „zu wenig des Guten“, wenn er

- nur als Zeitgeber für die nächste Phase fungiert,
- die Teilnehmer nur mit Hinweis auf die verbleibende Zeit zu Beiträgen auffordert, ohne methodische Hilfestellungen anzubieten,
- seine Rolle als Coach zu wenig einnimmt, sodass seine Resonanz fehlt,
- zu wenig auf die besondere Situation des Akteurs im Prozess eingeht,
- zu wenig dafür sorgt, dass alle Coachs sich aktiv beteiligen können,
- wenn er nicht daran interessiert ist, Feedback von der Gruppe zu seiner Moderation zu bekommen,
- den Akteur zu wenig für die Arbeit an seinen Entwicklungsthemen motiviert.

Die Rolle des Schreibers

Für den Schreiber ist es wichtig, das Gesagte mit eigenen, nicht verfremdenden Worten mitzuschreiben. Das können Zitate der Coachs sein, komprimierte Zusammenfassungen von Einzelbeiträgen, kleine Skizzen zur Visualisierung oder auch sinnvolle Stichworte. Das Ziel des Schreibers ist es, für den Akteur ein inhaltliches und prozessuales Protokoll als Gedächtnisstütze zu produzieren, die es diesem ermöglicht, auch jene Facetten zu seinem Anliegen später noch zur Verfügung zu haben, die er durch selektive Wahrnehmung oder einseitige Hörgewohnheiten ausgeblendet hat. Die Vielzahl der Aspekte und Ideen ginge in ihrer Breite verloren, würde sie nicht aufgeschrieben, er hat somit für den Akteur und die Gruppe eine dienende Rolle.

Gefahren in der Rolle des Schreibers
Der Schreiber macht „zu viel“ beziehungsweise „zu wenig des Guten“, wenn er

- zu langsam und zu viele Details mitschreibt,
- durch häufiges Nachfragen nach wortgetreuen Formulierungen den Prozess der Coachs unterbricht,
- in Teilen die Moderation übernimmt, indem er den Coachs das Wort erteilt,
- die Beiträge verkürzt und damit die Aussage verfremdet,
- nur Stichworte festhält, die keinen Sinnzusammenhang mehr erkennen lassen,
- der Versuchung erliegt, nur die ihm wichtig erscheinenden Beiträge aufzuschreiben,
- Unfertiges und Fragmentarisches nicht erfasst,
- Formulierungen verwendet, die seiner Meinung entsprechen.

Die Rolle der Coachs

Die Coachs sind in der besonderen Situation, im Unterschied zur konventionellen Kommunikation, alle Eindrücke in Reaktion auf den Akteur und seine Situation auch zum Ausdruck bringen zu dürfen. Sie sind eingeladen, offen und ehrlich alle Vermutungen, Assoziationen, Gefühle, Beobachtungen, Eigenreaktionen, Ahnungen, Zweifel aktiv wahrzunehmen und auszusprechen. Es gibt keine „richtigen“ und „falschen“ Beiträge, alles, was dem Coach in den Sinn kommt, steht mit der Situation des Akteurs in Verbindung. Selbst wenn sich der direkte Zusammenhang für den Coach nicht erschließt, sollte er auch für ihn abwegig erscheinende Bilder, Fragmente und Ideen äußern.

Die Coachs sind Spiegel der bewussten und unbewussten Seiten des Akteurs und können sich auf ihre natürlichen psychosozialen Fähigkeiten des Zuhörens, der Intuition und Kommunikation verlassen. Die verschiedenen Perspektiven der Coachs ermöglichen dem Akteur ungewohnte Blickwinkel, sie durchkreuzen seine Sehgewohnheiten. Damit dieses zum Ausdruck kommen kann, ist eine wertschätzende Grundhaltung und ein offenes und entwicklungsorientiertes Klima in der Gruppe Voraussetzung. Sie verwenden eine Sprache des identifizierenden Verstehens und geben aus ihrer unmittelbaren leiblichen Erfahrung ihre Resonanz. Mit Hilfe der Spiegelneuronen können die Coachs am eigenen Leibe erfassen, was in dem Akteur vorgeht, szenisches und einfühlendes Verstehen kann auf diesem Weg gelingen. Für jeden Coach ist dabei die Erkenntnis wichtig, dass sein Verstehen immer auch einen eigenen Anteil an Projektion enthält. Es ist seine subjektive Sicht, sein persönliches Gespür und seine Assoziation.

In der Rolle des Coachs trainieren alle Teilnehmer ihre Fähigkeit zur Erfassung und Strukturierung komplexer Situationen, schärfen ihre Beobachtungs- und Wahrnehmungsfähigkeit und ihr Einfühlungsvermögen. Zugleich wächst mit jeder KTC-Arbeit das soziale und methodische Inventar zur Bewältigung komplexer Konflikt- und Problemlagen, da jedes bearbeitete KTC-Anliegen reflektierte Übertragbarkeiten auf die eigene Situation bietet.

Gefahren in der Rolle der Coachs

Die Coachs machen „zu viel", beziehungsweise „zu wenig des Guten", wenn

- einzelne Coachs mit dem Akteur rivalisieren,
- sie in der Gruppe um den originellsten Beitrag wetteifern,
- sie eigene, subjektive Erfahrungen mit der Situation des Akteurs vermischen,
- sie Beiträge und Lösungen 1. Ordnung geben,
- sie sich zurückhalten mit ihren Emotionen und Ideen und sich nicht aktiv beteiligen,
- sie auf den Akteur achten und sich von dessen vermuteten Reaktionen beeinflussen lassen,
- sie Ratschläge erteilen,
- sie sich taktisch verhalten,
- sie sich nicht mit ihrer ganzen Person in den Lernprozess einbringen.

Die Rolle des Prozessbeobachters

Der Prozessbeobachter hat, wie alle anderen Hilfsrollen, eine Doppelrolle, er ist auch als Coach aktiv. Die besondere Anforderung an ihn lautet, dass er sich selbst in die Prozessbeobachtung als ein Element der Situation einbeziehen muss. Sein besonderes Augenmerk ist mit hoher Konzentration auf die Besonderheiten des Arbeitsprozesses und die Dynamik in der Gruppe gerichtet:

- Wie haben die Coachs zusammengearbeitet?
- Gab es stellvertretende Übernahmen von Positionen?

- Fühlte sich der Akteur von den Coachs verstanden?
- Wie war das Energielevel in der Gruppe?
- Wurden dominant Positionen vertreten?
- Wie hat sich das Thema des Akteurs in der Gruppe gespiegelt?

Gefahren in der Rolle des Prozessbeobachters
Der Prozessbeobachter macht „zu wenig des Guten", wenn er
- lediglich berichtet, was sich in der Gruppe abgespielt hat,
- zu wenige oder keine Querverbindungen zwischen der Dynamik in der Gruppe und der Situation des Akteurs herstellen kann,
- keine systemischen Spiegelungen erkennen kann an der Art des Klimas, der Atmosphäre und der Dynamik in der Gruppe,
- zu sehr auf der konkret realistischen Beschreibungsebene des Prozesses bleibt und nicht auf die Meta-Ebene geht,
- die mögliche Erkenntnisressource aus der Prozessbeobachtung unterschreitet,
- Bewertungen und Interpretationen statt Beobachtungen benennt,
- keine Übertragungen erkennen kann in der Art der Rollenausübung des Moderators und des Schreibers.

Die Dynamik, Tiefe und Komplexität der Themen erfordert Fingerspitzengefühl und Erfolgserlebnisse bei den Gruppenmitgliedern in ihren spezifischen Rollen. Die Funktion des KTC-Beraters ist es, das Potential der Gruppe zu aktivieren.

6.2 Der methodische Ablauf einer KTC-Sitzung

Im folgenden Kapitel wird zunächst der reguläre Ablauf jeder KTC-Phase aus der professionellen Anleitungssicht beschrieben mit möglichen methodischen Alternativen, dazu kommen Hinweise auf Prozessdynamiken, die während der Arbeit bedeutsam sind.

Rollen und Zeiten werden geplant

Eine Gruppe bereitet sich auf die KTC-Arbeit vor, indem sie ihr Arbeitssetting einrichtet, dadurch muss im weiteren Prozess nicht immer wieder neu geklärt werden, wer was in welcher Rolle macht. Die räumlichen Bedingungen stimmen, wenn die KTC-Runden im Stuhlkreis sitzen können, dieser enge Kontakt schafft eine gute Verbindung zwischen den Teilnehmern, Tische schaffen eine distanzierte Atmosphäre, durch die eine unmittelbare emotionale Resonanz getrübt wird. Nachdem jeder Akteur seine individuellen Vorarbeiten zur Visualisierung oder Beschreibung seines Anliegens abgeschlossen hat, kann die eigentliche KTC-Arbeit beginnen. Das Wesentliche ist die Bereitschaft und Erreichung der Arbeitsfähigkeit der Coachs in einer Zeitstruktur und klaren Rollenverteilung.

Abb. 36: Rollenmatrix

Die Rollen werden für alle an dem Tag oder Workshop geplanten KTCs festgelegt. Die Rollen sollten so verteilt sein, dass möglichst jeder einmal in jeder Rolle aktiv wird. Ausgehend von dem ersten Akteur, der den Anfang macht, wählen sich die Gruppenmitglieder für jedes Coaching eine der zur Verfügung stehenden Rollen aus. Auf einem Flip-Chart wird eine Matrix über Rollen und Zeiten angelegt, die sichtbar im Raum bleibt. Pro KTC sollten 60 Minuten plus 15 Minuten Pause im Anschluss geplant werden, sodass für jeden Teilnehmer ca. 75 Minuten Workshopzeit zur Verfügung stehen. Die Planungsübersicht am Anfang dient dem zügigen und ökonomischen Umgang mit der Zeit, bei jeder neuen KTC-Arbeit haben alle Beteiligten eine klare Orientierung, wer was zu tun hat.

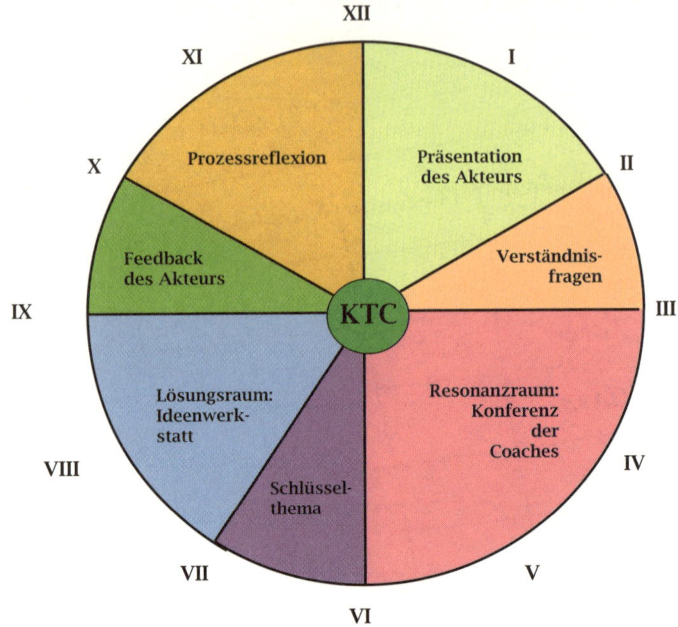

Abb. 37: Kollegiales Teamcoaching im zeitlichen Ablauf

Die ersten KTCs in neuen Gruppen dauern immer etwas länger, da die „Suchbewegungen“ in allen Rollen noch etwas mehr Zeit benötigen, was sich aber mit zunehmender Übung und Erfahrung der Beteiligten und größerer Sicherheit im Prozess einpendelt.

Der Akteur stellt sein Anliegen vor

Für den Akteur ist ganz bewusst nur ein begrenzter Zeitraum vorgesehen, damit er sich auf die wesentlichen Elemente zur Darstellung seiner Situation konzentriert. Der Akteur ist gefangen in seinem Tagesgeschäft und kann der Verführung erliegen, sich zu Detailbeschreibungen hinreißen zu lassen. Ihm dienen seine vorbereiteten Visualisierungen oder sein freier Bericht zur Darstellung von sich und seiner Situation. Die ersten 10 Minuten seiner Präsentation kann er möglichst frei ohne Unterbrechung gestalten, so vermitteln sich implizit seine Haltungen, seine Moral, seine Zugehörigkeitsbedürfnisse, sein Konformismus, seine Emotionen und seine Muster. Er sollte nicht unterbrochen werden, diese Phase der Präsentation dient der Verbindung der Coachs mit der Denk- und Wahrnehmungswelt des Akteurs. Sie nehmen alles wahrnehmend, fragmentarisch und reflektierend auf, darauf vertrauend, dass in all dem Material, das der Akteur anbietet, sein Thema der Entwicklung erkennbar wird. Fünf Minuten bleiben den Coachs für Verständnisfragen, die zum Verstehen der Situation und des Sachverhalts der geschilderten

Umstände bedeutsam sind. Die Fragen sollen den Kontext verständlicher machen und nicht zu Diskussionen mit dem Akteur führen.

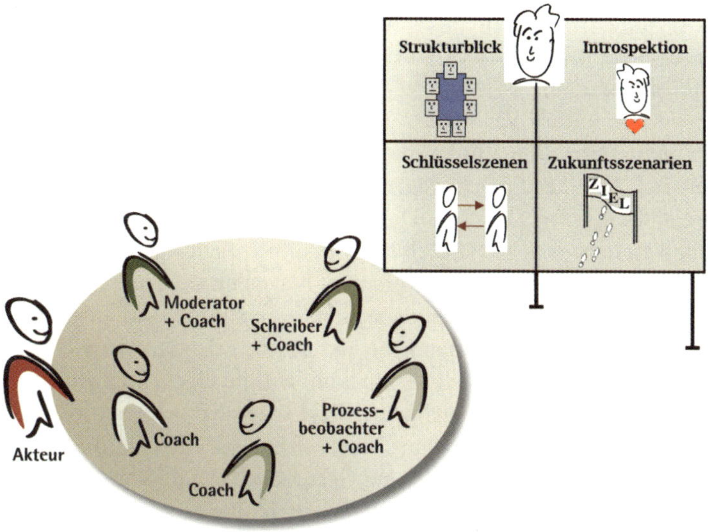

Abb. 38: Arbeitssetting

Varianten

Hat der Akteur sich für eine aktionale, szenische Darstellung entschieden, so entfällt die Phase der Verständnisfragen, dafür werden beispielsweise in einem Stehsoziogramm nur kurze Statements aus den Rollen der Stellvertreter gegeben. Die Coachs können sich auf ihr ganzheitliches szenisches Verstehen verlassen und benötigen keine Verständnisfragen, die sich auf Fakten beziehen.

Dynamik und Steuerung

- Der Akteur ist davor zu bewahren, mit einer zu ausführlichen Umschreibung seiner Situation diese nicht klarer werden zu lassen, sondern den Kern vielmehr damit zu verdecken.
- Bei komplexen Situationen ist der Moderator in Gefahr, dem Akteur mehr Zeit einzuräumen, als die vorgesehenen 10 Minuten, eine Zeitverlängerung macht die Situation meist nicht klarer, der Akteur kommt nur tiefer in die Demonstration seines Musters.
- Dem Akteur kann nach fünf Minuten ein Zeitsignal gegeben werden, damit er ein Gefühl für seinen Zeiteinsatz gewinnt.
- In der Phase der Verständnisfragen haben Alternativ- und Begründungsfragen („warum wurde nicht daran gedacht …") keinen Platz, sie gehören bestenfalls in die Ideenwerkstatt der Coachs.
- Wenn ein früher Lösungsimpuls bei den Coachs auftritt, während der Akteur noch anwesend ist, so ist es die Aufgabe des Moderators, diesen zu unterbinden und dafür zu sorgen, dass der Gedanke für später gesichert wird.

Die Konferenz der Coachs

Der Akteur hat die Runde verlassen, er hat keinen Blickkontakt zu den Coachs, was die Qualität des Coachings erhöht, der Schreiber übernimmt seine Aufgabe. Die Coachs sind mit den Eindrücken des Gehörten und Erlebten unter sich, der „Experte" der Situation ist nicht mehr verfügbar, alles was an Fragen aufkommt, müssen sie nun mittels Vermutungen und Hypothesen beantworten, der Akteur ist nicht mehr ansprechbar. Es kann zunächst ein Schweigen eintreten, die Coachs befinden sich in einer Sprachlosigkeit angesichts einer ihnen fremden, oftmals verwirrend komplexen Situation. Dazu kommt das Gefühl, nicht wirklich „alles" verstanden zu haben, es breitet sich atmosphärisch Ratlosigkeit aus. Der Moderator sollte diese Stille nicht mit aktivierenden Fragen übertönen oder „wegmoderieren" wollen, denn meist kommen danach erste persönliche Äußerungen über das eigene Befinden und Erleben angesichts des gerade Erlebten oder Gehörten.

Alle sind eingeladen, in sich zu horchen, auf die eigenen Resonanzen, Bilder und Assoziationen zu achten, auch wenn diese scheinbar nicht in direktem Zusammenhang erscheinen. Wenn einzelne Worte sich den Coachs aufdrängen, die zum Ausdruck kommen wollen, besteht nun Gelegenheit dazu. Es kann ein lebendiger, sich wechselseitig anstoßender Prozess entstehen oder es wird ruhig bis stockend, alle auftretenden Phänomene sind als Resonanz auf den Akteur zu begreifen. Die Gruppe gerät aufgrund der Übertragungsenergie in eine strukturanaloge Modalität, was bedeuten kann, dass eine sonst ganz ruhig und besonnen agierende Gruppe plötzlich in einen aufgeregten, sich in ihren Beiträgen fast schon überbietenden Modus gerät. Dies ist keine Persönlichkeitseigenschaft der Protagonisten, sondern ein Übertragungsphänomen der Situation des Akteurs. Es ist ein Ausdruck von Professionalität, die Übertragungsenergie als solche zu identifizieren.

Abb. 39: Konferenz der Coachs im Flow

Durch die Wirkung der Spiegelneuronen wird ein Teil der inneren und äußeren Realität des Akteurs für die Coachs am eigenen Leibe fühlbar und kann später durch die Prozessbeobachtung der Reflexion zugänglich gemacht werden. Die Coachs spiegeln dem Akteur Seiten seines Selbst und bringen seine ungelebten Potentiale ans Licht. Hypothesenbildung und Vermutungen zu den einzelnen Positionen beteiligter Personen geben dem Akteur wichtige Informationen und Hinweise, die er in dieser Weise bisher nicht sehen konnte. Die Gruppe ist als ein Resonanzkörper zu verstehen, die Coachs wirken als Medien, die nach der Bearbeitung ihre Identifikationen mit dem Akteur wieder abschütteln. Durch die „bewusste" Identifikation kommen keine Reaktionen der Empörung, der Beschwichtigung oder eines Schulterschlusses auf. Durch eine „naive" Identifikation bliebe die Akteursperspektive auf der Ebene der 1. Ordnung stehen. Die professionelle Identifikation geht über das Gesagte des Akteurs hinaus und eröffnet den Blick auf die Themen der 2. Ordnung.

Der KTC-Berater hat die Aufgabe, als Coach ergänzende oder neue Aspekte zu benennen, er zeigt fehlende Polaritäten auf ohne damit den Prozess zu dominieren oder den Coachs zuvorzukommen und ermöglicht mit seinen persönlichen Beiträgen emotionale Vertiefung.

Methodische Varianten

- Zu Beginn wird jeder Coach der Reihe nach eingeladen, seine spontane unmittelbare Resonanz auf die Präsentation des Akteurs zu äußern.
- Moderator und Schreiber vereinbaren, sich wechselseitig nach ihren Beiträgen als „Coach" zu befragen, damit sie ihre Rolle als Coach auch einbringen.
- Moderator und KTC-Berater besprechen offen sichtbar für die Gruppe den Stand der Konferenz, die Konferenz der Coachs kann auch früher zur nächsten Phase der Findung des Schlüsselthemas übergeleitet werden.

Dynamik und Steuerung

- Bei lebendigen Gruppen oder anregenden Themen, die eine hohe Identifikation auslösen, kann eine Tendenz zur Diskussion über den Akteur und dessen Umgang mit seiner Situation auftreten, es werden dann keine persönlichen Ich-Botschaften und eigenen Resonanzen mehr formuliert. Hier ist es Aufgabe des Beraters oder Moderators, klar zu intervenieren.
- Auch kann passieren, dass die Coachs sich in ihren Beiträgen an Gedankenstränge der Kollegen anhängen, diese sind wieder zu lösen, um die verschiedenen Perspektiven zu sichern.
- Die Stille oder das Stocken im Prozess sollte nicht mit Aktionismus und Ermunterung der Coachs, doch weitere Beiträge zu äußern, verhindert oder verkürzt werden.
- Die Tendenz, in der Konferenz der Coachs bereits Lösungen zu liefern, kann ein Hinweis auf die Reife des Prozesses in der Gruppe sein, die Hypothesenbildung abzuschließen und sich dem Schlüsselthema zuzuwenden.
- Der Moderator hat darauf zu achten, dass lediglich Eindrücke geäußert werden und keine Diskussionen entstehen.

- Resonanzen sind weder richtig noch falsch, sie enthalten keine Wertungen und Urteile.
- Eindrücke werden aufgenommen oder verdichtet und nicht diskutiert.

Das Schlüsselthema

Hier findet die eigentliche Fokussierung auf die Person und Situation des Akteurs statt. Die Bedeutung einer sprachlichen Verdichtung hebt *Max Frisch* in seinem Roman „Stiller" hervor, wenn er seinen Protagonisten sagen lässt: „Ich habe keine Sprache für die Wirklichkeit." *(Frisch 2008)* Vergleichbar geht es dem Akteur, wenn die Coachs mit dem Schlüsselsatz diese Sprache für ihn finden. Die Formulierung kann für den Akteur manchmal befremdlich klingen, als nicht zu ihm gehörig, kann aber auch als in höchstem Maße stimmig empfunden werden, da etwas für ihn nicht Sagbares formuliert wird. Das Schlüsselthema enthält eine Zumutung, es geht immer über das Gesagte und Gewünschte des Akteurs hinaus.

Der Phase des Schlüsselthemas kommt eine besondere Bedeutung zu, sie verdichtet die zentrale Entwicklungsrichtung des Akteurs und ist der Entwurf einer inspirierenden Vision. Das rechtfertigt ein konzentriertes Ringen und aufmerksame Formulierung des richtigen Satzes. Der erfolgreiche Abschluss dieser Phase wird häufig durch ein Nachlassen der Spannung in der Gruppe oder einem Gefühl der Zufriedenheit darüber begleitet, „es genau auf den Punkt gebracht zu haben". Das gelungene Zielbild des Schlüsselthemas wirkt als ein Attraktor für den Akteur, es ermutigt ihn zu einem neuen Verständnis seiner Realität, mit diesem Bewusstsein kann er nicht mehr auf seine traditionellen Skripte zurückgreifen.

Abb. 40: Schlüsselthema

Methodische Varianten

- Jeder Coach schreibt auf eine Karte ein Wort, das für ihn auf jeden Fall in den Schlüsselsatz gehört, das Team formt aus den Einzelbeiträgen einen gemeinsamen Satz.
- Die Gruppe der Coachs entwickelt mit Hilfe des Moderators einen Schlüsselsatz, der Schreiber visualisiert begleitend die ersten Beiträge und macht dann das gefundene Schlüsselthema sichtbar.
- Wenn sich keine Klarheit im Team der Coachs herausbildet, eine brütende Atmosphäre die Gruppe lähmt, kann der Moderator alle dazu auffordern, aufzustehen und eine neue, andere Position im Raum zu finden, um aus dieser Perspektive heraus eine Formulierung zu finden. Diese Intervention in den Prozess muss in jedem Fall in der Prozessreflexion aufgegriffen werden.
- Nach dem Brainstorming zum Schlüsselthema kann die Formulierungsarbeit zwischen Schreiber und Moderator stattfinden, die Gruppe kann dann dem Ergebnis zustimmen und Änderungen beisteuern.
- Die Coachs stellen sich hinter ihren Stuhl, um aus dieser räumlichen Meta-Position Abstand zum bisherigen Geschehen in der Gruppe zu bekommen. Auf diese Weise gelingt es leichter, zu Klarheit für die Formulierung des Schlüsselthemas zu gelangen.

Dynamik und Steuerung

- Es kann unter den Coachs Leistungsdruck entstehen, das ultimativ richtige und treffende Schlüsselthema zu finden, darauf kann der Moderator reagieren, indem er die Vorschläge vereinzelt benennt.
- Sollten die Coachs darum ringen, dass jeder sein als besonders wichtig eingeschätztes Teilelement in das Schlüsselthema einbringen will, hat der Moderator ein additives Schlüsselthema zu verhindern, in dem alle genannten Aspekte berücksichtigt sind. Es soll eine tatsächliche Verdichtung stattfinden.
- Ein attraktives Schlüsselthema ist energetisch geladen und zukunftsorientiert. Es will aus der Enge in die Weite, es ermutigt den Akteur, sich auf einen offenen Entwicklungsprozess einzulassen.
- Das Schlüsselthema enthält weder Fragestellungen noch Konjunktive.

Die Ideenwerkstatt

Hier kann sich der im Prozess angestaute Lösungsdrang der Coachs strukturiert entladen. Die Ideenwerkstatt erweitert vor allem den Lösungsraum für den Akteur um alternative Lösungsszenarien. Die Coachs werden in einem moderierten Brainstorming eingeladen, alle Vorschläge und Ideen, die sie für die Person des Akteurs oder seines Systems haben, zu nennen. Es geht dabei nicht um die Beseitigung eines Problems, die Ideen sollen vor allem eine Konkretisierung und Umsetzungsunterstützung des Schlüsselthemas sein. Die Ideen können sich auch auf seine „Hier-und-jetzt-Situation“ im Workshop beziehen: „Was kann der Akteur hier mit dieser Gruppe direkt ausprobieren, was kann er an Feedback erhalten, trainieren oder klären, um sich auf künftige Situationen und Szenarien, denen er begegnen wird, vorzubereiten?" Dazu gehören auch Anregungen, die den Akteur in seiner Selbstklärung und Selbststeuerung unterstützen.

Abb. 41: Ideenwerkstatt

Methodische Varianten

- Die Coachs bilden Tandems und sammeln Ideen und Aktivierungen für den Akteur.
- Die Coachs entwickeln anstelle eines Ideen-Brainstormings eine „Happy-End-Story" für den Akteur. Das kann eine Erzählung in verfremdeter Märchen- oder Geschichtenform sein, die symbolischen Elemente sollten sich auf das Schlüsselthema des Akteurs beziehen. Ein Coach beginnt mit einem Satz („Es war einmal ein Bergsteiger …") und in einem offenen Prozess wird die Geschichte von den anderen Coachs Satz um Satz fortgeführt und ergänzt. Das Ende ist eine erfolgreich bewältigte oder erreichte Situation, die durch ihre gelungene szenische Konkretisierung eine positive emotionale Wirkung auf den Akteur hat. Das kreative Potential dieser Methode entfaltet sich am besten in Gruppen, die schon Erfahrungen mit der KTC-Methode haben und sich bereits kennen.

Dynamik und Steuerung

- Für das Brainstorming ist die Einhaltung der Regeln – keine Diskussion, Kommentierung, Bewertung der Beiträge – unerlässlich.
- Die Coachs können sich nach einer möglicherweise als zäh erlebten Phase der Schlüsselthemaerarbeitung wie befreit in den nun „erlaubten" Lösungsraum stürzen. Der Moderator muss den Schreiber dann dabei unterstützen, dass nichts verloren geht und dass sich die Coachs nicht zu weit von der Umsetzung des Schlüsselthemas entfernen.
- Für mögliche Umsetzungsunterstützungen des Akteurs im Anschluss an das KTC können im Brainstorming Aktivierungsvorschläge zum Training gesammelt werden.

Feedback des Akteurs an die Gruppe

Wenn der Akteur in den Kreis der Coachs zurückkommt, ist dies für den Akteur und die Coachs ein sensibles Geschehen. Der Akteur verlässt seine individuelle „Höhle", die angefüllt war mit inneren Bildern und Szenen ohne Kommunikation. Für die Gruppe bedeutet die Rückkehr des „Themenexperten" eine Unterbrechung des bisherigen Prozesses. Die unsichtbare Gruppenhaut muss für die Aufnahme des Akteurs wieder geöffnet werden, symbolisch kann dies durch einen im Kreis bereitgestellten Stuhl erfolgen und ein physisches Abholen durch den Moderator. Durch die Anwesenheit des Akteurs entsteht eine gewisse Spannung bei den Coachs, es besteht Ungewissheit darüber, wie das von ihnen Erarbeitete vom Akteur aufgenommen wird, ob ihre konzentrierte Arbeit an seiner Situation auf fruchtbaren Boden gefallen ist.

Abb. 42: Feedback des Akteurs

Der Akteur sieht sich bei seiner Rückkehr in die Runde Menschen gegenüber, die eine gewisse Einigkeit über seine persönliche Situation erzielt haben und das in einem Prozess, an dem er nicht aktiv beteiligt war. Das kann bei ihm dazu führen, sich abgrenzen zu wollen von den „fremden" Überlegungen, Hypothesen und Ideen der Gruppe. Das Erlebnis, dass es Menschen gelungen sein soll, verwertbare Lösungen gefunden zu haben, obwohl sie weniger mit dem Sachverhalt vertraut sind als er selbst, erzeugt nicht zwangsläufig Zufriedenheit mit den Ergebnissen oder gar Dankbarkeit, sondern führt häufig zu einer zunächst kritisch bewertenden Draufsicht und zum Bedürfnis nach Distanz.

Coachs, die sich im Verlauf von einer Stunde in eine für sie fremde und komplexe Welt eingedacht und eingefühlt haben, trifft diese Reaktion unvorbereitet. Die Kritik des Akteurs ist schwer zu ertragen, die Coachs können dann mit dem Gefühl der Enttäuschung kämpfen, da sie sich so sehr engagiert haben. In diesem Fall spricht der KTC-Berater diese Dynamik an und übersetzt sie der Gruppe. Es geht bei der Rückkehr des Akteurs in erster Linie um die Aufhebung des „undialogischen Dialogs“ und nicht um die Bestätigung des Gesagten. Es gibt aber auch Situationen, in denen die Akteure ganz beeindruckt und überwältigt aus der „Eremitage“ ihres Innenlebens in die Gruppe zurückkehren und sich sehr berührt von der Anteilnahme und Intensität der Beschäftigung mit ihrer Situation und dankbar zeigen. Sie öffnen sich dann mit ihrem „Paralleluniversum“ für die Gruppe.

Methodische Varianten

- Der Akteur wird eingeladen, über sein Befinden außerhalb der Gruppe zu berichten: „Welche Gefühle, Gedanken, Irritationen, Überlegungen und Bilder haben sich eingestellt, was war besonders überraschend, wo erlebe ich Zustimmung, wo Befremden mit dem Gehörten?“
- Der Akteur wird nach seiner Reaktion auf das Schlüsselthema befragt.
- Die Coachs äußern in direkter Sprache eigene Reaktionen auf die Situation und geben ein „Sharing“, indem sie von eigenen ähnlichen Erfahrungen berichten, die in ihnen durch die Situation des Akteurs wieder lebendig geworden sind.

Dynamik und Steuerung

- Das Urhebererlebnis der Coachs für das Schlüsselthema und die Produktion guter Ideen birgt eine gruppendynamische Klippe, wenn der Akteur darauf kritisch zensierend reagiert und sich dazu nicht positiv äußert. Hier hat der Moderator oder der KTC-Berater die Aufgabe, diese Reaktion für die Gruppe und für den Akteur verstehbar zu machen.
- Der Akteur fühlt sich zunächst von der Fülle der beschriebenen Flip-Chart-Seiten erschlagen und muss sich auf den Wechsel des Wahrnehmungsmodus einstellen, von der Perzeption zur Produktion. Unterstützend für diesen Prozess ist es, wenn er das Schlüsselthema noch einmal selbst laut verliest, so hört er es sich selber sprechen und kann die Stimmigkeit für sich selbst prüfen.
- Ein Verlesen der Flip-Charts oder gar eine Suche nach „brauchbaren“ Ideen führt in einen Bewertungskontext und sollte vom Moderator abgewendet werden.

Prozessreflexion

Hier kommt Ruhe in den Prozess, das Lesen des Prozesses ist eine eigene professionelle Kunst. Der Prozessbeobachter hat das Wort und reflektiert aus der Meta-Position den bisherigen Verlauf. Dabei beschreibt er Beziehungsebenen zwischen dem Akteur und der Gruppe, dem Moderator und der Gruppe, dem Schreiber, dem Moderator und dem KTC-Berater. Er greift die Besonderheiten in der Gruppe auf und arbeitet den Zusammenhang zwischen der Dynamik der Situation des Akteurs und der Gruppendynamik heraus, mit der Fragestellung: „Wie hat sich das Thema des Akteurs in unserer Gruppe gespiegelt?“

Die Entdeckung der Strukturparallelen ist ein aufregender und Erkenntnis stiftender Vorgang. Das Erkennen von Übertragungen macht die unbewussten psychologischen Einflüsse des Akteurs auf sein Umfeld sichtbar. Alles Erleben und Geschehen darf sein, es spiegelt den Prozess, das Non-Konforme hat einen besonderen Wert. Die Fähigkeit zur Prozessbeobachtung wächst mit der Summe der erlebten KTC-Prozesse und muss zumindest am Anfang weitestgehend vom KTC-Berater geleistet werden. Mit jeder entdeckten Strukturanalogie im Prozess nimmt das Erkennen zu. Der Prozess endet würdigend und wertschätzend, alle Erkenntnis dient dem Lernen.

Abb. 43: Prozessreflexion

Methodische Varianten

- Ein Blitzlicht der Coachs: „Was haben wir an Spiegelungen der Ausgangssituation des Akteurs auf den Gruppenprozess wahrgenommenen?"
- Der Moderator und der Schreiber werden in ihren Rollen gewürdigt und erhalten Feedback zu ihren Rollen.
- Moderator, Schreiber und Coachs werden auf ihren übernommenen Übertragungsteil im Prozess hin betrachtet: „Gab es Übertragungen, die in den Rollen übernommen wurden?"
- Jeder Gruppenteilnehmer stellt sich hinter seinen Stuhl und beschreibt aus dieser räumlichen Meta-Perspektive, was ihm in der Dynamik des erlebten Prozesses an Wiederholungen und Spiegelungen aufgefallen ist.
- Der Moderator moderiert die Prozessreflexion in der Gruppe. Nachdem der Beobachter seine Wahrnehmungen geschildert hat, erläutern die Teilnehmer ihre Beobachtungen, was ihnen aufgefallen ist, was sie beeindruckt und berührt hat, was sie an sich selbst für Impulse beobachtet haben. Diese Mitteilungen werden nicht diskutiert, sondern als individuelle Eindrücke stehen gelassen.

Dynamik und Steuerung

- Es spiegelt sich häufig in den unterschiedlichen Phasen des KTCs sowohl die Dynamik des Problemraums als auch die des Lösungsraums. So kann es in der Konferenz der Coachs oder bei der Findung des Schlüsselthemas langatmig oder konkurrenziell zugehen, in der Ideenwerkstatt entsteht dann plötzlich ein kooperatives, lebendiges und kreatives Klima. Hier spiegeln sich beide Qualitäten der Ausgangsituation im Bearbeitungsprozess wider, die Coachs praktizieren, wie in einer visionären Vorausschau, bereits Aspekte des angestrebten Zielzustandes und lassen den Akteur davon etwas spüren. Aufgabe des Prozessbeobachters oder des KTC-Beraters ist es, diese Phänomene aufzuspüren und erkennbar zu machen.

- Das Verhalten einzelner Coachs oder das Agieren in der Hilfsrolle ist als Übertragungsphänomen zu verstehen und nicht als Persönlichkeitseigenschaft des Einzelnen.
- Das gilt ebenso für die Gruppe, beispielsweise entsteht bei einem KTC-Thema eine Atmosphäre von emotionaler Wärme und Verbundenheit und im nächsten KTC sitzen die gleichen Coachs wie Rivalen nebeneinander und nehmen keinen Bezug zueinander auf. Dieses Phänomen kann der KTC-Berater als eine prägnante Spiegelung im Prozess sichtbar machen.
- Diese Reflexionsphase der KTC-Arbeit bringt häufig Prägnanz in die Erkenntnisse für den Akteur und bestätigt damit die Treffsicherheit des Schlüsselthemas mit seiner Entwicklungsrichtung oder kann Bestärkung für einzelne vorgeschlagene Interventionen sein.

Transfervereinbarung

Zum Abschluss identifiziert der Moderator mit dem Akteur, welche Schritte für ihn kurz-, mittel- und langfristige Relevanz haben, welche Unterstützung er für sich organisieren kann und wie die Gruppe oder Einzelne ihn bei seinen Vorhaben unterstützen können. Der Akteur bekommt vom Schreiber die gesamten Mitschriften als Rolle überreicht, ein symbolischer Ausdruck dafür, dass die Verantwortung dafür bei ihm liegt, mit den Ergebnissen für sich und seine Entwicklung konstruktiv umzugehen. Dieses sehr persönliche Material sollte nicht in Protokolle oder andere Mitschriften gelangen. Der Akteur behält das „Besitzrecht" und die Verantwortung für seinen Entwicklungsprozess. Er sichert am Ende im Arbeitsblatt seine Ergebnisse.

KTC® - Vereinbarung mit mir selbst

❑ **Mein Schlüsselthema:**

❑ **Die wesentlichen Lösungsideen aus dem kollegialen Brainstorming:**

- ❑ ...
- ❑ ...
- ❑ ...

❑ **Diese Schritte und Maßnahmen nehme ich mir vor:**

Datum **Unterschrift**

Abb. 44: KTC-Vereinbarung mit mir selbst

Die Bildung von Lernpartnerschaften innerhalb von KTC-Gruppen hat sich bewährt, die Partner unterstützen und coachen sich wechselseitig bei der Umsetzung der Ideen. Dafür ist ein Arbeitsblatt zur Dokumentation mit dem Schlüsselthema und den Umsetzungsideen der Gruppe eine wertvolle Hilfe. Die Lernpartner sollten sich zu Beginn der KTC-Arbeit gefunden haben und einen entsprechenden Kontrakt geschlossen haben.

Abb. 45: Lernpartnerschaft

Verdichtung aller Schlüsselthemen

Am Ende eines KTC-Workshops kann die Wirkung der individuellen Schlüsselthemen für die Gesamtgruppe durch ein Ritual erlebbar werden. Dazu stellen sich am Ende des Workshops oder Trainings alle Teilnehmer in einen Kreis. Jeder Teilnehmer spricht einzeln seinen Schlüsselsatz aus, die Runde wiederholt wie ein Echo diesen Satz, nach einer kurzen Pause des Nachklingens kommt der nächste Satz in den Raum. Dieser Prozess führt zu einer emotionalen Verdichtung und einem Gefühl der Verbundenheit mit der Gruppe. Nicht selten haben die Schlüsselsätze eine Gemeinsamkeit, die erst durch dieses Ritual erkennbar wird.

Einstiegsritual zu Beginn des nächsten Treffens

Zu Beginn eines neuen KTC-Treffens verlesen die Teilnehmer ihre Vorhaben aus der Dokumentation und berichten von ihren Umsetzungserfahrungen und Schritten. Dieser eminent wichtige Prozess sorgt dafür, dass auf diese Weise die Coachs im Team zu Entwicklungszeugen und kritischen Freunden füreinander werden, die sich wechselseitig mit ihren Ausblendungen, Wiederholungen von Mustern und Verdrängungen von Erkenntnissen konfrontieren können. Die Wahrscheinlichkeit steigt, sich künftig im Berufsleben bereiter auf schwierige oder beängstigende Erfahrungen einzustellen.

7. Varianten und Anwendungsfelder des KTC

> *„Ein Kennzeichen der Imagination: Dass sie uns nie wieder loslässt; was sie uns eröffnet hat, bestimmt unsere psychische Entwicklung, unser Verhältnis zur eigenen Existenz.“*
> *(Max Frisch)*

In den methodischen Ausführungen zum KTC wird immer betont, dass die Gruppen eine Größe von sechs bis acht Personen haben sollten. Wir möchten an dieser Stelle beschreiben, wie das besondere Arbeitssetting mit wesentlich größeren Gruppen bis hin zu Großgruppen aussehen kann, in denen mit hoher Intensität an persönlichen Themen mit Systembezug gearbeitet werden kann.

Die Anwendungsfelder gehen über die bekannten Bereiche der Klärung von Person und System deutlich hinaus. Hier werden die speziellen Kontexte der „Konfliktklärung“ und der „Teamentwicklung“ herausgearbeitet. Einen besonderen Platz nimmt das „Bilanz-Coaching“ ein, das am Abschluss einer Reihe gemeinsamer KTCs stehen kann. Dort wird der Bogen über die gesamte Entwicklungszeit, eine längere Qualifizierung oder Prozessbegleitung gespannt. Am Ende des Kapitels werden „Erlebnis aktivierende Methoden für den Akteur“ vorgestellt, die ihm den Transfer in seine Situation erleichtern.

7.1 KTC in Gruppen mit 16–25 Teilnehmern

Analog zu den intensiven Erfahrungen in den kleinen KTC-Gruppen ist es auch in einer Workshopgruppe mit bis zu 25 Teilnehmern durchaus möglich, entweder die persönliche Situationen eines einzelnen Teilnehmers oder beispielsweise die Fragestellungen einer Projektgruppe mit der KTC-Methodik vertiefend zu bearbeiten. Bei Gruppen mit einem speziellen fachlichen Fokus kann es ebenso fruchtbar sein, denn die Qualität der KTC-Arbeit wird durch die „Weisheit der Vielen“ *(Surowiecki 2007)* bestimmt, nach der bekannt ist, dass Gruppen, besonders, wenn sie groß und vielfältig zusammengesetzt sind, effektivere und intelligentere Lösungen erarbeiten, als einzelne Experten es vermögen. Die Größe der Gruppe steigert die Intensität des Erlebens und die Identifikation einer großen Gemeinschaft.

Das methodische Vorgehen sieht so aus, dass zunächst ein Innenkreis gebildet wird, im dem 6–8 Teilnehmer zu einer Gruppe zusammenkommen. In diese Gruppe gehört auch der Akteur mit seinem Anliegen. Das Thema sollte für die Gesamtgruppe thematisch möglichst interessant sein, dann erhöht sich die Energie im Raum. Es werden die vertrauten KTC-Rollen verteilt: Schreiber, Moderator, Beobachter, Coach, und die Mitglieder der Außengruppe über ihre Funktion während des Arbeitsprozesses instruiert.

Variante 1: Soundingboard im Außenkreis

Die Teilnehmer im Außenkreis werden gebeten, der Arbeit im Innenkreis aufmerksam zu folgen, dabei auf ihre eigenen Wahrnehmungen, Assoziationen und Impulse zu achten, um diese dann nach Aufforderung einzubringen. Sie übernehmen auf diese Weise erweiterte Rollen als Coachs und fungieren wie ein Soundingboard, sie reichern die Differenziertheit der Emotionen und Wahrnehmungen für den Akteur an.

Variante 2: Spezialisten im Außenkreis

Im Außenkreis werden zusätzliche spezielle Perspektiven neben den üblichen KTC-Rollen verteilt: „Eisbergspezialisten" sprechen das Unausgesprochene unter der Wasseroberfläche aus, „Konfliktexperten" benennen das Konfliktpotential der Situation, „Gefühlsspezialisten" benennen nur die Emotionen der beteiligten Personen. Die Teilnehmer im Außenkreis sind gefordert, ihre Beiträge nur auf ihre Spezialrollen zu konzentrieren und keine allgemeinen Beiträge als Coach zu äußern. Das besondere Element ist die Betonung der neuen Spezialrollen, die sonst nicht explizit benannten Perspektiven werden besonders ausgeleuchtet. Die Rolle des Schreibers und Prozessbeobachters kann doppelt besetzt werden, da es in beiden Rollen viel Material zu bearbeiten gibt. Ein Moderator steuert den Prozess.

Variante 3: Reale Perspektiven im Außenkreis

Der Prozess verläuft analog zur üblichen KTC-Struktur, im kleinen Innenkreis werden die üblichen KTC-Rollen vergeben und Teilnehmer der Gruppe im Außenkreis bekommen Spezialperspektiven, die zur persönlichen Situation des Akteurs und dem Hintergrund der Berufsgruppen im Außenkreis passen. Das können Kunden, Mitarbeiter und Vorgesetzte, bei Schuleitern können es Kollegen, Schüler und Eltern sein. Mit dieser Vorgehensweise kommen die verschiedenen realen Perspektiven konkret in den Raum und schaffen damit eine eigene Wirklichkeit.

Variante 4: Wechselbewegung zwischen Innen- und Außenkreis

Die Mitglieder der kleinen KTC-Gruppe im Innenkreis arbeiten als Coachs mit einem Moderator für beide Gruppen, dem Innen- und Außenkreis. Der wesentliche Unterschied liegt darin, dass die einzelnen Phasen in der kleinen KTC-Gruppe gekürzt werden, um die Beiträge von der Außengruppe aufnehmen zu können. Die Außengruppe wird in einem gesteuerten Ablauf eingeladen, zu den entsprechenden Phasen nach den Coachs ihre Beiträge zu geben. Dadurch entsteht eine besondere Dynamik zwischen dem Innen- und Außenkreis. Dieser Austausch kann von dem Moderator wie eine Wellenbewegung dynamisch zwischen Innen und Außen dirigiert und gestaltet werden, auf den Schreiber kann hier eine anspruchsvolle Aufgabe zu kommen. Für den Akteur ist diese Erfahrung sehr intensiv, da die Resonanz so vieler Menschen auf ihn gerichtet ist. Eine einfühlsame Begleitung durch den Moderator schützt ihn vor einer Überflutung von Eindrücken und Hypothesen aus der Gesamtgruppe.

7.2 KTC in der Großgruppenarbeit

Gute Erfahrungen liegen erstaunlicherweise auch mit der KTC-Arbeit in Großgruppen vor. Es braucht erfahrene Leiter und eine gute technische Ausstattung der Location, dann kann das KTC zu einer bewegenden kollektiven Erfahrung werden. Zunächst werden die Methodik und das Vorgehen im Plenum vorgestellt. Dann führen die Mitglieder des Berater-Teams eine KTC-Demonstration auf der Bühne durch, möglichst mit einer Übertragung auf eine Leinwand. Das Ganze kann ein heikles Unterfangen werden, denn der Akteur sollte wie in jedem KTC ein ernstes und damit „echtes“ Anliegen haben. Bei einem künstlichen Anliegen lässt sich die immer stattfindende Übertragungsdynamik und systemische Spiegelung phänomenologisch nicht oder nur mit Verzerrungen auswerten. Der Haupteffekt würde somit verpuffen. Bei einem „echten“ KTC mit einem ernsten Anliegen ist jedoch davon auszugehen, dass sich die Atmosphäre und Stimmung des Themas auf ein großes Plenum überträgt. Damit die Teilnehmer einen Blick und eine Bewusstheit für diesen Zusammenhang erlangen, hat der Leiter für eine gute Übersetzung und Verdeutlichung während der Prozessbeobachtung zu sorgen.

Nach der gelungenen Demonstration setzen sich je sechs Teilnehmer des Plenums an einen Tisch, jeder Tisch bildet eine KTC-Gruppe. Die KTC-Rollen werden verteilt, die Akteure bereiten ihre Visualisierungen zur Präsentation vor, hier eignen sich gut strukturierte Arbeitshilfen wie das Vier-Felder-Blatt. Die Gruppe legt dann die Reihenfolge ihrer Bearbeitung und die Rollen für jedes KTC fest. Die Arbeit kann beginnen, der wärmende Stimmenklang im Plenum gibt einen akustischen Schutz und ein Gefühl des„„Eingebettetseins“ in einen großen Organismus. Wenn methodische Unsicherheiten in den Gruppen auftauchen, können Mitglieder des Beraterteams zur Unterstützung angefragt werden.

Abb. 46: KTC-Ablauf

7.3 KTC im Einsatz bei Konfliktklärungen

Seine besondere Wirksamkeit entfaltet das KTC bei der Bearbeitung und Klärung von Konflikten. Die Bearbeitung eines akuten Konfliktes zwischen zwei Personen eignet sich besonders, um aus einer Verhärtung oder Teufelskreis-Dynamik herauszukommen. Besonders Konflikte, bei denen sich die Kontrahenten bereits in der Konflikteskalation *(vgl. Glasl 1990, 215 ff.)* auf einer fortgeschrittenen Stufe befinden, auf der sie nicht mehr direkt miteinander kommunizieren, oder es bereits zu einer sozialen Ausweitung ins Umfeld gekommen ist, haben gute Aussichten, mit der Methode des KTC in ihrer destruktiven Wirkung entschärft zu werden. Es geht darum, die Erstarrung und Verhärtung von Positionen wieder geschmeidig zu machen, die Dialogebenen zwischen den Personen wieder herzustellen. Im KTC wird die Konfliktspannung als Schubkraft für die Entfaltung der Entwicklungsenergie genutzt.

Die Rollen

Die grundsätzliche KTC-Struktur bleibt erhalten, die einzelnen Phasen bekommen eine etwas andere Ausrichtung und Steuerung. Die Gruppe kann durchaus größer als eine übliche KTC-Gruppe sein, sie bildet als Ganzes das Coachingteam, die Rollen des Schreibers, Moderators und Prozessbeobachters werden vergeben. Einzige Besonderheit ist, dass die Rolle des Akteurs von den Repräsentanten des Konflikts, den Konfliktparteien, übernommen wird.

Präsentation der Akteure

Jeder der beiden Akteure bekommt in einer anti-interaktionellen Phase zu Beginn eine Präsentationszeit, um die Beschreibung des bestehenden Konflikts aus seiner subjektiven Wahrnehmung heraus ungestört entfalten zu können. Dabei haben auch „negative" Gefühle wie Ärger, Dominanzwünsche oder Misstrauen ihren Platz, aber auch Hoffnungen, Hintergründe und Einsichten. Die Moderation sollte den inaktiven Akteur darin unterstützen, sich an die Vorgabe zu halten, den Bericht des Konfliktpartners weder mimisch noch mit kurzen Einwürfen zu kommentieren. Es kommt zu keinem direkten Dialog oder Schlagabtausch.

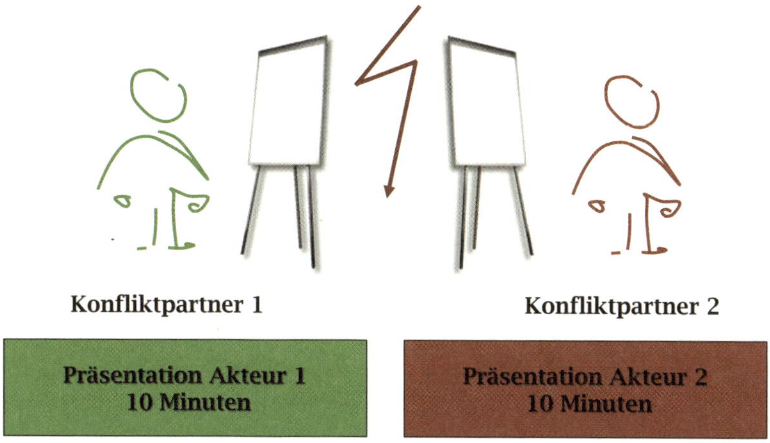

Abb. 47: Komplementäre Perspektiven im Konflikt-KTC

Konferenz der Coachs mündet in das Schlüsselthema

Haben beide Akteure ihren Bericht beendet, begeben sie sich aus dem Sichtkontakt zur Gruppe und konzentrieren sich hörend auf die Konferenz der Coachs. Die Coachs reflektieren alle Aspekte des Konfliktes auf der emotionalen, der strukturellen, der sachlichen und der moralischen Seite. Sie identifizieren sich in der Regel immer mit den unterschiedlichen Anteilen des Konflikts, verstärken bestimmte Teile, die nur angedeutet waren oder zu vermuten sind und bringen damit für beide Akteure Betrachtungen, Betroffenheiten und Blickwinkel zum Ausdruck, die diesen bis dahin nicht zugänglich waren.

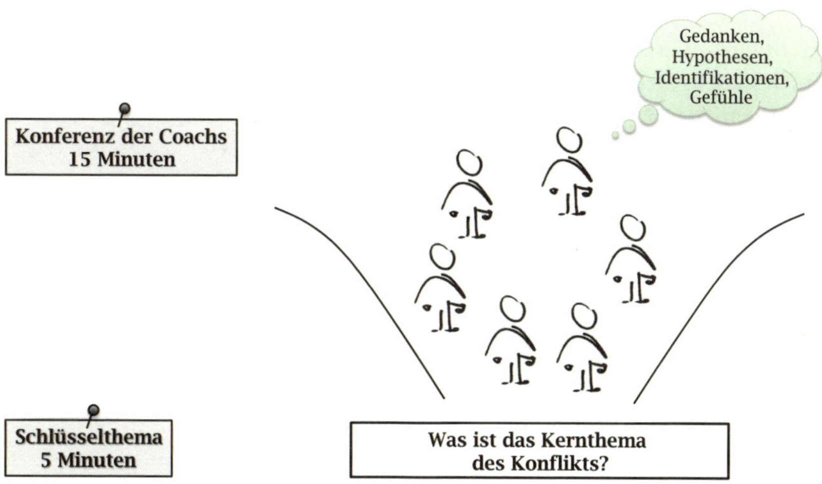

Abb. 48: Von der Konferenz der Coachs zum Schlüsselthema

Durch das stellvertretende Verstehen der Coachs findet eine emotionale Entlastung bei den Akteuren statt, jeder erfährt für die eigene Position einfühlendes Verstehen aus der Gruppe, lang schon Gedachtes wird von anderen Menschen ausgesprochen, eigene Empfindungen oder Empörungen werden formuliert. Das Schlüsselthema macht die Konfliktsituation prägnant: „Worum geht es in diesem Konflikt im Kern?" Die Coachs haben die Aufgabe, ein Schlüsselthema für beide Akteure zu finden.

Ideenwerkstatt

Ist das Schlüsselthema formuliert, werden in der Ideenwerkstatt für beide Kontrahenten Lösungen gesammelt, die zur Behebung der Konfliktsituation geeignet sind. Eine gute Möglichkeit besteht darin, die Gruppe nach dem Zufallsprinzip zu teilen, damit erweitert sich das kreative Spektrum und es werden mehr Aspekte und Ideen benannt.

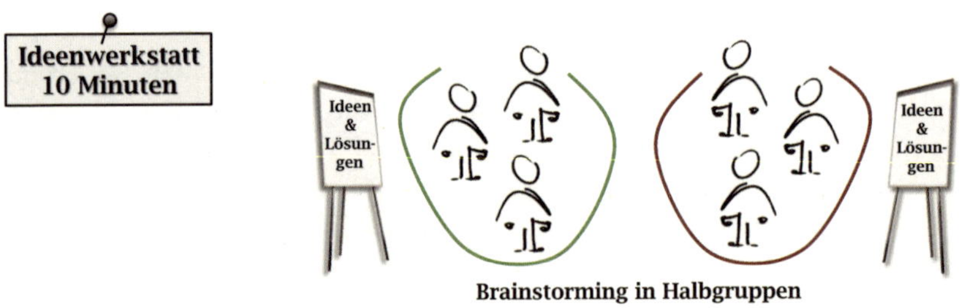

Abb. 49: Ideenwerkstatt in zwei Gruppen

Das Brainstorming aus beiden Halbgruppen wird gesammelt und vor der Rückkehr der Akteure in die Runde zu einem gemeinsamen Ergebnis zusammengeführt. Mit diesem Prozess der Zusammenführung von Ergebnissen zweier Halbgruppen auf ein Gruppenergebnis wird die Verständigung der Positionen der Akteure symbolisch vorweggenommen.

Feedback der Akteure

Das Feedback der Akteure wird in zwei Schritte gegliedert: Beide Akteure kehren zurück in die Gruppe und geben nacheinander ein Feedback an die Gruppe: „Wie ist es mir ergangen, was hat mich bewegt, was hat mich erreicht, was habe ich verstanden?"

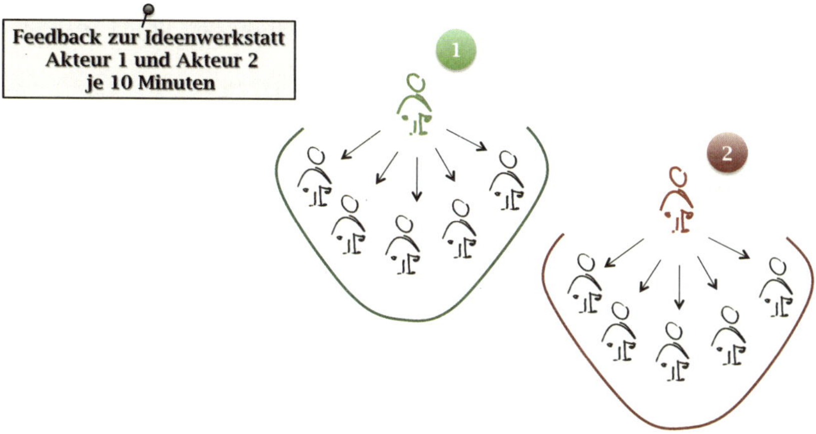

Abb. 50: Zweiseitiges Feedback an die Gruppe

Danach wird in einem zweiten Schritt erstmalig eine dialogische Situation zwischen beiden Akteuren hergestellt: „Was kann ich an deiner Position jetzt anders sehen, was habe ich verstanden über die Dynamik zwischen uns, welchen Beitrag habe ich selbst dazu beigetragen, um die Konfliktenergie aufrechtzuerhalten?“ Dieser Dialog wird durch den Moderator oder einen Coach aus der Gruppe moderiert, mit den Mitteln des Paraphrasierens oder des Doppelns werden die Aussagen der Akteure einer emotionalen Vertiefung zugänglich gemacht.

Abb. 51: Feedback im Dialog der Akteure

Dann kommt die Prozessreflexion mit der Leitfrage: „Wie hat sich der Konflikt der Akteure hier in der Gruppe ereignet und gespiegelt?“ Die Gruppe bringt ihre Beobachtungen zum Prozess ein und die beiden Akteure hören zunächst zu, um dann auch ihre Wahrnehmungen zu sagen.

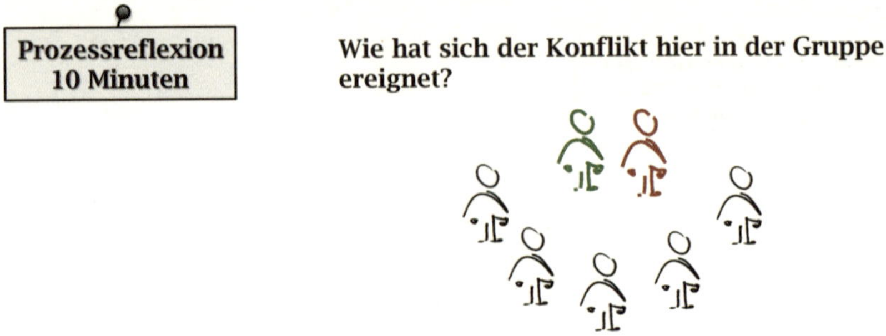

Abb. 52: Prozessreflexion zur Konfliktklärung

Den Abschluss bildet eine Verabredung der beiden Konfliktparteien, die sich auf die nahe Zukunft bezieht, es werden direkte Schritte zum Transfer vereinbart. Dabei sind die Coachs soziale Zeugen und können Hilfestellungen anbieten. Diese Form des KTCs kann sehr ergreifend für alle Beteiligten sein, sie haben die Auflösung von Verhärtungen erlebt und konnten die Veränderung zwischen den Akteuren atmosphärisch spüren, nicht selten erfasst die Coachs ein Gefühl von hoher Wirksamkeit und Zufriedenheit und die Akteure empfinden tiefe Dankbarkeit für die Protagonisten ihrer eigenen Konfliktanteile.

7.4 KTC in der Teamentwicklung

Die Methode des KTC eignet sich auch zur Teamentwicklung eines real existierenden Teams. Ein Team, das sich in einer Krise befindet, in dem das Klima der Zusammenarbeit nicht mehr stimmt, wo unterschwellige Spannungen wirken, kann sich mit den üblichen kommunikativen Werkzeugen nicht mehr helfen. Es sucht nach einer Bearbeitungsmöglichkeit, die alle beteiligt und die zu einer Verbesserung der Ausgangssituation führt. Die Methodik des KTC ist hier besonders gut geeignet, weil es die Verantwortung und Beteiligung aller zur Voraussetzung der Arbeit braucht. Wie kann das Ziel gelingen?

Die Grundlogik des KTC-Ablaufs wird beibehalten mit der Besonderheit, dass die Coachs ihre eigene Teamsituation beraten, sie nehmen eine konstruktive Distanz zur eigenen Situation ein: Alle Teammitglieder sind zugleich Akteure und Coachs. Die Rollen des Moderators, Schreibers und Prozessbeobachters werden von einem Moderator oder Berater, der die Gruppe begleitet, in Personalunion wahrgenommen.

Bilder unserer Teamsituation

Die subjektive Konstruktion von Wirklichkeit bildet den Ausgangspunkt der gemeinsamen Arbeit. Jedes Teammitglied zeichnet ein individuelles Bild mit der Überschrift „Mein Bild von unserem Team". Jeder findet für seine Zeichnung seine spezifische Symbolik, seinen eigenen Ausdruck, um diese Aufgabe zu erfüllen, das können Landschaften, Tiere, Pflanzen, Fahrzeuge, Figuren, Farben oder Formen sein, mit denen er die Besonderheit der gegenwärtigen Teamsituation ausdrückt. Während dieser Phase sollten die Akteure nicht miteinander sprechen, sondern sich ganz auf den bildhaften Ausdruck ihrer eigenen Wahrnehmung zur Situation im Team konzentrieren.

Die Konferenz der Coachs

In der beginnenden „Coach-Konferenz" werden alle Bilder der Reihe nach betrachtet. Der jeweilige Urheber des Bildes beteiligt sich an der Besprechung seines Bildes nicht, sondern nur bei den Bildern der anderen Kollegen. Die Eindrücke, Assoziationen, Reaktionen und Vermutungen aus der Gruppe werden vom Berater für jedes Bild mitgeschrieben. Der Berater hat die Möglichkeit, die Hypothesenbildung durch konkretisierendes Nachfragen präziser auf das Team zu beziehen. Nachdem alle Bilder betrachtet und die Resonanzen dazu gesagt wurden, werden sie aufgehängt oder auf dem Boden ausgebreitet. Die Coachs wandern herum und lassen sich vom Gesamteindruck der Bilder erfassen und ergreifen, sie spiegeln die eigene erlebte Realität wider. Diese Phase ist analog zur Konferenz der Coachs zu verstehen, es werden die wiederkehrenden Symbole und Elemente aus den Bildern benannt und aus der „Draufsicht" auf das Ganze werden Eindrücke und Hypothesen für das Team formuliert.

Unser kollektives Schlüsselthema

Diese Phase dient der Verdichtung des Teamthemas zum Schlüsselthema: „Worum geht es im Kern in diesem Team?" Die Stille beim Betrachten kann etwas Besonderes, fast Feierliches haben, da von den Coachs meist Wahrheiten zur Situation ausgesprochen wurden, die bisher in dem Team tabu waren. Jedes Teammitglied sieht in den Bildern und den dazu gesagten Facetten seine eigene Wirklichkeitskonstruktion bestätigt und zugleich nimmt er ganz andersartige Wahrnehmungen auf. Durch den Abstand des Stehens und des Umhergehens besteht die Möglichkeit zur distanzierten Perspektive auf die eigene Situation, angereichert durch die Hypothesen und Resonanzen aus der Konferenz der Coachs. Die Formulierung des Schlüsselthemas bündelt die Ergriffenheit dieser Situation und bringt sie sprachlich auf den Punkt. Wenn der Schlüsselsatz stimmt und von den Beteiligten als stimmig empfunden wird, macht sich in dem Team eine gelöste, manchmal fast euphorische Stimmung breit.

Lösungs-Brainstorming für die Teamsituation

Dann ist der Weg frei für ein Lösungsbrainstorming, hier hilft eine leicht verfremdete Perspektive auf die gemeinsame Situation: „Was würden wir diesem Team empfehlen, wenn wir es beraten würden, was sollte es für seine Entwicklung tun, wie kann es seine Ressourcen besser entfalten, wie kann es das Schlüsselthema umsetzen?“ Der Moderator schreibt alle benannten Ideen mit. Die Formulierung der Leitfragen mit einem „wir“ bringt das Team in eine gemeinsame Verantwortung für Lösungsperspektiven, es ist auch die Vorwegnahme der Erfahrung gelungener Zusammenarbeit. Durch diese Verfremdung und Distanzierung zur eigenen Situation können sich unerwartete Wendungen eröffnen, es werden Bereitschaften sichtbar, die sonst keinen Ausdruck gefunden haben. Das Team erlebt sein ungelebtes Potential.

Unser Arbeitsprozess

Die Prozessreflexion wird mit der Frage an die Gruppe eingeleitet: „Wie haben wir hier zusammengearbeitet, was war anders als in unserer sonstigen Zusammenarbeit, was hat sich von unserer Realität hier gespiegelt, was haben wir wie eine Vorwegnahme von möglicher Zukunft erlebt, welche Ressourcen haben sich gezeigt?“ Das Team kann mit der Prozessreflexion die unerwartet sichtbar gewordenen und schon verloren geglaubten Stärken der Zusammenarbeit erkennen. Das löst häufig ein Gefühl der Erleichterung aus, sich nicht getäuscht zu haben und nun eine neue Perspektive zu haben.

Den Abschluss bildet eine Transfervereinbarung im Team: „Wer hat mit wem was zu klären, was stellen wir ab sofort ein, womit beginnen wir sofort, was werden wir entwickeln, wer macht was?“ Durch die Dynamik der Öffnung und der Erfahrung von Kooperation und Verständigung sind hier konkrete Beiträge gefragt und möglich. Diese Vereinbarung sollte möglichst von allen unterschrieben werden als ein sichtbares symbolisches Zeichen des Einverständnisses und der Verbindlichkeit. Ein fester Bestandteil am Ende eines Team-Workshops sollte eine Vereinbarung darüber sein, sich nach zwei bis drei Monaten zu treffen und den Stand der gelebten Umsetzungen gemeinsam zu bilanzieren.

7.5 Bilanz-KTC einer Gruppe

Eine Gruppe blickt zurück auf ihren Anfang, in einer Phantasiereise sind alle an ihren Stationen vorbeigekommen, haben die Spannung des Anfangs erlebt, die Intensität des ersten KTCs, die Krisen-KTCs, die Auseinandersetzung mit äußerer und innerer Realität. Sie haben sich Zeit genommen, ihre inneren Bilder auf Blätter zu bringen. Jetzt sitzen sie in ihrer Runde zu sechst und legen die Reihenfolge fest. Einer beginnt: Er benennt zuvor einen aus der Runde als „Potentialerkenner“ und einen als „Chancensucher“. Der Potentialerkenner achtet auf alles, was sich als Fähigkeit gezeigt und entfaltet hat. Der Chancensucher richtet den Blick auf das, was noch nicht sichtbar ist aber potenziell möglich wäre. In Verbindung mit Szenen der entstehenden Zukunft kommen Szenarien in den Blick. Der Chancensucher zeigt Möglichkeiten, er verfügt über das Talent, aus Schwächen Stärken zu machen, über die Subjektivität die Autonomie zu stärken und positiv zu denken. Das Bilanz-KTC nimmt seinen normalen zeitlichen Verlauf von einer Stunde.

- „Selbstevaluation"
  Der Akteur beschreibt seine Auseinandersetzung mit Situationen, Anforderungen, Zwickmühlen und Chancen.
- „Be-Gutachtung und Konferenz"
  Die Gutachter blicken fokussiert auf die Potentiale einerseits und die Chancen, die bislang noch zu wenig genutzt waren andererseits, die Teilnehmer ergänzen ihre Eindrücke.
- „Laudatio"
  In der Laudatio klingt eine Würdigung an. In wertschätzenden Worten wird der Spannungsbogen der Entwicklung gezeigt. Im Gegensatz zum Schlüsselthema wird in der Laudatio der Spannungsbogen nachgezeichnet: Ein analytischer Geist und kluger Diplomat häutet sich und entdeckt den Kämpfer, der gestalten und verantworten will. Die Laudatio mündet in das Werte- und Entwicklungsquadrat und enthält Chancen, Impulse und Entschiedenheiten.
- „Werte- und Entwicklungsquadrat"
  In der Ausarbeitung und skalierenden Reihung der Attribute, der Zuschreibungen und Beobachtungen entsteht eine komplementäre, durch Werte bestimmte Polarität.
- „Entwicklungsideen"
  Brainstorming von Ideen, Act-storming von konkreten Anregungen, Durchspielen von Botschaften, Probehandeln, Visionen Kontur geben.
- „Feedback"
  Der Akteur kommt zurück und spiegelt sich im Prozess und in den Ideen.

7.6 Erlebnis aktivierende Methoden im Anschluss an ein KTC

Es liegt nahe, mit dem Akteur direkt im Anschluss an das KTC in einer Aktivierungsphase an seinen konkreten Umsetzungsmöglichkeiten zu arbeiten. Diese Phase kann von einer halben bis zu einer Stunde dauern. Die aktuellen Eindrücke und Erkenntnisse sind für ihn und die Gruppe auf hohem Prägnanzniveau verfügbar, der Akteur ist emotional durchlässig und motiviert, seine Situation aktiv zu bewältigen. Bei vorhandener Bereitschaft zu einem vertiefenden Training wird der Berater direkt im Anschluss an das KTC die Vorschläge aus der Ideenwerkstatt mit dem Akteur besprechen und die einzelnen Vorschläge auf ihre Praktikabilität und Relevanz für den Akteur und seine Situation sichten. Möglichkeiten der Erlebnisaktivierung für den Akteur werden hier kurz beschrieben.

Manchmal zögert der Akteur bei einzelnen Anregungen aus der Ideenwerkstatt, weil ihm die konkrete Umsetzung nicht vorstellbar ist. Wenn etwa ein empfohlenes schwieriges Gespräch von ihm eine besondere Kommunikationskompetenz erfordert, kann er genau diesen Dialog simulieren mit anschließendem Feedback aus der Gruppe.

Real-Dialog simulieren, Kurzablauf
Der Akteur identifiziert zunächst seinen Gesprächspartner für diesen Dialog und klärt sein Ziel oder sein Anliegen für das Gespräch. Er wählt sich aus der Gruppe eine Person aus, die sein Gegenüber stellvertretend simulieren kann, er „impft" seinen Gesprächspartner kurz über dessen Haltung und Rolle. Dann beginnt ein realer Dialog zwischen beiden, die Gruppe beobachtet ihn und gibt im Anschluss dazu Rückmeldung zu seinem Kontakt- und Kommunikationsstil und wie das vorher genannte Ziel verwirklicht wurde.

Varianten:
- Act-Storming: Teilnehmer der Gruppe nehmen im Wechsel den Platz und die Rolle des Akteurs ein und bieten ihm dadurch verschiedene Modelle und Verhaltensalternativen an.
- Der Akteur tauscht mit dem Gegenüber und erfährt durch den Perspektivwechsel dessen Beweggründe am eigenen Leibe.
- Der Akteur spricht zu einem „leeren Stuhl", indem er die dort sitzende Person imaginiert und dann durch einen Stuhlwechsel auf den „leeren" Stuhl dessen Antworten selbst formuliert. Oft findet der Akteur dabei Wendungen, die für ihn selber überraschend sind.
- Zwei Teilnehmer aus der Gruppe führend den Dialog, der Akteur beobachtet das Vorgehen und die Gesprächsdynamik.

Arbeit mit zwei Stühlen
Wenn der Akteur sich bei einer anstehenden Entscheidung nicht klar ist, welcher der beiden Optionen er den Vorrang geben soll („Soll ich die Stelle wechseln oder lieber bleiben?"), bietet sich die „Arbeit mit zwei Stühlen" zur Selbstklärung an. Dieses Vorgehen kommt aus der Gestaltmethodik und hilft bei der Klärung widerstreitender, innerer Seiten oder bei Ambivalenzkonflikten. Die innerliche seelische Arbeit des Akteurs wird sichtbar und kann in Worte gefasst werden.

Die beiden Möglichkeiten werden symbolisch je einem Stuhl zugeordnet. Der Akteur führt den Dialog mit beiden Seiten indem er sich abwechselnd immer auf den Stuhl setzt für den dieser steht. Der Akteur formuliert auf Stuhl „A" ausschließlich seine Haltungen und Argumente, die dafür sprechen und auf Stuhl „B" alles, was dagegen spricht. Der Berater unterstützt ihn in dieser Selbst-Exploration und sorgt dafür, dass die Aussagen immer auf dem entsprechenden Stuhl trennscharf erfolgen. Auf diese Weise kann es zu häufigerem Wechseln zwischen den beiden Stühlen kommen, bis alle Aspekte ausgesprochen sind. Dann wird der Akteur aufgefordert aufzustehen und sich aus der Metaperspektive die lebendig gewordenen beiden Seiten anzuschauen. Meist ist ihm dann klar, wie sein Weg aussehen kann.

Als Variante wird die Gruppe in zwei Hälften aufgeteilt. Jede Hälfte übernimmt stellvertretend eine Seite zu der Fragestellung und spricht alle Gründe aus, die ihnen dazu assoziativ in den Sinn kommen. Der Akteur bekommt dadurch eine gründlichere Ausleuchtung seiner Situation und kann dann leichter Rationales von Irrationalem trennen.

Zukunftsszenario
Wenn der Akteur Schwierigkeiten hat, sich eine Vorstellung von seiner Zielsituation zu machen, kann die Gruppe sein Zukunftsszenario wie in einem Theaterstück für ihn inszenieren. Er schaut aus der Beobachterperspektive zu, um durch die szenische Vorstellung seiner künftigen Situation Energie zur Realisierung zu bekommen.

Ein Akteur hat beispielsweise vor, sein gut zusammenarbeitendes Team um ein neues Mitglied zu erweitern, ist sich aber unsicher, wie die vorhandenen Mitglieder darauf reagieren werden. Aus den Teilnehmern der Gruppe wird zunächst das bestehende und später das künftige Team zusammengesetzt, die unterschiedlichen Typen werden charakterisiert und in eine Diskussion über die bestehende und neue Konstellation gebracht.

Varianten zu diesem Beispiel:
- Das bestehende Team spricht über die bevorstehende Veränderung.
- Einzelne Personen nehmen aus ihrer Sicht Stellung.
- Im Zeitraffer trifft das neue Team ein Jahr später zusammen und hält Rückschau, wie sich die neue Konstellation bewährt oder nicht bewährt hat.
- Das neue Teammitglied wird befragt, wie es sich in diesem aufgenommen fühlt.

Alles geschieht im Modus der stellvertretenden Rollenwahrnehmung und gibt dem Akteur eine Anschauung von den potenziellen Reaktionen auf sein Vorhaben. Er bleibt dabei Zuschauer und kann auf diese Weise deutlichere Informationen über die Auswirkungen der geplanten Veränderung gewinnen.

„Griechischer Chor“
Der Akteur benennt die Hauptstimmen seines Inneren Teams, die sich zu einer anstehenden Entscheidungssituation melden, und ordnet je eine Stimme und deren Kernaussage einem Coach zu. Danach stellt der Akteur sich in die Mitte und schließt die Augen. Die Coachs stellen sich um ihn herum, der Berater „dirigiert“. Zunächst leise, fast flüsternd, sagen die Rollenträger nacheinander langsam ihren Satz, dann werden sie pro Runde lauter und schneller, bis alle gleichzeitig sprechen, der Berater reguliert durch Blickkontakt Lautstärke und Tempo. Dann wird der Akteur gebeten, einzelne Stimmen zum Schweigen zu bringen, diese treten zurück, bis noch die Stimmen übrig bleiben, die ihm wichtig sind und die er hören mag. Mit diesen Stimmen tritt er dann einzeln in einen kurzen Dialog und schließt mit ihnen einen Kontrakt über die Zukunft.

Diese beispielhaft genannten Methoden sind erlebnisaktivierende Vorgehensweisen, die zu einer emotionalen Erfahrung und damit einer Verankerung im sozialen Inventar führen. Der kreativen Professionalität sind kaum Grenzen gesetzt, dem Akteur nach der Prozessreflexion „seine“ Umsetzungsaktivierung anzubieten.

8. Bezugstheorien: Acht Pfade der Erkenntnis

„Die Wahrheit kann man nicht beschreiben, nur erfinden."
(Max Frisch)

Die Methodik des Kollegialen Teamcoachings einschließlich differenzierter Indikationsstellungen und spezieller methodischer Formen ist in den letzten drei Kapiteln hinreichend präzise expliziert und ausgeführt worden. Bevor wir jetzt zu Ergebnissen des KTCs und KTC-Interventionen übergehen, werden wir hier in einer Synopse die Bezugstheorien des KTC und die daraus abgeleiteten Prinzipien darstellen.

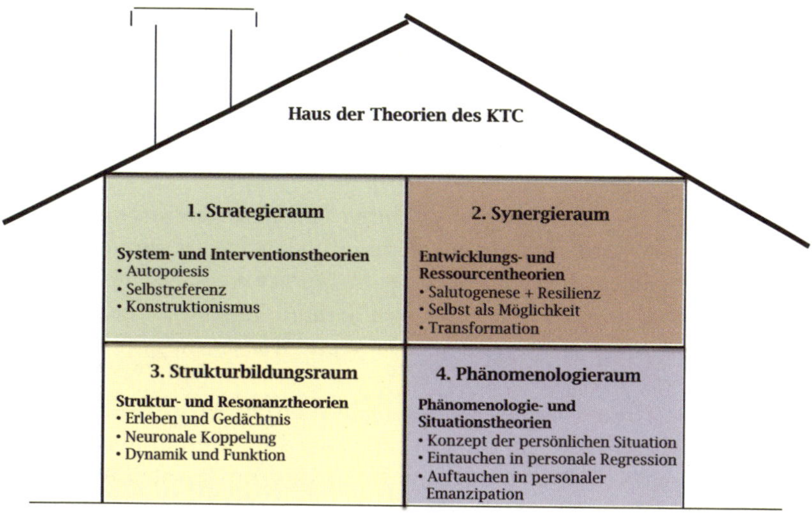

Abb. 53: Vier Räume im Haus der Bezugstheorien

Das KTC hat sich als Methodik in Verbindung zu unterschiedlichen Bezugstheorien entwickelt. Wenn wir hier das integrative Riemann-Schley-Modell zugrunde legen, können wir vier Räume unterscheiden, in denen die Bezugstheorien zu Hause sind:

- Wir finden in diesem Haus die System- und Interventionstheorien unter dem Dach. Sie sagen uns etwas darüber, wie Systeme definiert sind, welche Eigenschaften sie haben und wie sie gesteuert werden können. Hier geht es um die Unterscheidung von System und Umfeld, Selbstreferenz und Intervention. Wir haben sie im Strategieraum zusammengetragen.
- Des Weiteren differenzieren wir Entwicklungs- und Ressourcentheorien, die uns Auskunft geben über die Dynamik, die Prozesse und die Triebfedern des

Wandels hin zu größerer Qualität, Reife und Leistung. Im Synergieraum thematisieren wir Fragen der Veränderung, des Wachstums und der Transformation. Hier sind wir in der Welt der Möglichkeiten, Potentiale und Ressourcen.

- Im Untergeschoss finden wir den Raum der Struktur- und Resonanztheorien. Hier werden systematische Gesetzmäßigkeiten des Erlebens, der Erinnerung, der Motivation sowie die ihnen zugrunde liegenden Theorien der neuronalen Koppelung und Plastizität des Gehirns zusammengetragen. Der Raum enthält die Themen der Strukturbildung, die Prinzipien der Resonanz, der Synchronizität und der zeitlichen Rhythmen.
- Die Fragen des Erlebens, Wahrnehmens und die Funktionen des Subjekts in der Gestaltung von Konstanz und Identität haben wir dem Phänomenologieraum zugedacht. Er reflektiert auch die Dynamik des Ein- und Auftauchens im Wechselspiel zwischen Regression und Emanzipation. Das Lernen aus der entstehenden Zukunft und der Prozess des Öffnens im Denken, Fühlen und Handeln im Zusammenhang mit der Grammatik des sozialen Feldes gehören hier hinein.

Diese Räume sind Theoriewelten subjektiver Erkenntnisbildung, die einander ergänzen und insgesamt als Haus ein differenziertes Ganzes bilden. So behandeln wir darüber die Fragen der Struktur und Konstanz genauso wie die der Wandlung und Transformation. Den Themen des Erlebens und Öffnens für Gedanken, Gefühle und Wollen stellen wir die Fragen der Autonomie und Selbstreferenz entgegen.

„Nicht alle, die etwas zu sehen glauben, haben die Augen offen; und nicht alle, die um sich blicken, erkennen auch, was um sie herum und mit ihnen geschieht.
Einige fangen erst an zu sehen, wenn nichts mehr zu sehen da ist. Erst wenn sie Haus und Hof zu Grunde gerichtet haben, beginnen sie, umsichtige Menschen zu werden. Zu spät hinter die Dinge zu kommen, dient nicht zur Abhilfe, wohl aber zur Betrübnis." (Gracián, in: Hüther 2005, 127)

Das Kollegiale Teamcoaching ist eine Methodologie, der sozialwissenschaftliche Theorien zugrunde liegen. Diese Theorien werden in Form von acht Pfaden der Erkenntnis ausgeführt und jeweils in Bezug zu den relevanten Ableitungen gesetzt, die daraus für die Praxis des KTCs gezogen werden.

8.1 Erster Pfad der Erkenntnis: Die Phänomene und Wirkung der Resonanz

Was erklärt die nachhaltige Wirkung der Interaktionen in einer KTC-Gruppe am stärksten? Wie gelingt es, in einer Person Erfahrungen und Wirkungen anzustoßen, die diese Person bewegen, ihr Denken, Fühlen und Handeln zu überprüfen und in konkreten Lebenssituationen zu verändern? Längst ist deutlich, dass dieser Prozess kein Prozess der Einsichtsbildung auf rationaler Ebene allein ist, vielmehr spielen Phänomene eine Rolle, die sich als feinstoffliche Qualitäten und als Schwingungen, Resonanzen, Empfindungen am eigenen Leib zeigen.

Abb. 54: Operationale Geschlossenheit und kommunikative Offenheit

Systeme sind gekennzeichnet durch eine paradoxe Grundaussage. Sie werden charakterisiert als operational geschlossen und kommunikativ offen. Viele Phänomene in Führungssituationen, Erziehungszusammenhängen, Debatten, Interaktionen in Gruppen zeigen, dass Appelle, Verhaltensaufforderungen und Ratschläge nur dann Wirkung erzeugen, wenn sie in dem Empfänger der Botschaft eine Resonanz erzeugen. Das Phänomen dieser Resonanzbildung ist Gegenstand der Resonanztheorie und unser erster Pfad der Erkenntnis führt zu den Phänomenen der Resonanzerfahrung. „Ich erlebe am eigenen Leibe, was und wie ein anderer erlebt." Eine Schilderung eines Zahnarztbesuchs mit unangenehmer Kieferbehandlung, die Beschreibung eines eingeklemmten Daumens in einer zugeschlagenen Tür, die Schilderung eines berührenden Erlebnisses, das Mitfiebern bei einer Prüfung, die gar nicht ich selbst zu bestehen habe, um einige Beispiele zu nennen, führt zu spiegelbildlichen körperlichen Phänomenen bei den Zuhörern. Obwohl sie selbst nicht in die Zahnbehandlung oder die Unglückssituation mit dem Daumen verwickelt waren, fühlt es sich an, als ob sie dieses Erleben selbst am eigenen Leibe erfahren hätten. Dieses eigenleibliche Spüren erlaubt ein tieferes Verstehen, vermittelt es doch zugleich die affektive Betroffenheit, das Niveau der Regression bzw. Emanzipation.

Cramer (1998) legt mit der „Symphonie des Lebendigen" den Versuch einer allgemeinen Resonanztheorie vor. Seine Grundaussage: „Aus diesem Sachverhalt ergibt sich eine völlig neue Sichtweise über die Zusammenhänge in dieser komplexen Welt: Schwingende Systeme können unter geeigneten Bedingungen miteinander in *Resonanz* treten. *„Resonanz ermöglicht Ganzheit." (Cramer 1998, 9)*

Die Resonanz sei der Mechanismus, um Ganzheit herzustellen, um komplexe, in sich rückgekoppelte Strukturen zu verstehen, denn diese halten durch Resonanz zusammen. Voraussetzung ist allerdings, dass die einzelnen Komponenten des Systems schwingen oder zumindest schwingungsfähig sind.

Die Fähigkeit zur Resonanz ist Voraussetzung der Empathie. Damit wird die Kompetenz des einfühlenden Verstehens beschrieben. Wir sind in der Erziehung, in der Freundschaft, in der Psychotherapie, in der Teamarbeit und in vielfältigen Kooperationen in der Lage, eine Situation vom anderen her zu sehen und zu verstehen. Die Empathie korrespondiert mit dem Perspektivenwechsel.

Erkenntnisse des ersten Pfads:
Fähig werden zur Empathie und Selbstempathie, sich öffnen für die weit gespannten Möglichkeiten der Intuition und bereit sein zur Resonanz. Damit erschließen sich Potentiale der resonanten Führung, des dialogischen Mitgehens und der kreativen Arbeit in fließenden schöpferischen Prozessen mit hoher Energie in positiver Qualität.

8.2 Zweiter Pfad: Die Wende zur Salutogenese

> *„Die Faktoren, die zu einem Problem geführt haben, sind nicht identisch mit den Ansätzen zu seiner Lösung."*
> *(Einstein)*

Unser abendländisch geprägtes Denken in linearen Modellen, kausalen Erklärungen und kategorialen Entscheidungen in Ursachen und Wirkungen bestimmt noch immer die Strukturbildungen subjektiver Wirklichkeit. Daraus resultiert der Fehler, die Schuld, das Versagen und daraus hervorgehend die Wiedergutmachung, das Bestreben der Besserung, der Wunsch, die Dinge fehlerfrei zu machen und Probleme zu beseitigen.

Um die Gründe für ein Erleben zu verstehen, wurden ätiologische Konzepte verwendet, die sich auf Fragen nach Entstehungsbedingungen (Ätiologien) beziehen:

- „Wie lange besteht das Problem bereits?"
- „Wann hat es sich zum ersten Mal gezeigt?"
- „Was haben sie bisher zu seiner Lösung unternommen?"
- „Wie hat sich das Problem entwickelt? Ist es stärker geworden?"
- „Hat es sich ausgebreitet?"

Die Orientierung an Definitionen, Pathologien und Anamnesen zu Krankheitsbildern bestimmt das medizinische Denken und hat in der Folge zu Therapiekonzepten geführt, die bei Ursachen ansetzen, Biographien aufarbeiten und Defizite kompensatorisch behandeln. Im Kern blieb jedoch der Gedanke des Subjekts: „Ich bin ein Problemfall und behandlungsbedürftig. Ich habe ein Stigma."

Ohne die Leidensqualitäten von Menschen in Beziehungs-, Entwicklungs- und Strukturkrisen mindern zu wollen, scheint es dennoch an der Zeit, den Perspektivenwechsel zu wagen. Probleme, Defizite, Versagen und Schwächen gehören der Lehre von der Pathologie an, diese finden sich einer großen Zahl von Handbüchern, Diagnostikmanualen und Klassifikationssystemen. Der Mensch wird dabei zum Fall und Problem selbst. Er wird zum Objekt der Behandlung. Wie soll er dann zur Lösung beitragen?

Das KTC stützt sich auf ein Denken in Ressourcen. *Antonovsky (1997)* hat dazu die Konzeption „Von der Pathologie zur Salutogenese" als Lehre von der Entstehung und Aufrechterhaltung gesundheitsförderlicher Qualitäten und Bedingungen ausgearbeitet und vorgelegt. Sie stärkt die aktive Rolle eines Akteurs und schreibt ihm die Fähigkeit und Verantwortung zur Gestaltung seiner subjektiven Wirklichkeit und der Folgen seiner mentalen Modelle und subjektiven Konstrukte zu.

Die Erforschung der Resilienz, der Bewältigungskompetenz von Menschen in belastenden, lang dauernden, plötzlichen oder anderweitig schwierigen Verhältnissen und Konfliktkonstellationen hat neue Erkenntnisse gebracht. Es sind Fragen der Bewertung, der Beeinflussbarkeit und Urheberqualität, die das Denken, Fühlen und Handeln in eine eher aktive und initiative oder eine passive und resignative Qualität verwandeln. Im KTC geht es gezielt darum, die protektiven Faktoren zu identifizieren und diese zu aktivieren.

Antonovsky selbst unterscheidet in seiner Theorie der Salutogenese drei Faktorenbereiche, die eine der Resilienz förderliche Haltung ausmachen:

- Verstehbarkeit (comprehensibility)
- Bewältigbarkeit (manageability)
- Sinnhaftigkeit (meaningfulness)

„Was unsere Seele stark macht!", könnten wir mit einer journalistischen Formulierung fragen; die Resilienz wurde 2009 journalistisch entdeckt und publik gemacht.

Die Forschung hat neue und überraschende Erkenntnisse hervorgebracht. Menschen in vergleichbarer Lebenslage erleiden nicht dasselbe Schicksal. Geschwister in Multiproblemfamilien können daraus ganz unterschiedlich als Geschwächte oder Gestärkte hervorgehen. Die Herausbildung ihrer subjektiven Lebensziele und Weltsichten ist ein persönlicher Prozess der Chancen und Risiken.

Salutogenese und Selbstwirksamkeit

Menschen erleben sich gestärkt, ermutigt, akzeptiert, angespornt und autark, wenn es ihnen gelingt, selbstgesetzte Ziele zu erreichen. Die Selbstwirksamkeitsforschung hat dazu wichtige Erkenntnisse geliefert. Wenn ein Ziel bedeutsam, erreichbar und im aktuellen Kontext relevant ist, hat es größere Chancen, auch realisiert zu werden. Im Kollegialen Teamcoaching geschieht deshalb mit der Formulierung des Schlüsselthemas eine attraktive und inspirierende Zielformulierung. Motivation und Selbstbewusstsein sind eine Folge von Urhebererlebnissen, die gleichzeitig Identifikation und Identität hervorbringen. Demgegenüber sind schwächende in schöpferische Kräfte zu verwandeln:

- Irrationale Annahmen:
  „Wenn ich meine Kritik offen und direkt äußere, werde ich ausgestoßen"
- Überhöhte Ansprüche:
  „Ich darf mir keine Fehler erlauben, ich muss den Ansprüchen und Forderungen genügen."
- Externalisierung von Ursachen:
  „Entschieden werden diese Fragen an ganz anderer Stelle, darauf habe ich und haben wir ja gar keinen Einfluss."

- Gelernte Hilflosigkeit:
  „Ohne Unterstützung könnte ich gar nichts schaffen."
- Negative Einschärfungen:
  „Du bist ein Versager, du schaffst es nicht und kannst es nicht."

Ein Umdeuten in positive Kontexte ist das zentrale Bestreben der KTC-Konzeption. Die Energietransformationen sind das Herzstück der Arbeit, es ist die Methode zur Nutzung riskanter Chancen.

Erkenntnisse des zweiten Pfads:
Fähig werden zur verantwortlichen Gestaltung des eigenen Lebens im erweiterten Verstehen von Gesundheit als psychisches, soziales und somatisches Geschehen. Belastbar werden ohne schwer zu sein, kraftvoll auftreten, ohne starr zu wirken, Lebenssituationen vom Aufforderungsgehalt her verstehen und annehmen. Ja sagen zu den Gegebenheiten des Lebens und initiativ werden.

8.3 Dritter Pfad: Systemisches Denken und der Umgang mit Paradoxien

> *„Aller Wandel ist widersprüchlich, daher ist der Widerspruch das Wesen der Veränderung."*
> *(Heraklit, in: Watzlawick 2001)*

„Wilfried hat sich verändert", behauptet Michael. „Er ist ernster geworden und konsequenter." Aber, er ist immer noch Wilfried und nicht Paul oder Peter. Er ist noch derselbe, obwohl er in der Wahrnehmung ein anderer ist. Diese und andere Paradoxien sind Gegenstand der Logik oder Metalogik der Systemtheorien.

- Wie hängen individuelle, soziale und gesamtsystemische Veränderungen zusammen?
- Wie verändert sich ein Gesamtsystem, wenn sich einzelne Elemente verändern?

Wechsel und Wandlung sind an Konstanz und Identität gebunden. Eine Person oder ein System haben einen Gestaltwandel erlebt und sich verändert. Diese Aussage benötigt einen Beobachter, von dessen Standpunkt aus diese Aussage zutrifft. Wenn wir systemisch denken, denken wir in sprachlichen Konstrukten von Wirklichkeit und in Reflexionen dieser Konstrukte. So unterscheiden wir Methoden von Methodologien, einen „Begriff der nächst höheren logischen Stufe." *(Watzlawick 2001)*

Watzlawick erlaubt uns in seinem Buch „Lösungen" *(2001)*, Veränderungen in Form von Analogien zu denken. So benutzt er die Metapher des Autofahrens, um eine Veränderung der Leistung *innerhalb* eines Bereichs (Beschleunigung) als Betätigung des Gaspedals zu kennzeichnen und für den Fall einer notwendigen Leistungssteigerung *außerhalb* des Bereichs einen Gangwechsel vorzunehmen. Gangwechsel und Gasgeben sind Phänomene von unterschiedlichem Typenwert in seiner Systemtheorie.

Veränderungen können demnach einmal als Veränderung von einem Zustand in einen anderen beschrieben werden, z. B. von intensiver Beschäftigung zu entspannter Ruhe, und weiters als Veränderung des Kontextes, als Aussteiger aus dem Stress des Berufslebens, als Wechsel zu einem Engagement in einer gemeinnützigen Initiative. Dann sprechen wir von einer Transformation, einem Gestaltwandel.

Das KTC arbeitet im Prozess des dialogischen Herausarbeitens von Schlüsselthemen und Durchbruchszielen an Transformationen. Die Methodik richtet sich auf die Wandlungsfähigkeit des Gesamtsystems am Übergang von einer Phase zu einer nächsten, von einer Entwicklungsstufe zu einem höheren Reifegrad.

Watzlawick schlägt vor, von Veränderungen 1. Ordnung zu sprechen („Gas geben"), wenn es sich um die Verbesserung eines Zustands innerhalb eines Bereichs oder Kontextes handelt, und von einer Veränderung 2. Ordnung („Gang wechseln"), wenn sich der Kontext selbst als Ganzes wandelt und das System selbst einen Wandel vollzieht.

Eine Gruppe junger Unternehmer in einer Start-up-Initiative erlebt sich als kreativ, schöpferisch und produktiv in einem ideengenerierenden Chaos aus spontanen Einfällen, Verbesserungsideen, Querdenkerimpulsen und Erfolgserlebnissen. Die Energie scheint unerschöpflich, dabei ist äußerlich wenig geregelt und die wenigen Strukturen scheinen sich eher zufällig ergeben zu haben. Einige meinen sogar, es gäbe keine. In diesem System verändert sich alles und ständig. Die Teams sind in wechselnden Zusammensetzungen tätig, leben von ihren innovativen Gedanken und würden sich als hochgradig beweglich und veränderungswillig bezeichnen. Ganz und gar nicht auf Abläufe und Planung fixiert.

Erst als der Controller, einer, der sich diese Aufgabe gegriffen hat, auf Probleme im Zahlungsfluss aufmerksam macht, eine mit Kunden eng kooperierende Spezialistin auf Reklamationen hinweist und ein ITler bemerkt, dass die Kundendatenbank viele doppelte Eintragungen enthielte, während die neu an der Messe gewonnenen Kunden noch gar nicht verzeichnet seien, und schließlich die beiden Gründer in einen offenen Disput über die Notwendigkeit struktureller Klärungen eintreten, kommt Betroffenheit auf. Das wäre dann nicht mehr mein Unternehmen, das wäre eines wie andere auch, sagen viele ganz spontan. Dafür stünden sie nicht. Das sei doch langweilig und öde. Die Krisensymptome deuten die Notwendigkeit einer Transformation an. Das Gesamtsystem ist gefordert. Ein Mehr an Spontaneität stößt auf Grenzen, die Improvisation als Quelle der Pionierzeit ist ausgereizt.

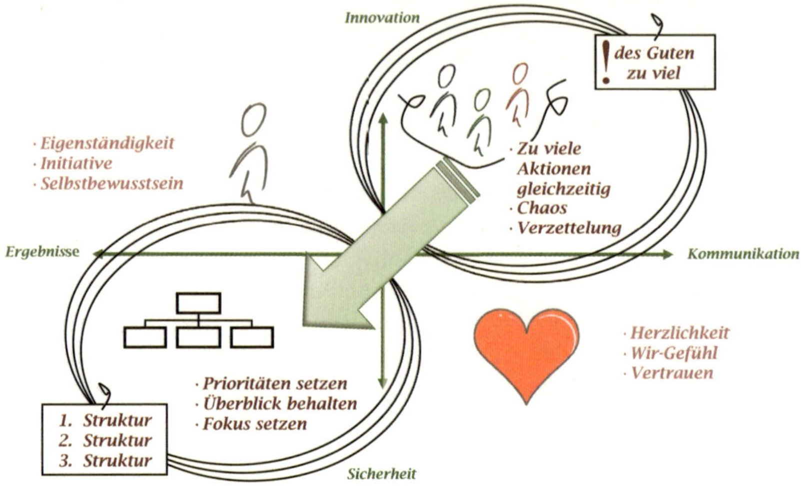

Abb. 55: Des Guten zu viel

Wie wirklich ist die Wirklichkeit?
„Wenn ich nicht weiß, daß ich nicht weiß, glaube ich zu wissen. Wenn ich nicht weiß, daß ich weiß, glaube ich nicht zu wissen.“ *(Laing, in: Watzlawick 2001)*

Was also ist wirklich und Wirklichkeit? *Von Schlippe/Schweitzer (2003)* setzen sich mit drei Kernfragen systemischer Therapie und Beratung auseinander:

- Realitätsfrage: Was ist wirklich?
- Kausalitätsfrage: Was verursacht was?
- Rekursivitätsfrage: Wie erzeugen wir soziale Wirklichkeiten?

Die zentrale Figur systemtheoretischer Betrachtung und Erklärung ist die des Beobachters. Wirklichkeit existiert im Auge des Betrachters jeweils in Abhängigkeit von einem erkennenden System. *Watzlawick* bezieht sich auf die hierarchische Struktur von Sprache, Kommunikation und Lernen, wenn er ausführt, eine Erklärung könne nur von einem Abstraktionsgrad her erfolgen, der eine Stufe höher als das zu Erklärende sei. *(Watzlawick 2001)*

Das KTC organisiert einen kollegialen Klärungsprozess, in dem es um die Beschreibungen von Betrachtern und Beobachtern geht, und in dem am Ende der Entwicklungsarbeit eine Phase der Beobachtung des Prozesses eingeführt wird. „Was sagt der Prozess in seinem Verlauf und seiner Dynamik über den Gegenstand der Bearbeitung?“ Die Prozessreflexion hebt hervor, welche Konstruktionen von Wirklichkeit in dem Entwicklungsdialog über die persönliche Situation des Akteurs eine Rolle gespielt haben, wobei die eingangs vorgenommene Situationsbeschreibung des Akteurs selbst bereits eine Konstruktionsleistung der eigenen Erfahrungswelt darstellt.

Nach *Watzlawick* existiert eine Metasprache nicht in alltäglichen Kontexten. Dementsprechend fällt es vielen schwer, auf Beobachtungen und konsensuelle

Wirklichkeitsbeschreibungen in Form metakommunikativer Dialoge einzugehen. Appelle, Aufforderungen, Instruktionen zur Änderung eines Verhaltens oder Erlebens fallen der Paradoxiefalle anheim:

- „Sei spontan! Toll, warum geht das nicht von ganz allein."
- „Trau dich! Großartig, ich habe es doch gewusst, du kannst es."
- „Sei doch mal mutig! Siehst du, es ist gar nicht schwer."

Paradoxe Aufforderungen funktionieren nur in hierarchischen Abhängigkeiten, geschlossenen Systemen und in Beziehungen gelernter Hilflosigkeit. Das KTC arbeitet dagegen auf eine Stärkung der Autarkie, des Selbstbewusstseins und die Erweiterung der Handlungsmöglichkeiten hin, also werden Optionen benannt, Alternativen beschrieben und Möglichkeiten gefunden. In Kap. 10 zeigen wird die Interventionsstrategien des KTC und die dazugehörigen Prinzipien genauer auf.

Um in einem gemeinschaftlichen Prozess Wirklichkeit zu konstruieren und konsensuelle Übereinkunft zu erzielen, die als eine aus unterschiedlichen Perspektiven, Zugängen und Konstrukten fragmentarische, plurale Wirklichkeit zu denken ist, bedarf es des Dialogs, der es erlaubt, die Unterschiedlichkeit, ja Widersprüchlichkeit als berechtigte Merkmale der gleichen Situation zuzulassen. Sollte ein KTC-Prozess den Charakter einer Debatte annehmen, kann eine Vergemeinschaftung der unterschiedlichen Wirklichkeiten nicht stattfinden. Die Konfrontation von Standpunkten führt zu einem Ringen um Oberhand zwischen Entweder/ Oder-, Richtig/Falsch- oder Gut/Schlecht-Positionen. Sprache eröffnet über den Dialog „eine besondere Qualität: die Möglichkeit der *Reflexivität*. Darin liegt ihre Chance." *(Von Schlippe/Schweitzer 2003, 97)*

Im KTC kommt dem Schlüsselthema eine besondere Rolle zu. Es formuliert die Entwicklungsherausforderung in einem Futurum II, als Gegenwärtigkeit der Zukunft in Form einer Metapher, einer Analogie oder eines Bildes. Die heraufkommende und entstehende Zukunft wird als unmittelbare Gegenwart angenommen und verinnerlicht. Sie führt in einen gedanklichen Raum der Stille, in dem der Akteur mit sich selbst in Kontakt ist und seinem Wollen nachspürt. „Was will ich?" „Was ist meine Rolle?" „Wozu bin ich da?" Diese von *Scharmer (2009)* als „Presencing" bezeichnete tiefste Stelle der Reflexion und des Eintauchens über die Öffnung des Denkens, Fühlens und Wollens ist zugleich der Wendepunkt. Von ihm aus zeigen sich Konkretisierungen und Manifestationen des Willens, indem sich Strebungen herausschälen und sich Prototypen der entstehenden Zukunft bilden. Es ist ein entdeckender Prozess in Spannung und Vorfreude auf das Entstehende. Er kommt aus dem System selbst und unterläuft so die Paradoxien der Veränderung.

Erkenntnisse des dritten Pfads:

Fähig werden zur Beobachtung von Situationen und zur Kommunikation von Wirklichkeit im Bewusstsein ihrer Konstruktion. Darüber entsteht die Fähigkeit der Meta-Kommunikation und Ko-Konstruktion in synergetischer Verbindung. Darüber werden weitere Wirklichkeiten geschaffen. Abschied nehmen von Wahrheit, linearer Kausalität, Rechthaben und herzliches Umarmen der Unterschiede, die bekanntlich Unterschiede machen.

8.4 Vierter Pfad: Veränderung als Gestaltung subjektiver Wirklichkeit

„Jedem Erleben ist eigen, daß selbstverständlich ‚ich' es bin, der im Mittelpunkt des Geschehens steht, das ich erlebe." *(Deneke 2001, 9).*

Subjektives Erleben ist Erleben in seiner Eigenart. Dieses Erleben ist ein Fließgeschehen und bildet zugleich eine komplexe, in sich unteilbare Erfahrungseinheit. Die Erinnerung an das Kennenlernen eines geliebten Menschen, die Einschulung, einen Unfall, eine besondere Begegnung auf einer Reise bilden in der Erinnerung eine „Szene", einen Moment des Geschehens, den wir vor unseren Augen ablaufen lassen können. Unser Gedächtnis archiviert diese Szenen, wir können deshalb von unserem szenischen Gedächtnis sprechen, das uns die dynamische Reproduktion solcher Geschehensabläufe erlaubt, deren Gestalt sich durch das Erzählen unaufhörlich verändert und aus dem jeweiligen aktuellen Kontext des Erzählens neu konstelliert.

Das Erleben ist eine Konstruktion von Wirklichkeit, die Bewertungen unterliegt und in Episoden gespeichert wird. Wir können diese Szenen abrufen. Sie sind allerdings nicht wie in einem Filmarchiv auf Rollen gespeichert, vielmehr wird die Szene in einer bestimmten Umgebung mit konkreten Mitspielern und einem spezifischen Verlauf jeweils neu inszeniert und sichtbar gemacht. In introspektiver Zugänglichkeit können wir uns erinnern, wobei nicht alles Erlebte in gleicher Weise voll bewusst abläuft. Alle Stufen von voller Bewusstheit bis tiefer Unbewusstheit sind nach *Deneke* denkbar.

Wir können nur Erlebtes erinnern, alles andere können wir denken, extrapolieren oder vermuten. Es geht im KTC um die von *Deneke* untersuchten spezifischen Konfigurationen aus Wahrnehmungen, Körperempfindungen, Gefühlen, Gedanken, Phantasien und Erinnerungen. Erleben ist nach *Deneke* intentional. „Zu jedem ‚Jetzt'-Zeitpunkt wollen wir etwas." *(Deneke 2001, 12)*

Unser Leben besteht aus sinnlich-anschaulichen Erinnerungsbildern episodischer Geschehnisse und Urbildern von Personen. Das ist das, was wir in Freundschaft, Liebe und Kollegialität anderen erzählen und berichten. Es sind unsere autobiographischen Erfahrungen. *Deneke (2001, 161)* bezeichnet sie als „primäre Repräsentationen oder solche erster Ordnung" und unterscheidet davon die „Repräsentationen höherer Ordnung". Dabei findet eine Zusammenfassung der Einzelerfahrungen zu Erfahrungsmustern statt. Beispiele für Muster von Bindung sind die Erkenntnisse der Bindungsforschung, die *sicher gebundene* Kinder von *unsicher-vermeidenden* und *unsicher-ambivalenten* unterscheidet.

In diese dynamischen Lebenskonstrukte fließen die übergeordneten Orientierungen, Haltungen, Werte, Lebenskonzepte und Phantasien ein. Wir werden fähig, uns zu identifizieren. „Viele episodisch-interaktionelle Erfahrungen, die wir mit einer oder mehreren Bezugspersonen gemacht haben, sind in unserer seelisch-geistigen Struktur zu Beziehungsmatrizen kondensiert worden, die nachfolgenden Beziehungen ihren spezifischen Stempel aufdrücken." *(Deneke 2001, 166)*

Die Variabilität des Erlebens als kontinuierlich sich fortschreibender Erzählprozess geht zugleich einher mit der Vorstellung der Konstanz, Kontinuität und

Kohärenz der Persönlichkeit *(Deneke 2001, 15)* und erlaubt uns als Ichperson eine Einheit mit konstanten Merkmalen und kohärenten Zuschreibungen zu sein.

Erkenntnisse des vierten Pfads:
Fähig werden zur Abstandnahme zu meiner subjektiven Wirklichkeit und Einfühlung in mich selbst, um komplexe Funktionsleistungen zu erbringen, Muster und Wesensstrukturen zu erkennen, Prägungen zu identifizieren und Musterwechsel einzuleiten. Mit gutem Gespür für Realität, einer ausgeprägten Fähigkeit zur Selbstreflexion, ausgestattet mit Flexibilität und Lernfähigkeit, versehen mit authentischer Selbstgewissheit und einem guten Maß an Integrationsfähigkeit, kann die Zukunft kommen. Alle Funktionen werden aktiviert im Sinne der Progression.

8.5 Fünfter Pfad: Neue Phänomenologie und das Konzept der persönlichen Situation

Die neue Phänomenologie von *Schmitz* betrachtet das Konzept der Situation als konstitutiv für das Erleben des personalen Subjekts und die Herausarbeitung seiner persönlichen Situation als seiner zentralen Aufgabe und Leistung. „Eine Situation überhaupt ist eine absolut oder relativ chaotisch-mannigfaltige Ganzheit, zu der mindestens Sachverhalte gehören." *(Schmitz 1990, 15)* Die persönliche Situation (*Schmitz* löst sich vom Begriff der Person) ist Ergebnis der Auseinandersetzung des personalen Subjekts im Prozess der personalen Emanzipation und Regression im Gespräch mit der primitiven, d.h. unmittelbar erlebten Gegenwart in affektiver Betroffenheit. Im beständigen Kreisprozess der Erhebung aus primitiver Gegenwart (personale Emanzipation) und des Zurücksinkens in sie (personale Regression, leibliches Betroffensein, in dem sich primitive Gegenwart als Enge des Leibes meldet) wird aus diesem Hof der persönlichen Situation geschöpft und als Niederschlag in ihn wieder eingebracht.

Die persönliche Situation wird gebildet und begrenzt durch den Hof der Bedeutsamkeit. Alles, was innerhalb dieses Bedeutungshofs liegt, ist für die persönliche Situation relevant, alles andere liegt außerhalb und ist Umfeld, Hintergrund, Kontrast. „In Wirklichkeit bezieht sich Selbstbewusstsein immer auf Sachverhalte, sogar in primitiver Gegenwart." *(Schmitz 1990, 33)* Selbstbewusstsein könnte in entfalteter Gegenwart an objektive Sachverhalte anknüpfen. „Die Einsicht *Das bin ich*, die Auffassung eines vorschwebenden Gegenstandes als Referenz einer Identität mit mir würde dann im Zusatz der Subjektivität zu dem betreffenden objektiven Sachverhalt bestehen." *(ebd.)* Die Betonung der Erlebnisse in Situationen, der Fokus auf die Situation selbst ist ein Ergebnis der Studien ganz unterschiedlicher Forschungsdisziplinen der Philosophie, Neurowissenschaften, Psychoanalyse und Pädagogik. Es ist Ausdruck einer nicht reduktionistischen, komplexen Auffassung von Aufgaben und Gegebenheiten, die intentional bewältigt und lösungsorientiert verändert werden wollen. Sie kürzen den Weg der Abstraktion ab, der von komplexen Situationen und konkreten Handlungen ausgehend abstrahiert und diese auf

Merkmale von Verhalten, Motiven und Zielbildungen reduziert, um sie später auf dem Weg der Generalisierung erneut zu konkretisieren und zu verflüssigen.

Im KTC wird die Situation als bedeutsame Leistung des Subjekts, als Zentrum seines Erlebens über die Darstellung eines Verlaufs, einer Episode, eines Geschehens oder einer bevorstehenden Aktivität ins Zentrum gestellt. Das KTC geht damit im Kern von der Gestaltbarkeit subjektiver Wirklichkeiten aus, zu dem ein Subjekt gehört, für das diese bedeutsam ist.

Dementsprechend entfällt im KTC die Bearbeitung von Themen, die kein Subjekt haben, es werden keine Debatten über Integrationsstrategien, Konfliktlösungen und Innovationskonzepte geführt. Diese Themen und Zugänge sind nicht resonanzfähig und die fehlende Schwingungsfähigkeit debattierender Beteiligter erzeugt keinen Fortschritt. Es sei denn, das Subjekt sei ein sozialer Akteur mit identifizierbaren Repräsentanten, die subjektives Erleben erinnern, organisationale Gefühle äußern und komplexe Systeme in die Zukunft transformieren wollen.

Erkenntnisse des fünften Pfads:
Fähig und bereit werden, der Komplexität des Lebens in Form persönlicher Situationen zu begegnen und als personales Subjekt Sachverhalte, Probleme und Programme herauszuschälen in einem Prozess des Eintauchens in primitive Gegenwart und Auftauchens in Höhen der Emanzipation und Entfaltung. Diesen Verlauf als wiederkehrenden, leiblich wahrnehmbaren Prozess mit dem Pol der Enge und Bedrängung gegenüber dem der Weite und Entfaltung Richtung gebend und Verständnis bildend erleben.

8.6 Sechster Pfad: Das neuronale Netzwerk und die Plastizität

Das Gehirn ist als Gesamtsystem dynamisch organisiert. Dennoch können wir von „Bedienungsfehlern" sprechen, wenn wir den ironischen Unterton von *Hüther* in Kauf nehmen. „Deshalb ist die Unterdrückung und Abwehr von Betroffenheit der einzige wirkliche Bedienungsfehler, den man bei der Benutzung seines Gehirns machen kann." *(Hüther 2005, 130)*

In der besonderen sozialen Situation eines KTC tritt eine Situation als Erlebnis in den Vordergrund und wird beleuchtet:

- „Mein Eintritt in meine Rolle als Schulleiterin und wie ich vom Kollegium empfangen wurde."
- „Die schwierige Situation der Entlassung engagierter Kollegen während der Finanzkrise und wie ich die Trennungsgespräche erlebt habe."
- „Wie der Konflikt zwischen unserer Forschungsabteilung mit den Leuten vom Vertrieb in einem Meeting explodierte"
- „Der Schock des Ausfalls der IT und die katastrophalen Folgen für den Flugbetrieb"

Wahrnehmung
„Das aus all diesen Sinneseindrücken zusammengesetzte Bild ist freilich kein wahres Abbild der tatsächlichen Beschaffenheit der äußeren Welt, sondern lediglich ein Bild, das wir uns mit all unseren Beschränkungen von dieser Welt machen können." *(Hüther 2005, 103)*

Grundgefühle und Empathie
„Immer dann, wenn in der äußeren Welt oder aber in der vom Gehirn wahrgenommenen Körperwelt eine Veränderung auftritt, die zu einer Verschiebung des bisherigen Gleichgewichts, der bisherigen Harmonie der im Gehirn ablaufenden Informationsverarbeitungsprozesse führt, entsteht ein Gefühl." *(Hüther 2005, 108)* Gefühle weisen auf Unstimmigkeiten, Inkohärenzen und Divergenzen hin. Sie äußern sich in Verzweiflung, Enttäuschung, Ohnmacht, Angst und Schmerz. Die Bewältigung dieser Unstimmigkeit treibt uns an, vor allem die Hoffnung, Befriedigung und Zuversicht. Ein lebenslanger Prozess des Empfindens und Bewältigens von Verunsicherung treibt uns an. Die Überwindung der Angst hat dabei die vermutlich stärkste Triebkraft. Unausgesprochene Gedanken und Gefühle sind die größte Quelle des Scheiterns und Misslingens von Beziehungen und Kooperationen, es kommt darauf an, individuell wie kollektiv eine Sprache oder Grammatik der Gefühle zu entwickeln.

Erkenntnis und Selbsterkenntnis
Menschen bilden Theorien über erkannte Zusammenhänge und verknüpfen anfänglich Ursachen und Wirkungen, später entstehen Enttäuschungen darüber, dass die Welt nicht nach „Wenn-Dann Prinzipien" funktioniert. Manche Zusammenhänge sind nur wahrscheinlich, manche Wirkungen sind an unangenehme Nebenwirkungen gekoppelt, manchmal geschieht gar nichts, wenn Zusammenhänge nur wahrscheinlich sind, manchmal tritt eine Kettenreaktion ein. „Daraus wächst die Erkenntnis, daß die wahrgenommenen Phänomene der äußeren Welt das Resultat komplexer, schwer durchschaubarer und oftmals nicht genau vorhersehbarer Interaktionen sind." *(Hüther 2005, 114)* Auf dieser Stufe bildet sich Erkenntnis.

Bewusstsein
„Um Bewusstsein zu entwickeln, muss sich das Gehirn gewissermaßen selbst beobachten können durch den Aufbau von Meta-Ebene, auf denen interne Prozesse reflektiert und analysiert werden, kann ein Gehirn [oder ein Subjekt W.S.] die Fähigkeit erlangen, sich seiner eigenen Wahrnehmungen und Intentionen bewusst zu werden [...]". *(Hüther 2005, 115)*

Schlussfolgerung
Wir alle durchlaufen Phasen des Bewusstseins und verlassen die mythische Ebene, um zur autonomen, sich selbst regulierenden Selbstbewusstheit zu gelangen. Dafür braucht ein Kind Zeit und Muße, und ein Erwachsener auch. KTC ist ein solcher Ort der Muße und des Umgangs mit Ungewissheit.

Das Gehirn ist ein trainierbares Organ, es ermöglicht Fortschritte und die Entwicklung einer psychischen, sozialen und mentalen Fitness. Die Plastizität des Gehirns, die unbegrenzte Möglichkeit und Komplexität der neuronalen Verschaltungen ist damit benutzerabhängig.

Demnach bin ich kein kluger Kopf und habe auch keinen, vielmehr habe ich durch Nutzung, Übung, Reflexion die Fähigkeit erlangt

- meine Wahrnehmungen offener, umfassender und vielseitiger einzurichten,
- meine Empfindungen zu differenzieren, meine Gefühle auszudrücken und auch für andere Gefühle zu entwickeln,
- meine Erkenntnisse über die trivialen Vorstellungen linearer Beziehungen hinaus zu entwickeln und zirkulär, vernetzt und rekursiv zu denken, um so die Komplexität von Situationen angemessen zu erfassen sowie
- Bewusstsein aufzubauen und dieses mit den Möglichkeiten der Meta-Kognition und Selbstreflexion zu verbinden.

„Der Prozess der Menschwerdung ist noch gar nicht abgeschlossen und wir haben die Möglichkeit der Entfaltung und Nutzung unseres Gehirns offenbar noch lange nicht ausgeschöpft.“ *(Hüther 2005, 126)*

Erkenntnisse des sechsten Pfads:
Fähig werden zur Nutzung der Möglichkeiten unseres Gehirns und der Unterstützung anderer Menschen, um aus eingefahrenen Bahnen des Denkens, Fühlens und Handelns herauszukommen. Entwicklung der Bereitschaft Fehler, zu machen und aus ihnen zu lernen.

8.7 Siebter Pfad: Wie kommt das Neue ins System?

Wann gelingen Interventionen? Wir gehen in unseren Betrachtungen von Interventionen in komplexen sozialen Systemen davon aus, dass sich „verschiedene, nicht triviale, operativ geschlossene und selbstreferentielle Systeme gegenüber stehen.“ *(Willke 2005, 88)* Diese sind gegenüber Interventionen von außen undurchlässig.

- Im Kern laufen damit alle Interventionen in komplexen Systemen auf Selbständerungen dieser Systeme hinaus. Der Gedanke an Veränderung, die Wahrnehmung einer Differenz kann nur im Inneren der Systeme erfolgen.
- Entsprechend angelegte Interventionen sind eine *conditio sine qua non* für die Möglichkeit der Selbständerung. Die klassischen Top-Down-Interventionen und linear kausale Erklärungs- und Begründungsansätze erreichen diese Wirkung nicht.

Das ist die Grundlage für die Wirksamkeit und Methodik des Kollegialen Teamcoachings.

Wie bewirkt ein einzelnes KTC, eine Sequenz über ein Jahr, bzw. ein Netzwerk als systemweites Geflecht eine solche Selbständerung? Wir gehen der systemischen Begründung der Wirksamkeit von KTCs nach und beziehen unsere Thesen aus der Systemtheorie *Willkes,* vor allem aus seinen Arbeiten zur Interventionstheorie.

- Die Grundidee des KTC läuft darauf hinaus, dass externe Anstöße als Ergebnisse und Erlebnisse im Inneren des Systems wahrgenommen werden und einen Impuls zur Veränderung auslösen.
  Dazu werden Informationen „subversiv“ in die Kreisläufe des Systems eingeschleust. Das wesentliche Mittel des KTCs ist die analoge Kommunikation, die Resonanz, das regressive Milieu, die wertschätzende Atmosphäre und die Regel der Nicht-Kommunikation während der Konferenz der Coachs, während der Arbeit am Schlüsselthema und während der Ideenwerkstatt.
- Das KTC zwingt das System in der Person des Akteurs zu seiner eigenen Selbstbeschreibung.
  Diese Intervention erzeugt eine Distanz als Grundlage für Verstehen, für die Möglichkeit Alternativen zu denken und optional zu kommunizieren. Das intervenierende System in Gestalt der KTC-Berater beobachtet die Beobachtungen und achtet auf Inkongruenz und Unstimmigkeit. In Art einer Textinterpretation werden inkongruente Beobachtungsperspektiven zueinander in Beziehung gesetzt und entschlüsselt.
- Eine wesentliche Rolle nehmen die lateralen Beziehungen der Peers ein.
  Sie sind ein dem System verwandtes Element, das keine Immunabwehr auslöst und dennoch innerhalb des Systems fortwährend Differenzen und differenzierende Optionen von Selbstbeschreibung erzeugt. Diese Irritationen schaukeln ein System auf, bringen es in eine Eigenresonanz und ermöglichen Bewegung.
- Die Arbeit des KTCs ist für das System eine riskante Chance.
  Es produziert Informationen, die aus Differenzbeschreibungen hervorgehen. Der Prozess selbst ist eine Paradoxie. Durch Verzicht auf Selbstdefinitionen wie Problem, Belastung, Defizit wird eine nicht wertende Deskription erreicht. Die identifikatorische Fortsetzung der Selbstbeschreibung in der Gruppe verstärkt die Produktion von Differenzen. Es kommt zu Unterschieden, die einen Unterschied machen und zu einem Prozess des Erzeugens von Informationen, die Bedeutung erhalten können.
- Damit wird jede Intervention zu einer Paradoxie.
  Der Imperativ „Du sollst dein Leben ändern“ *(Sloterdijk 2009)* greift nicht, da es sich um eine „Intentionalisierung nicht intentionalisierbarer Veränderungen“ *(Willke 2005, 88)* handelt.
- Das KTC strebt bleibende Veränderungen an.
  Um diese zu realisieren, müssen Veränderungen in den wahrnehmungs-, bewertungs- und handlungssteuernden Regelwerken vorgenommen werden, ohne dabei das Regelwerk als Zusammenhang und als Netzwerk der Selbsterzeugung des Systems (Autopoiese) zu zerstören.
- Im besonderen Fall der Beeinflussung psychischer und sozialer Systeme ist es notwendig, dass Umweltereignisse wie Gleichgültigkeit, Konflikt, veränderte Bedürfnisse und Arbeit an Innovationen dazu beitragen, Differenzen zu erzeugen, die auf „den Bahnen des Regelwerks der Selbststeuerung dieser Systeme prozessiert werden“. *(Willke 2005, 88)*

Das KTC verfügt damit über eine besondere Expertise, nicht intentionalisierbare Wirkungen wie Vertrauen, Offenheit, Zusammenhalt, Musterwechsel und Durchbruchziele zu erzeugen. Dimensionen des Selbstbewusstseins, der Selbstwertschätzung und Selbstakzeptanz sind im Gegensatz zu Ich-Funktionen nicht willkürlich herbeizuführen. Das unwillkürliche Bewirken ist eine paradoxale Funktion. Die Besonderheit der KTCs liegt in seiner Integrationskraft für widerstrebende Orientierungen. Es ist Paradoxie und Gegenparadoxie zugleich, es

- ermöglicht in einem Top-Down-Programm vielfältige Bottom-Up-Initiativen
- verknüpft Freiwilligkeit und Verbindlichkeit
- ruft zu Musterwechseln auf und erhält so die Substanz der Systeme
- aktiviert das Potential der Selbstorganisation und sorgt für professionelle Begleitung.

Erkenntnisse des siebten Pfads:
Fähig werden zur Paradoxie. Bescheiden in der Erkenntnis, durch mechanische, appellative und instruktionelle Interventionen wenig zu bewirken und zugleich erfinderisch und initiativ im Bewusstsein um die Fähigkeit der Systeme zu stärken, von innen heraus zu Veränderungen zu kommen.

Stärkung der Kompetenz zur subversiven Kommunikation, um den Systemen zu ermöglichen, von innen heraus Differenzen zu bilden und Unterschiede zu definieren, die einen Unterschied machen.

8.8 Achter Pfad: Presencing – die Begegnung mit der entstehenden Zukunft

Der achte Pfad leitet uns zur Grammatik des sozialen Feldes *(Scharmer 2009, 227 ff.)* und zum Presencing als sozialer Technik zum Führen von Innovationen.

Im Englischen gibt es zwei Schreibweisen des Selbst:

- „self": bezeichnet das Selbst, das wir aufgrund unserer Sozialisation und Entwicklung geworden sind
- „Self": kennzeichnet das Selbst, das wir aufgrund unserer Möglichkeiten in der Zukunft werden können

Die von *Scharmer* ausgearbeitete Theorie U *(2009)* zielt auf die Entfaltung des Selbst in der zweiten Bedeutung. Als zentralen Begriff verwendet er den der „emerging future", am besten übersetzt als entstehende uns begegnende Zukunft. Diese Theorie ist eine Absage an eine linear mechanistische Denkweise zum Thema Veränderung. Ziele werden nicht gesetzt, Entwicklungen nicht geplant, Projekte nicht mit Meilensteinen versehen, der Zeitstrahl geht nicht in die Zukunft. In starkem Gegensatz zu diesem Denken öffnen wir uns gerade für die Zukunft, die auf uns zukommt und uns herausfordert.

Im „großen" Selbst („Self") sehen wir zugleich eine existentielle Sicht von Zukunft, die es erlaubt von einem Vermächtnis zu sprechen, wenn wir aus der Zukunft, letztlich vom Ende unseres Lebens her, auf die Gegenwart zu blicken. Die Entfaltung unserer Potentiale, die Erkennung unserer Möglichkeiten, die Erweiterung unserer Optionen und die Verbindung zu anderen definieren Zeiten, Räume und Bewegungen auf diese Selbstentwicklung hin. Als Subjekte mit Präferenzen,

Erfahrungen und Mustern bewegen wir uns in der Regel auf dem begrenzten Territorium des „kleinen" Selbst („self"). Personales wie organisationales Lernen hat mit diesen Prägungen zu tun. Sie tauchen auf als unbewusste Muster, die wir aufgrund des „blinden Flecks" gar nicht wahrnehmen, weil sie die Grundlage unserer Wirklichkeitskonstruktionen sind.

Lernen ist aktives Verlernen. Dabei wird die Festplatte unseres Bewusstseins nicht automatisch überschrieben, vielmehr kann es passieren, dass eine frische und neue Erfahrung gerade nicht gesichert wird und ein altes Dokument an dieser Stelle wieder auftaucht. Die Funktion des „Papierkorbs" ist in aktiver Entsorgung mitzudenken. *Scharmer* hat diesen Gedanken in der Metapher des „download the pattern of the past" in die Theorie U eingebaut. Alle Innovationen beginnen mit alten Mustern, allenfalls mit Variationen derselben, oft mit simplem „Mehr desselben".

Das KTC als Netzwerk von Lerngemeinschaften hat die Chance, das Denken, Fühlen und Wollen eines ganzen Systems zu verändern. Dazu geschieht es, die Akteure aus ihren Rollen und Funktionen in der Hierarchie herauszulösen und im Netzwerk parallele Lernstrukturen zu bilden.

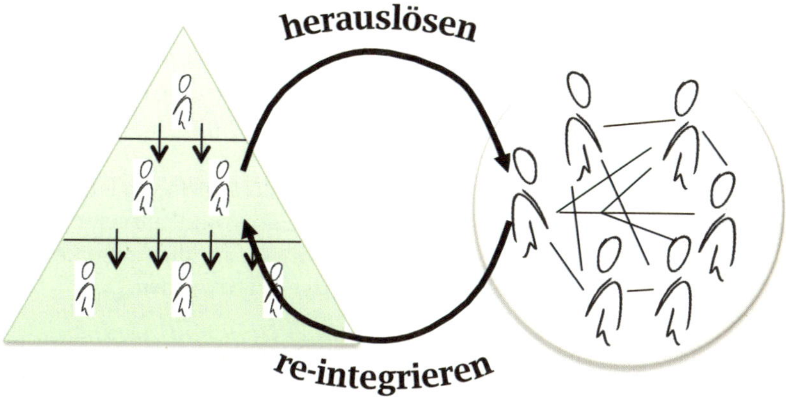

Abb. 56: Hierarchie und Netzwerk

Mit *Scharmer* und anderen teilen wir die Erfahrungen mit kollegialen professionellen Lerngemeinschaften und prüfen anhand der von ihm ausgearbeiteten Kriterien die praktische Relevanz des KTC-Ansatzes. *(Scharmer 2009, 223 f.)*

- *Repräsentativität*
  Die Kerngruppe der Professionellen Lerngemeinschaften (PLG) setzt sich heterogen zusammen und reflektiert so die unterschiedlichen Wahrnehmungen relevanter Teilgruppen.
- *Professionelle und persönliche Praxis*
  Die Praxis hat das Primat. Die Praxis ist quasi Lehrmeister, sie stiftet die Ver-

bindung mit der realen Welt. Praxis kann dreifach verstanden werden:
- professionelle Praxis: Umsetzung
- persönliche Praxis: Selbstführung
- relationale Praxis: Verbesserung

- *Disziplin, Übung und Methode*
Training, Probehandeln, Sicherheit im Gebrauch von Werkzeugen ist wesentliches Element von Lerngemeinschaften. Üben, üben, üben ist Voraussetzung für eine exzellente Performance.
- *Parallele Lernstrukturen*
Das KTC bietet eine differenziert ausgearbeitete Strategie für eine parallele Lernstruktur in einer umgebenden Organisationsstruktur. Handelnde reflektieren ihre Erfahrungen, tauschen sich aus und lassen sich auf neue Erfahrungen ein.
- *Kräftebildung durch gemeinsame Intervention*
Lerngemeinschaften leben von der Verbindung zu den Menschen, Lehrern, Schülern und Eltern im Bildungsbereich sowie Kunden, Mitarbeitern, Lieferanten im Wirtschaftsbereich. Je näher die Lerngemeinschaften an den Menschen tätig werden, je stärker sie dabei von einer gemeinsamen Intervention getragen sind, desto wirksamer und erfolgreicher ist ihr Tun.
- *Initiative, Leidenschaft und Leadership*
Selbstorganisation benötigt Struktur. Sie organisiert sich nicht von selbst. Notwendige Voraussetzungen werden von aktiven Menschen geschaffen, die das Ganze verantworten und die Umsetzung persönlich tragen. So kann sich Selbstorganisation entwickeln.
- *Aufbau gemeinsamer Wahrnehmungsräume*
Es braucht interkulturelles Kapital, die Potentiale der kollektiven Intelligenz zu aktivieren. Und es bedarf guter Bedingungen in Form von Wahrnehmungsräumen, die es ermöglichen, dass individuelle Beiträge für die Entwicklung des Ganzen wahrgenommen, anerkannt und wertgeschätzt werden.
- *Gemeinsame Produkte*
Kompetenz- und Gemeinschaftsentwicklung sind zwei Seiten einer erfolgreichen Verwendung des sozialen und interkulturellen Kapitals. In Qualifizierungsnetzwerken sind es gelungene Projekte, Abschlüsse und Kompetenzaneignungen. In Leadershipnetzwerken entstehen Prototypen. Regionale und thematische Vernetzungen sind Beispiele gelungener Realisierung.

KTC ist gemessen an diesen Merkmalen ein auf drei Achsen sich selbst organisierendes System am organisationalen Kern:

- auf der horizontalen Achse entwickelt sich die Wertschöpfung,
- auf der vertikalen Achse die kontinuierliche Innovation und das Lernen,
- auf der dritten Achse der sich entwickelnde soziale und ökonomische Kontext. *(Scharmer 2009, 223)*

Erkenntnisse des achten Pfads:
Fähig werden zur Öffnung gegenüber der Zukunft und Abbau der Gefühle der Ungewissheit und des Bangens. Bereitschaft kleine Einheiten als Kerne der Hervorbringung des Neuen zu stärken. Es genügen fünf Menschen in gemeinsamer Intention, um weitreichende Innovationen in die Welt zu bringen. In der Fähigkeit zur Verdichtung, im Kommenlassen, im Hinhören auf das Werdende und im behutsamen Wecken des als Potential Schlummernden in der Organisation.

Fazit:
Alle acht Pfade haben uns gezeigt, wie zentral die Leistung des personalen Subjekts bei der Konstruktion subjektiver Wirklichkeit anzusehen ist. Ganz gleich, ob wir einen phänomenologischen, neurowissenschaftlichen, system- und interventionstheoretischen, resonanztheoretischen, ressourcenorientierten Weg gewählt haben, wir sind durch neue Studien, Forschungen und Reflexionen zu einem Verständnis der Plastizität des Denkens, der Gestaltbarkeit und Veränderbarkeit des Denkens, Fühlens und Handelns der Akteure gelangt. Diese Gestaltbarkeit ist an Formen der Erkenntnisbildung gebunden, die eine Bewusstheit und Verantwortlichkeit voraussetzt, die gegenüber naiven subjektiven Theorien reflexive Formen als Unterschiede praktiziert, die Unterschiede machen. Reflexivität, Verantwortungsbewusstsein, Interdependenz und die dazugehörigen Haltungen der Achtsamkeit, Behutsamkeit, Bescheidenheit und der Respekt gehören dazu.

Das Kollegiale Teamcoaching verfügt über eine einfache sich selbst erklärende Struktur, die einleuchtet. Es ist ein wunderbares Ritual für den Prozess des Sich-Einlassens. Und zugleich entfaltet sich in dieser einfachen Struktur der gesamte Kosmos des nicht reduktionistischen systemischen Denkens und phänomenologischen Erfassens von Wirklichkeit. Dank der acht Pfade, die durchs Dickicht der Erkenntnis führen.

9. Musterwechsel und Durchbruchsziele

„Und oft ist es nicht ein Bild, was uns das Unsagbare vermittelt, sondern ein Rhythmus [...] IMAGINATION, als Lehnwort aus dem Lateinischen, hat eine klangliche Interferenz: magisch, Magie. Und Imagination ist ein magischer Akt.“ (Max Frisch)

Die Fähigkeit, mit den unterschiedenen Formen der Komplexität umzugehen, veränderte Erwartungen, Zuschreibungen und Fallstricke zu erkennen, dysfunktionale und schwächende Muster zu identifizieren und sich von ihnen zu lösen, steht im Zentrum vieler Teamcoachings. Was macht den Unterschied der KTC-Arbeit zu Fallberatungen und Problemlösungsgruppen aus? Wir stellen hier auf der Grundlage der Ambivalenzkonzepte gesellschaftlicher Wirklichkeit, der flüchtigen Moderne und der systemisch-dynamischen Persönlichkeitstheorien sowie der Unterscheidung von Lösungen erster und zweiter Ordnung die KTC-Arbeit als Entwicklung begleitenden Prozess dar.

Im Kern steht das Primat der Praxis, der Alltag, die Lebenswelt. Die konkrete erfahrbare Situation wird zum Gradmesser für den Fortschritt. Von der Praxis gehen wir aus, der chaotisch mannigfaltige Charakter der Situation fasziniert uns. Die Ambivalenzen, Knoten und Verstrickungen gilt es zu begreifen, sich einzuverleiben und in einem klärenden Prozess zu lösen. KTC wird so zu einem strategischen Konzept im Management von Stabilität und Instabilität *(Kruse 2004)*. KTC ist mehr als Problemlösung.

9.1 Komplementäre Stärkeergänzung

Ein einzelnes Kollegiales Teamcoaching kann zu einem eindringlichen und nachhaltigen Erlebnis werden. Akteure kommen aus der „undialogischen Phase der Resonanz“ zur Konferenz der Coachs oft wie aus einer Trance zurück. Die Bilder, Eindrücke und Metaphern haben zu eigenen Imaginationen geführt. Das soziale Archiv hat sich geöffnet und es sind lange gespeicherte Szenen wieder sichtbar geworden. Das Gehirn hat unbewusste Spaziergänge unternommen.

Die Spiegelung in der Resonanzphase lädt zur Öffnung ein. Die Offenheit ist eine Qualität, die es erlaubt zu fühlen, Abschied zu nehmen von Mitgliedern des Inneren Teams, die einmal bedeutsame Beiträge zur Entwicklung geleistet haben, um anderen einen Platz zu geben, der ihnen für die Zukunft zukommt. Ein Loslassenkönnen setzt ein, das die Voraussetzung für die Fragen an der Quelle des eigenen Seins liefert: „Wer bin ich? Was will ich? Was ist meine Rolle?“ Die intensive Beschäftigung mit der eigenen Person löst unterschiedliche Gefühle aus, Wohlgefühle, Dankbarkeit und Berührtheit ebenso wie Ungeduld, Irritation und Unbehagen. Das Entscheidende geschieht im Anschluss. Ein KTC ist so wirksam wie der Transfer in die Alltagssituationen.

Im Nachgang eines KTCs fühlen sich viele noch – wie unmittelbar nach einem Kinobesuch – vom Ganzen beeindruckt und können keine Einzelheiten erkennen. Sie sind eingetaucht in ein intensives Erleben. Häufige Effekte einer Sitzung sind:

- Gewinn an Klarheit: Trübungen lösen sich auf
- Bereitschaft zur Konfrontation: Mut zur Konsequenz
- Entschlossenheit: Verantwortungsübernahme
- Erkennen eigener Verstrickung: Entwirrung der Imperativsätze
- Lösen von alten Rollen und Mustern: Reifeschritt mit Folgen
- Abgrenzen von Erwartungen: Nein sagen können
- Auftauen erstarrter und eingefrorener Gefühle: Aktualisierung
- Verstehen eigener Ängste: Akzeptanz

Die Gruppenmitglieder sind Zeugen, Ermutiger und Begleiter im Prozess und haben als Lernpartner eine wichtige Rolle als Übersetzer, als Konkretisierer und Systematiker. Mit ihnen taucht der Akteur wieder auf und transferiert seine Erkenntnisse in eine antizipierende Sicht der Entwicklung. „Was wird auf mich zukommen, wie werde ich der Zukunft begegnen? Wozu bin ich bereit? Was tritt deutlich hervor, um sich zeigen zu können?" Es geht jetzt darum, sich die Resonanzen, Anstöße, Impulse und Dialoge der Gruppe in relevanten Aspekten zu eigen zu machen.

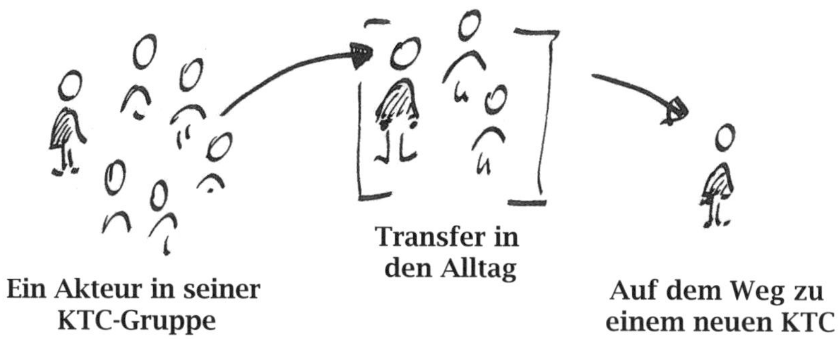

Abb. 57: Übergang zum Transfer in den Alltag

Der KTC-Prozess geht weiter. Auf dem Weg zum neuen KTC kommen Vorerwartungen, Hoffnungen, Wünsche und Gedanken auf. Ein nächstes Kapitel wird geschrieben. Das Drehbuch hat noch viele Szenen. Erst wenn ich in meinem System ankomme und Impulse zur Intervention mitbringe, lerne ich mich und mein System kennen.

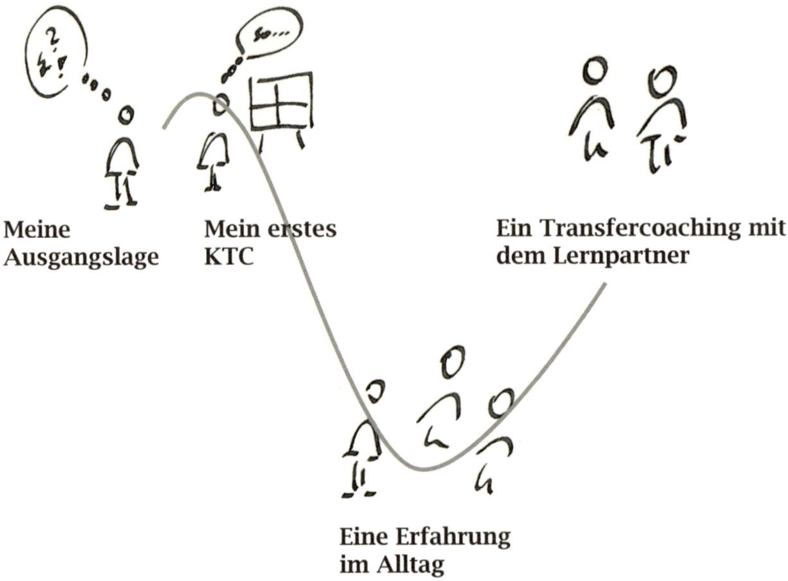

Abb. 58: Transfercoaching zur Bewältigung der Barrieren im Alltag

Am Ende einer über ein Jahr gehenden Reihe von 4–6 kollegialen Erfahrungen im Teamcoaching zur eigenen sich entfaltenden Situation steht eine Phase eigener Entwicklung, auf die in dem Entwicklungs-KTC mit besonderer Anleitung hingeschaut wird. Sie mündet in die Form einer Würdigung für den Weg.

Der Spannungsbogen aus intensiver Klärung im KTC, vorbereitender Reflexion mit dem Lernpartner und erlebter Praxis der Alltagssituation hat die Tragfähigkeit und Kraft, die bestehende Ambivalenz zu überwinden. Das Leben wird zum Katalysator, es liefert ständig Anlässe, mit neu gefundenen und sich erst noch herauskristallisierenden Mustern Situationen zu gestalten. Der früh vermittelte Gedanke einer Arbeit „am System" wird jetzt fassbar und konkret.

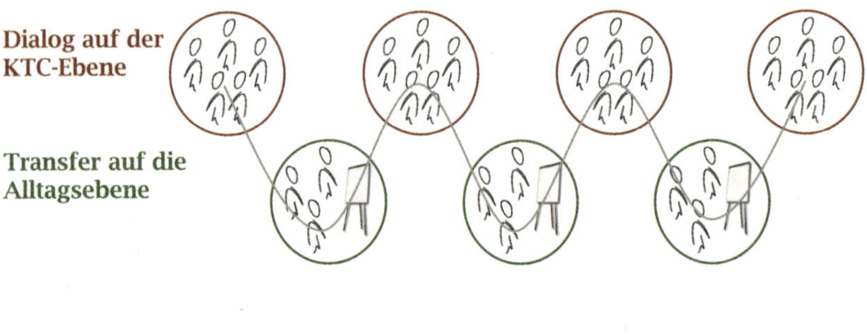

Abb. 59: Schwingungen zwischen der KTC- und der Alltagsebene

In ständigem Wechsel von Enge und Weite, Spannung und Schwellung, Intensität und Rhythmus der leiblichen Dynamik *(Schmitz 1982, 73 ff.) im* Eintauchen und Auftauchen, unmittelbarer Gegenwart zur sich entfaltenden Zukunft, Antizipation und Reflexion entwickelt sich die persönliche Situation. Über „das Opening zum Presencing, über das Prototyping zum Embodying" *(Scharmer 2009)* werden innere Potentiale und Ressourcen aktiviert und verfügbar gemacht.
Tatsächlich erleben alle Teilnehmenden positive Veränderungen:

- Klärung, Unterstützung, Verstehen werden von nahezu allen Akteuren berichtet (> 90 %).
- Verbesserung der Wirksamkeit des eigenen Handelns und Erreichung von konkreten Zielen sagen vier von fünf (> 80 %).
- Die Erfahrung eines axiomatischen Musterwechsels mit der Entfaltung bislang nicht gelebter Seiten und dem Erreichen von Durchbruchszielen immerhin 3 von 5 (> 60 %).

In den Bilanz-KTCs kommt es zu einem wertschätzenden Prozess der kollegialen Begutachtung. Hier erhält der Akteur die Chance, einen Entwicklungsprozess über ein Jahr zu betrachten. Die Beobachter schauen auf Durchbrüche und Veränderungen im Auftreten und Wirken, auf Darstellungen eigener erlebter Situationen und Problemlösungen der äußeren Realität wie den Introspektionen und Reflexionen der inneren Welt. Ein Zuwachs an „Agency" kann beobachtet werden, eine Abkehr von alten Mustern und eine Stärkung der Willenskraft.

Der KTC-Prozess mit zwei „Gutachtern" nach der Selbstevaluation mündet in eine Skalierung der wahrgenommenen Entwicklungsdimensionen in Form eines Werte- und Entwicklungsquadrats. Diese besondere Form der Entwicklungsdiagnose greift die wesentlichen genannten Beobachtungseindrücke auf. Die dort genannten Differenzen werden Themenfeldern zugeordnet und von der stärksten Werteausprägung zu schwächeren Skalierungspunkten bis zur entwertenden Übertreibung aufgereiht. Am Beispiel einer Vertriebsleiterin im Verlagsgeschäft zeigen wir anschaulich die Spannungspole ihrer professionellen Entwicklung.

Susanne Schnell blickt zurück auf die Klärung in den vergangenen KTCs, bezieht die Reflexionen mit dem Lernpartner ein und integriert auch die Feedbacks, die sie darüber hinaus zu ihrer Person bekommen hat. Die Gruppe attestiert ihr mitreißenden Schwung, sie sei spontan, engagiert, könne überzeugen, übernähme bereitwillig schwierige Missionen und lasse sich von Risiken und Schwierigkeiten nicht beeindrucken.

Demgegenüber wird ihre analytische Seite als schwächer ausgebildet eingeschätzt, ein distanzierter Systemblick sei ihr fremd, Risikobewusstsein setze erst ein, wenn etwas schief gelaufen sei. Mit Machtkonstellationen könne sie nicht gut umgehen, sie erkenne die Fallstricke zu spät.

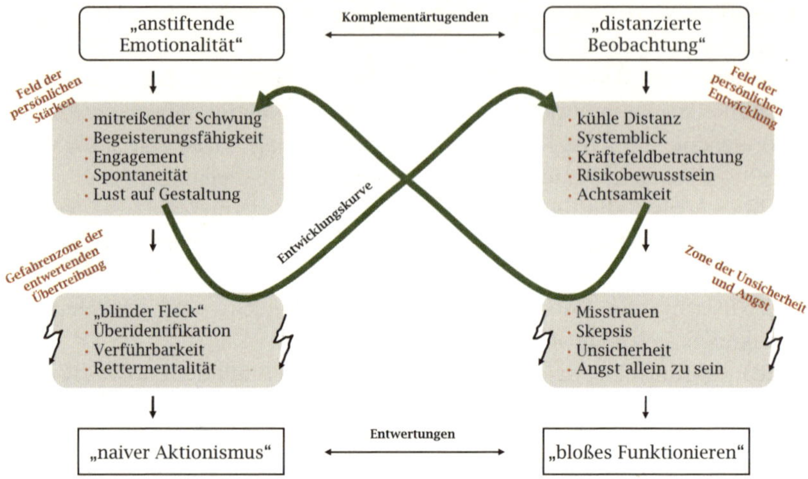

Abb. 60: Werte- und Entwicklungsquadrat

In der Gefahrenzone ihres Stärkepols wurde das Risiko der Instrumentalisierung gefunden: Überidentifikation, Verfügbarkeit, Rettermentalität. Die entwertende Übertreibung ihrer so starken Emotionalität wäre dann der „naive Aktionismus“.

Als Integrationsaufgabe steht es an, die ungeliebte rationale Seite zu entdecken. Derzeit wird sie nur im diametralen Gegensatz wahrgenommen. Dieser kommt mit Misstrauen, Skepsis und Angst daher und wird in seinen Stärken gar nicht gewürdigt. Realitätssinn kommt schlecht weg und wird mit negativen übertriebenen Haltungen gekoppelt: Skepsis, Misstrauen, Rückzug, Angst abgelehnt zu werden und isoliert zu sein. Aus diesem Bereich der Angst kommen die Treiber, die sie zu unbedachten Spontanhandlungen und Grenzüberschreitungen veranlassen.

Empfehlung der Coachs:
Die Balance suchen zwischen dem mitreißenden Schwung und der kritischen Beobachtung. Achtsam sein, Vorsicht schätzen, sensibel mit schmeichelnden Erwartungen umgehen, Rollen abklären und Zuständigkeiten aushandeln.

Je klarer die Analyse, je bewusster die Aktion. Je beherzter das Vorgehen, desto stärker die Wirkung auf das Kräftefeld.

Das Ziel der KTC-Arbeit zeichnet sich an diesem exemplarischen Beispiel in Konturen ab:

- Bewusstheit für die eigenen Muster
- Gespür für die entwertende Übertreibung
- Stärkung der komplementären Qualitäten

Das führt zu einer Akzeptanz für Lösungen 2. Ordnung durch Überwindung des Entweder-Oder-Denkens. Es ist nicht „schlecht“, rational abzuwägen, kritisch hinzuschauen und die Motive der anderen Akteure zu erkennen, ebenso wenig ist es nach dieser Erkenntnis „schlecht“, spontan zu sein. „Analysekompetenz“ und „Identifikationsbereitschaft“ können füreinander wechselseitige, sich komplementär ergänzende Stärken sein. Erst wenn eine Seite die Dominanz beansprucht, die andere Seite abwertet und des Guten zu viel geschieht, kann in bestimmten Kontexten daraus ein Problem erwachsen.

Die Selbstakzeptanz wird geklärt. Das Heimatgebiet der Kompetenz bildet eine gute Basis. Die Chance zur Erweiterung durch die Komplementärdimension gibt Raum für neue Möglichkeiten. Eine selbstverständliche Möglichkeit eines „NEIN“ macht ein „JA“ wertvoller. Eine starke JA-Bereitschaft lässt ein NEIN kontrastierend bedeutsamer werden.

Erstaunt und erfreut in inniger Verwunderung sammeln die Akteure ihre Erfahrungsschätze ein. Es sind besonders viele Durchbrüche gelungen. „Weniger ist mehr“: Ein ungeduldiger Treiber erkennt die Wirkung der Entschleunigung und entwickelt seine Lebensqualität, am Ende gewinnt er an Zufriedenheit und Überzeugungskraft. „Loslassen und gewinnen“: Ein Macher und reaktiv getriebener Leiter, ein in lauter Zwänge verstrickter Retter wird müde, löst sich aus dem Druck und geht in sich. Auf diese Weise gewinnt er zunächst Abstand, schließlich Souveränität und Gefolgschaft. Es sind nicht die einzelnen Maßnahmen, die den Erfolg bringen, es ist nicht Einübung in bessere Kommunikation und Anwendung kluger Ideen. Es ist vielmehr die Zentrierung, die Offenheit im Geist, die Emotionalität und das Wollen. Hoher Fokus und starke Energie zeichnen den Willen aus, der Führung braucht.

Die Mitstreiter, Gefährten und Helfer sind beteiligte Betroffene. Sie geben viel an Eindrücken, Resonanzen, Schlüsselthemen und Ideen. So bildet sich Persönlichkeit in Auseinandersetzung mit vielschichtig wahrgenommener Wirklichkeit. Das geteilte Resonanzfeld verbindet. KTC-Gruppen erinnern sich noch nach Jahren an die Szenen und Schlüsselthemen ihrer KTCs. Sie sind eingegangen in den Schatz ihrer signifikanten Erlebnisse.

9.2 Sprache schafft Wirklichkeit

Die unterschiedlichen Seiten im Wertequadrat bilden eigene Sprachwelten, die „Übertreibungen“ neigen zu Zynismus, Entwertung, Überheblichkeit und Absurdität. Die Felder der Angst führen zu Vermeidung, Lähmung, Flucht, Scheitern und Bloßstellung. Das Entwicklungsfeld klingt verheißungsvoll. Und der Bereich persönlicher Stärken wirkt vertraut.

Sprache konstituiert den Raum der Wahrnehmungen, Bedeutungen und Bewertungen. Da definiert sich jemand als aktiv, als entdeckend, als auf Herausforderungen zugehend, gestaltend, inspirierend und ein anderer beschreibt seine Welt in Begriffen der Ordnung, der Übersicht, Gliederung, des Aufbaus und Ablaufs und wieder ein anderer hat es mit den Menschen, mit der Nähe, dem Klima, den Gefühlen und wieder ein anderer definiert sich über Ziele, Perspektiven, Visionen, Vorhaben und Strategien. Der bewusste Leser kann hier unschwer die Dimensionen des Riemann-Schley-Modells erkennen, von dem wir wissen, dass sie in reiner Form kaum vorkommen. Dennoch leiten sie unsere Beobachtungen und konturieren unsere Eindrücke.

Die Übernahme von Verantwortung für sich selbst und Initiative für Aufgaben und Menschen verweist auf eine in Entwicklung befindliche Persönlichkeit, die eine gewachsene Kapazität zur Integration unterschiedlicher Strebungen, zur Synchronisierung paralleler Prozesse und zur Bewältigung der unterschiedlichen Quellen der Komplexität aufgebaut hat. Die kollektive Intelligenz hat individuell Früchte getragen. Und die individuellen Früchte beleben die kollektive Intelligenz.

Wer selbst Zeichen setzt, Initiative ergreift, Vertrauen gibt und Herzlichkeit verbreitet, besetzt die Pole-Position. Er kann das Feld anführen und unbedrängt in die Kurven gehen. Leadership als Bereitschaft und Fähigkeit, sich der entstehenden Zukunft gegenüber offen und initiativ zu zeigen, ist nicht nur Attribut von Führungskräften. Jeder, der in seinem System wirksam sein will, besetzt Felder der Leadership und sorgt für gelingende Dialoge, öffnende Haltungen, wachsende Bereitschaft, starke Verbundenheit und gewinnt sogar aus Dilemmasituationen Kraft und Inspiration. Die Fähigkeit, transformational zu denken, löst das transaktionale Muster ab.

Wir beobachten als Ergebnis der Entwicklungsarbeit über eine KTC-Sequenz eines Jahres

- eine Zunahme von Wir-Äußerungen
- eine stärkere Verwendung emotionaler Attribute, die Gespür für die Qualität von Eindrücken und Resonanz vermittelt
- eine deutliche Übernahme von Verantwortung in der Sprache des „Ich werde", „Ich will"
- ein klareres Bewusstsein der Interdependenz: „Mein Vorgehen hat bewirkt, darauf hin ist entstanden, was wiederum dazu geführt hat"
- eine gravierend stärkere Verwendung von Bildern, Metaphern, persönlichen Geschichten, Assoziationen
- demgegenüber eine Abnahme von normativen Sätzen des „Müssens", „Sollens"
- demgegenüber eine Zurücknahme von absoluten Behauptungen, „wie etwas sei", ein geradezu eindeutiger Verzicht auf Wirklichkeitsdefinitionen.

Die Wirklichkeitsbehauptung wird durch Charakterisierung von Wahrnehmungsqualitäten ersetzt. Leadership gründet sich auf resonante Führung, auf Mitschwingen, anklingen Lassen und Resonanz Erzeugen. Diese Prozesse verlaufen beiläufig und unwillkürlich, scheinen Ergebnis der Einübung in aktivierende Wahrnehmungen zu sein. Sie sind nicht zu verwechseln mit rhetorischen Übungen.

Es ist ein weiter Weg vom Download über die Debatte zum Dialog und Presencing. Es ist nicht leicht, den Hang zur Diskussion und zum Widerspruch zu überwinden. Zu gern stellen wir einen Widerspruch fest, konfrontieren wir andere mit unserem definitiven Verständnis von Realität.

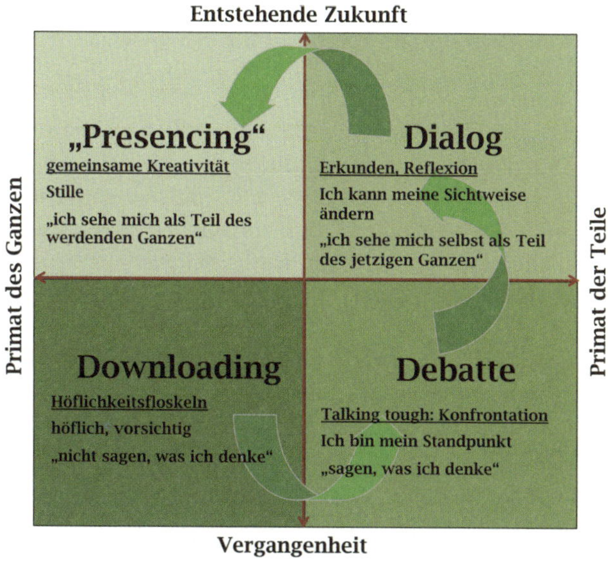

Abb. 61: 4-Felder der Konversation (nach Scharmer 2009, 272)

Die Sprache des Dialogs lädt ein, sie ist natürlich und macht die Subjektivität der Aussagen deutlich. Diese Sprache schafft Atmosphäre, Tiefe, Richtung, Bedeutung und Sinn. Und sie hat überraschende belebende Ausdrucksformen.

- *In der Herzenssprache*
  ist die Lust zu vernehmen, der Schmerz zu spüren, die Leidenschaft und Enttäuschung, die Begeisterung, Erschütterung, die Aufregung, das Herzklopfen und die Irritation; es will gar kein Ende nehmen.
- *Die Beziehungssprache*
  kennt Vertrautheit, Verbundenheit, Offenheit, gutes Zusammenspiel, sich verlassen können, sich komplementär ergänzen und blind verstehen.
- *Bildhafte Sprache*
  kennt Klötze am Bein, da blickt einer in den Abgrund, steckt im Sumpf, ist beflügelt, kann Bäume ausreißen oder ist ermattet am Boden.
- *Sprachbilder der Resonanz*
  klingen in mir nach, beeindrucken in der Intensität, reißen mit, schaffen Wellenlängen, gehen unter die Haut oder lassen Schauer über den Rücken rieseln.
- *Die sinnliche Sprache*
  spricht von einem guten Vorgeschmack oder einem schalen Nachgeschmack, verwendet olfaktorische Bilder von Düften, die auch unangenehm sein können, da riecht es nach etwas oder es stinkt einem.

Leadership, die nur auf eine konventionelle soziale Sprache zurückgreift, bliebe demgegenüber flach. Eine analytische instruktive Sprache benennt zwar Fakten, aber ohne Bedeutung, Beziehung und Subjektivität erwächst daraus keine Richtung. Sprache schafft aber nicht nur Wirklichkeit, sie ist auch Ausdruck eines

Bewusstseins. Die neuere Psychologie des reifen, menschlichen Wesens spricht von einem sich entfaltenden, schwingenden, spiralförmigen Prozess. Damit wird ein Fortschreiten mit der Dynamik der Unterordnung älterer Verhaltenssysteme unter neuere Systeme höherer Ordnung behauptet *(Wilber 2001).*

Gehen wir von der Theorie der Entwicklung zu höheren Ebenen unter Berücksichtigung der unterschiedlichen Dimensionen der Personen, der Gruppe, der Gesellschaft aus, dann bedeutet eine höhere Ebene eine gewachsene Fähigkeit zur Integration widerstrebender Aussagen, zur Auflösung von Ambivalenzen in Zyklen und Spiralen und einen gelungenen Abschied von „entweder–oder" zum „sowohl das eine wie das andere" in rhythmischen Folgen und dynamischen Interpunktionen.

Im KTC zeigt sich diese integrale Entwicklung in einer besonderen Gelöstheit: „Ja, ich verabschiede mich von meinem Ordnungsstreben, meinem Perfektionsdrang oder meiner Harmoniebetonung, aber ich begegne dem auf höherer Ebene wieder als Gegenpol einer Lebendigkeit, eines Fehlerbewusstseins und einer freudigen Begrüßung von Spannung und Diversität. Mein Leben wird reicher und zugleich schwindet die Zerrissenheit, die normative engende Kraft tritt zurück gegenüber einer Öffnung und einer Raum gebenden Haltung für qualifizierte Unterschiede."

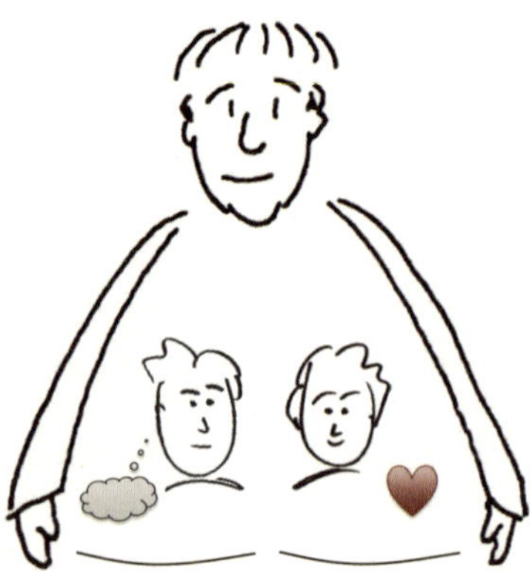

Abb. 62: Der innere Dialog

Der Differenz bildende Beobachter verbindet sich mit dem Akzeptanz schaffenden Integrator. Der innere Dialog gelingt. Bestens.

10. KTC als systemische Intervention

„Die Sehnsucht gibt die Richtung an für das, was wir tun. Wenn unser Denken begrenzt würde durch ‚Das schaffen wir...' hätten wir keinen Hang zu etwas über uns Hinausreichendes."
(Max Frisch)

Wir haben jetzt gezeigt, wie ein KTC abläuft, welche Dynamik es erzeugt und welche Wirkung es auslösen kann. Die hohe und intensive Wirksamkeit wird subjektiv als starker Eindruck wahrgenommen. Nicht gelebte Seiten treten deutlich hervor. Schlafende Mitglieder des Inneren Teams werden geweckt. Imperative mit Perfektionstendenz und Allgegenwart werden zurückgewiesen. Es erscheint so, als habe eine innere Neuordnung stattgefunden. Es lebt von der Heterogenität. Die Diversität von Zugängen, Erfahrungen, Kompetenzen, Professionen, Persönlichkeiten, Mentalitäten und Kulturen bildet die energetische Grundlage eines KTCs. Die unterschiedlichen Wahrnehmungen der Gruppenmitglieder sind die Quellen der schöpferischen Dialoge in den Gruppen.

Auf der Basis des einfühlenden Verstehens und gemeinsamen Bearbeitens komplexer Situationen konstituiert sich eine einzelne professionelle Lerngemeinschaft (PLG) bzw. mehrere oder gar ein ganzes Geflecht aus autonom und zugleich vernetzt agierenden Gemeinschaften. KTCs haben sich in großen wie in kleinen Zusammenhängen bewährt. Es gelingt auf besondere Weise, ein gesamtes System ins Schwingen zu bringen, wenn parallel zueinander im gemeinsamen transitorischen Raum subjektive Zugänge zu gemeinsamen Systemwelten gefunden werden. Eine starke Lernumgebung mit energetisierender Wirkung.

Neben der Arbeit an persönlichen Entwicklungszusammenhängen oder Führungssituationen in labilen Umwelten wird das KTC als modulares Konzept einer umfangreichen System- und Kulturänderung praktiziert und so zu einer strategischen Systemintervention.

Eine motivational gelähmte und partiell blockierte Führungsmannschaft eines großen Unternehmens will sich selbst aus der „resignativen Trägheit" befreien. Die Leistungen gehen ständig weiter bergab, das Klima verschlechtert sich, die Atmosphären belasten die Einzelnen, die sich zurückziehen, zynische Kommentare abgeben und innerlich aussteigen. Sie suchen den ökonomischen wie emotionalen Turnaround, spüren dass eins mit dem anderen zusammenhängt und fragen nach einer Lösung. In einem großen System bedarf es einer guten Choreographie und Orchestrierung. Systemtheoretisch geht es um Eleganz, wenn Veränderungen in schwungvoller Drehung miteinander vollbracht werden.

Die hier beschriebene Situation könnte zu einem unterstützenden KTC-Prozess führen, der die Beteiligten in einem schöpferischen Prozess der Klärung begleitet. Forschungsstudien zur „organisationalen Energie" *(Bruch/Vogel 2004, 247 ff.)* haben eine empirische Grundlage und ein theoretisches Grundverständnis geschaffen, auf dem wir aufbauen können. Aufgrund der operationalen Geschlossenheit sozialer Systeme kann die Veränderung nur von innen kommen. Lernen kann nur das personale Subjekt. Die Organisation als Ganzes lernt, wenn es zu synchronen Bewegungen kommt. Dann sprechen wir von einem Paradigmenwechsel, etwa dem von einer verwaltungsgeprägten zu einer unternehmerischen Kultur.

Das KTC beruht auf Freiwilligkeit und Verbindlichkeit, es vereint die Initiative, das persönliche Wollen (agency) mit der ordnenden Systematik eines Programms, eines Netzwerks oder einer unternehmensweiten bzw. landesweiten vertikalen, horizontalen, regionalen, funktionalen Vernetzung (structure). Und Menschen, die etwas bewegen, wollen beides. Initiative ergreifen und Ordnungen entwickeln. *(Giddens 2000)*

Der Dialog zwischen der Person und seiner Systemumgebung

In allen großen Unternehmen und Organisationen haben sich tief greifende Veränderungen in den Prozessen der Wertschöpfung, in der Ausrichtung der Unternehmen und in der Definition ihres Existenz- und Sinngrunds ereignet. Staatliche Einrichtungen mit Hoheitsfunktionen wurden zu Dienstleistungsunternehmen. Da galt es, einen grundlegenden Wandel der Struktur, der Kultur und der Arbeitsprozesse zu gestalten. Es galt eine Dienstleistungsmentalität zu entwickeln und wettbewerbsfähig am Markt der Logistik und Mobilität zu werden. Die Menschen in Post und Bahn können ein Lied davon singen. Veränderung war angesagt. Systeme neu denken. Konstruktion als Wesen der Entwicklung des Neuen ist immer ein Wechselspiel aus Dekonstruktion und Rekonstruktion, verbunden mit einem mehr oder weniger gelungenen Management der Instabilität. Das Neue kommt als Anforderung von außen, aber als Antwort muss die Lösung im Inneren entstehen.

Die Kommunikations- und Informationstechnologien haben eine immer zentralere strategische Schlüsselrolle eingenommen. Veränderungen der Technologie haben gravierende Folgen für die Unternehmensprozesse und Veränderungen der Geschäftsprozesse haben gravierende Folgen für die Arbeit der Informationstechnologie im Unternehmen. Zuständigkeiten und überschaubare Aufgabenbereiche wurden zu Elementen einer Prozessarchitektur. Jeder Einzelne muss das Ganze denken können.

Aufgrund der Spezialisierung und Differenzierung herrscht aber eine Art Sprachlosigkeit zwischen Geschäftsbereichen und Technik, so wie zwischen Produktion und Kundenmanagement, Innendienst und Außendienst, Schulbürokratie und Lernen im Unterricht. Der Dialog gelingt nicht. Vielmehr wird um die Dominanz gerungen, wenn Bereiche in der Wertschöpfung aufeinander angewiesen sind.

> Das Business sagt der Technik, was sie zu tun hat und umgekehrt. Der Innendienst dem Außendienst, die Zentrale der Peripherie, der Vertrieb, der Forschung, und so geht es weiter. Ein Schlagabtausch mit Kopfschütteln.

Das gilt für viele Subkulturen im Miteinander, das so oft zum verständnislosen Nebeneinander oder fruchtlosen Gegeneinander verkommt. Es ist eine große Herausforderung, darin ein neues Füreinander zu entwickeln. Wir plädieren für einen schöpferischen Dialog im Wechselspiel der Akteure, das KTC ist dafür ein geeigneter professioneller Ort.

Abb. 63: 4 Barrieren der Kommunikation (Scharmer 2009, 133)

Wir beschreiben hier die über die Arbeit mit dem KTC gewachsene Expertise für integrierte systemische Changeprozesse. Seit mehr als 10 Jahren arbeiten wir mit Manager-Netzwerken, Führungskräftelerngruppen, Strategien zur Leadershipentwicklung in großen Unternehmen und über die Leadership Academy ist ein Prototyp einer landesweiten Vernetzung der Leitungsrollen in allen Schulformen, allen Hierarchieebenen und allen Regionen entstanden.

Wir werden in diesem Kapitel die KTC-Arbeit in Form einer systematischen Interventionstheorie und der Schaffung von Infrastrukturen des Lernens darstellen. Dazu unterscheiden wir vier grundlegende Architekturen zum Einsatz des Kollegialen Teamcoachings.

	Person & System	System & Person
Systemübergreifend	**I** Organisationsübergreifendes Managernetzwerk	**IV** Netzwerk der Leadership Academy (LEA)
Systemintern	**II** Organisationsinternes Führungsentwicklungsprogramm	**III** Krisenintervention und Reorganisation in einer Organisation

Abb. 64: Matrix der KTC-Interventionen

Auf der oberen Ebene finden wir die systemübergreifenden Programme, auf der unteren die innerhalb von Systemen. Die linke Spalte kennzeichnet Programme mit einem Zugang über die Personenentwicklung, die sich an Themen der Systeme entfaltet, die rechte Spalte führt die Interventionskontexte auf, die mit Fokus auf der Systementwicklung liegen, die Menschen anhand der Systemthemen aktivieren und in einem Übergang begleiten.

- *KTC im Managernetzwerk*
  Programme für Verantwortliche der Unternehmensleitung. Bereichsleitende und Führungskräfte aus unterschiedlichen Unternehmen und Organisationen kommen in regelmäßigen Abständen zu einem modular aufgebauten Programm zusammen.
  Kontext: Systemübergreifend, mit Schwerpunkt auf Kompetenzentwicklung der Personen innerhalb ihrer systemischen Umfelder.

- *KTC als Führungsentwicklungsprogramm*
  Führungskräfte und Spezialisten in Programmen zur Kompetenz- und Innovationsentwicklung treten in eine modulare inhaltliche Wissensvermittlung in Kombination mit dem KTC zur Bearbeitung konkreter Führungssituationen ein.
  Kontext: Innerhalb der Systemgrenzen, mit dem Schwerpunkt der Qualifizierung von Personen mit Aufgaben und Rollen in ihren systemischen Kontexten

- *KTC zum Einsatz in Kriseninterventionen*
  Bei Reorganisationsprogrammen und Kulturentwicklungen in Systemen, die im Wandel begriffen sind oder bei Unternehmen, denen dringliche Transformationen bevorstehen. Dabei sind alle Mitglieder einer Organisationseinheit oder ganze Führungsebenen verbindlich beteiligt.
  Kontext: Innerhalb der Grenzen eines Gesamtsystems, mit Schwerpunkt auf

Entwicklung der Organisationsthemen in Verbindung mit Qualifizierung der Personen.

- *KTC als Grundlage zur Vernetzung auf der Gesamtsystemebene*
  Die Vernetzung und Entwicklung der Netzwerke von Einzelsystemen auf der Gesamtsystemebene, z.B. aller Standorte oder Werke eines Konzerns oder aller Schulen und Schulformen eines Landes.
  Kontext: Systemübergreifend, mit Schwerpunkt auf Innovation, Kulturentwicklung und Paradigmenwechsel auf der Gesamtsystemebene.

In allen Formen muss es gelingen, eine Basis der Vertraulichkeit und des Vertrauens zu schaffen. Ohne diese Qualitäten kann sich kein einfühlendes Verstehen entwickeln und ohne Empathie gelingt der intuitive Prozess des Mitschwingens, szenischen Erfassens und tieferen Verstehens des jeweiligen Akteurs nicht. In allen Kontexten gilt die Komplementarität aus Initiative und Verantwortlichkeit sowie Systematik und Verbindlichkeit.

In heterogenen systemübergreifenden Kontexten greift der individuelle persönliche Musterwechsel stärker, die Einzelnen agieren freier und tauchen intensiver in den Prozess ein. Das gilt für Managernetzwerke, „Peergroups" im Rahmen der Qualifizierung und Netzwerke in Gesamtsystemen. In Netzwerken innerhalb von Organisationen kommt dagegen der systemische Musterwechsel stärker zum Zuge. Die Ideen sind stärker auf die Bedingungen des Systems bezogen und berücksichtigen systemeigene Antinomien und Paradoxien stärker. Hier wirkt der Modus kollektiver Intelligenz als soziales Kapital. Darüber hinaus gilt aufgrund der systemisch-personalen Verschränkung des Konzepts des KTC, dass jede Systeminnovation nur als Veränderung mit den Menschen gelingt und jede persönliche Neuorientierung nur erfolgreich ist, wenn sich das umgebende System gleichsinnig mitwandelt.

10.1 KTC im Managernetzwerk: Vier Module des Wandels

Der Aufbau eines Entwicklungsnetzwerks mit dem Ziel, sechs parallele individuelle curriculare Entwicklungen der Teilnehmer zu orchestrieren und im Zusammenspiel zu verweben, kann beginnen. Sind alle Voraussetzungen geschaffen, ist die Gruppe zusammengestellt und die Planung abgeschlossen, kann es losgehen. Alle Teilnehmer tragen ihre Systemwelten und Unternehmenskulturen aus verschiedenen Organisationen in das Programm hinein. Im Ergebnis sind sechs Individuen in ihren sozialen und systemischen Umwelten Teil und Treiber einer weit reichenden Veränderung geworden. Die Taktung eines solchen Vorgehens ist entscheidend, trägt doch das Programm selbst zu einer Dynamik der Veränderung bei.

Programme haben einen eigenen Spannungsbogen. In jedem Element geschieht eine Transformation. Aus allen Transformationen erwächst die Geschichte. Die Story wird zum Drehbuch für den persönlichen und systemischen Wandel.

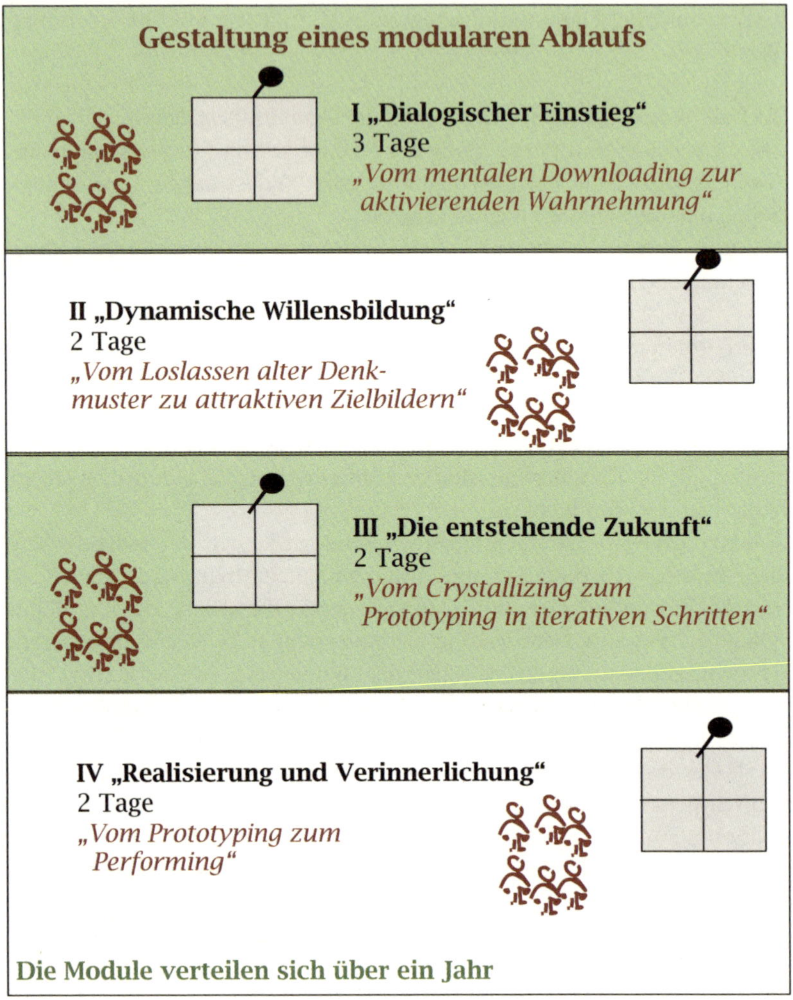

Abb. 65: Programmaufbau im Managernetzwerk

Dialogischer Einstieg

Der Einstieg setzt die Zeichen. Geht es hier zur Sache, geschieht hier etwas, das in mir eine positive Spannung erzeugt? Gelingt es, eine anziehende Kraft zu aktivieren, die sich auf ein attraktives Ziel richtet?

Das KTC eignet sich hervorragend zur Diagnose von Person und System. Die Diagnose wird als Prozess der Erkundung im Konzept der aktivierenden Wahrnehmung durchgeführt. Die Diagnose bringt Menschen in einem Prozess des Verstehens und Verstandenwerdens zusammen. Sie bilden ein eigenes, in Entwicklung begriffenes System.

Der Kern des ersten KTCs ist der Diagnoseprozess selbst: Wie erlebe ich mich in Bezug auf Herausforderungen der entstehenden Zukunft in meiner Rolle? Welche Muster, Präferenzen und Kompetenzfelder kennzeichnen meine persönliche Situation? Welche Barrieren, Trübungen, Blockierungen und Vermeidungen kenne ich an mir und in meinem Umfeld? In diesem Prozess kommt sich der Einzelne näher, versteht sich selbst, wird selbstbewusst und bekommt Herzklopfen. „Ja, es geht um mich", wird er vielleicht sagen. „Ich bin gespannt." In dem Näherkommen entsteht aber keine Verschmelzung, eher ist es eine Dissoziierung, ich sehe mich von außen und entwickle eine Empathie mir selbst gegenüber. Diese Fähigkeit zum einfühlenden Verstehen wird hier auf sich selbst angewandt und durch die Coachs in der KTC-Bearbeitung unterstützt. Ihr „fremder" aber einfühlender Blick auf meine Situation eröffnet mir neue Perspektiven, jeder schaut aus einem anderen Organisationshintergrund auf die Situation des anderen.

Am Ende des Einstiegs ist ein Verständnis der Person und Situation erfolgt, ein Spannungsbogen zu einem bedeutungsvollen Ziel geknüpft und bereits eine erste Konzeption entworfen, um zu diesem Ziel zu gelangen. In Vorfreude auf das, was kommt, energetisiert und voll positiver Erwartung fahren die Akteure vom ersten Treffen zurück.

Zu Hause im eigenen Umfeld sind Aufgaben zu erledigen, die die Diagnose und das Zielbild erhärten:

- Feedback mit aussagefähigem Gegenüber einholen
- Fokusgruppe zur Diskussion der Zielbilder einrichten
- Brief aus der Zukunft mit dem inzwischen erreichten Szenario schreiben
- Voraussetzungen und Rahmenbedingungen schaffen.

Zwei Monate werden lang, wenn einer etwas auf den Weg bringen oder sich selbst auf den Weg machen will. Deshalb bilden wir gleich zu Beginn Lernpartnerschaften, die sich laufend konsultieren und sich zumindest einmal im Zwischenraum zu einem kollegialen Zweiercoaching treffen.

Dynamische Willensbildung

Zwei Monate später kommen die Beteiligten wieder zusammen. Die Teilnehmer haben sich in der Regel in der Zwischenzeit selbst aufmerksamer beobachtet. Einige berichten, dass für sie selbst überraschend sich bereits Veränderungen und Bereitschaften im Umfeld abzeichnen, die in die gewünschte Richtung gehen. Die Realität des Unternehmens habe sich ebenfalls verändert, bestimmte Prozesse seien bereits in Bewegung gekommen. Über anderes würde oft noch einmal genauer nachgedacht, der innere Controller habe zu Hause nachgearbeitet. Aber bei allen lebt das Gespür für die heraufkommende Veränderung verbunden mit der Ungeduld. Was muss ich tun? Wie weit kann ich gehen? Was kann ich mir und meinem System zumuten?

In dem zweiten Modul des Managernetzwerks geht es um den Willen. Was soll meine Rolle sein? Aus der Zukunft auf mich zurück geblickt, was wird mein Vermächtnis sein? Erst wenn uns diese Fragen aus ungewöhnlicher Perspektive beantwortbar werden, können wir auch loslegen. In den von *Scharmer* anschaulich dargelegten Prozessen der Öffnung des Denkens, Fühlens und Wollens *(2009, 64 ff.)* verändert und erweitert sich die Beobachterperspektive auf mich selbst.

Das KTC in diesem Modul hat oft den Charakter einer inneren Auseinandersetzung. Gruppen entwickeln Gespür für innere und äußere Widerstände. Sie spiegeln dem Akteur die blinden Flecken seiner Beobachtung, wo er sich selbst nicht im Blick hat. Sie erkennen Aktionismus, Pseudobewegungen, Zaghaftigkeit, Vermeidung offener Klärungen oder Mangel an Kontakt zu Entscheidern oder Betroffenen. Sie spüren die Unstimmigkeiten zwischen Wollen und Tun. Und weil sie es ja nicht selbst sind, die handeln müssen, erspüren sie die Ambivalenzen und sich blockierenden Strebungen am eigenen Leib. Es ist aber eine entscheidende Differenz da, es sind keine Bedrückungen vom eigenen Leib, weil die affektive Betroffenheit fehlt. *(vgl. Schmitz 1992)*

So entstehen Lösungsszenarien, kristallisieren sich erste Entwicklungen heraus und es zeigt sich, welche Haltungen, Prinzipien und Muster als Introjekte früherer Einschärfung gelöst und zurückgelassen werden müssen. Es kommt zum Abschied vom Perfektionismus, vom Vollständigkeitszwang und vom Kontrollbedürfnis. Zugleich schärft sich das Vorstellungsbild von der entstehenden Zukunft und wird immer klarer und detaillierter. Diesmal gehen viele nachdenklicher zurück, bewusster. Die meisten können sich jetzt vorstellen, in ihrem Umfeld einen offenen Dialog im 360°-Spektrum zu wagen. Sie haben erlebt, welche Wirkung Kommunikation hat. Manche erschraken über die Wirkung ihrer Worte auf das Coachingteam. Manchen wurden ihre Bewertungsmentalität, ihr Zynismus oder auch ihre Angst vor wirklichen Schritten deutlich.

Die Lernpartnerdialoge zwischen dem zweiten und dritten Modul kreisen vielfach um die Fragen der Kommunikation. Wie mache ich mich verständlich und wie verstehe ich andere besser oder tiefer? Die Vorbereitung oder Nachlese zu Klärungsgesprächen, Abstimmungen über Entwicklungsziele, die Entwicklung eigener Leadershipqualitäten und die Überzeugung anderer als Voraussetzung für den eigentlichen Prozess der Veränderung stehen im Zentrum. Das Loslassen hat begonnen, die Zukunft kann kommen, mehr und mehr wächst die Bereitschaft, ihr offen zu begegnen.

Entstehende Zukunft

Wieder sind zwei Monate vergangen, die Aufmerksamkeit geht in die Richtung eines Musterwechsels. Die Akteure bereiten sich auf einen Entstehungsprozess vor, der aus Dramaturgien, Szenarien, Alternativen und Imaginationen besteht. In der KTC-Erzählung wird das nächste Kapitel aufgeschlagen. Wie begegnen wir dem Erlebnis des Überfordertseins, der Unsicherheit vor dem Neuen und den unterschiedlichen Bedürfnissen und Interessen der Beteiligten am Beginn? Wie bewältige ich die Komplexität, schaffe Gewissheit, wo viele noch zweifeln? Wie gewinne ich Partner und eröffne den Dialog? Wie kommen wir auch im Systemalltag zu Erlebnissen des Flow als schöpferische produktive Kraft?

Im KTC findet die Probe statt, manchmal ist es bereits die Generalprobe. Wirkt das Ziel anziehend? Wie können wir, die wir ins Gelingen verliebt sind, den Funken überspringen lassen und die gemeinsame Kraft im Feld aktivieren? Die KTC-Arbeit wird zum „actstorming", die Akteure testen ihre Konzepte und genießen das Probehandeln in der Gruppe. Alle gehen aus dem Modul mit größter Klarheit gegenüber der entstehenden Zukunft heraus, es entstehen Ordnungen, Strukturen und Impulse für weitergehende Prozesse. Manche realisieren bereits Veränderungen, äußern ihre Verwunderung, dass es leicht sei, wenn einmal der Wille da sei und ein guter, einfühlender Blick auf die anderen. Manche lieben den Moment der Erweiterung des Lösungsraums. In der Zwischenphase konkretisieren sich die Vorstellungen, finden klärende Abstimmungen statt.

Realisierung und Verinnerlichung

Der Start liegt über als ein halbes Jahr zurück. Die Akteure sind vertraut miteinander, kennen die Methode und sind jetzt dabei, Prototypen des Neuen zu schaffen. Jetzt steht das Tun im Vordergrund. Der Prozess ist gestartet, die Idee hat gezündet und ist mit Interesse, Begeisterung und Skepsis aufgenommen worden. Jetzt steht die Auseinandersetzung mit den Wahrnehmungen an. Wie haben die Bedenken auf mich gewirkt? Worauf habe ich am stärksten geachtet? Was ist mein Bild des Auftakts? Wie schätze ich das Kräftefeld ein?

Jetzt kommt die Zeit der Auseinandersetzung mit ersten Erfolgen. Stimmt die Richtung? Wen habe ich für den Prozess gewinnen können? Wer zieht mit? Wie erscheint jetzt das Zielbild? Jeder macht sich auf seinen Weg und setzt die Entdeckungsreise fort. Veränderung mit den Menschen, um Verhältnisse zu ändern und das Neue in die Welt zu bringen.

Die Gruppe hat sich längst gefunden. Die Einzelnen spielen ihre Rolle als Ideengeber, Integrator, Advocatus Diaboli, als strategische Denker oder Qualitätssicherer. Sie leben die Gruppendynamik und erkennen sie und sich selbst darin. Es tun sich vielschichtige Lernebenen auf. Eine Rollenanalyse macht die Unterschiede im Prozess von Selbst- und Fremdbild bewusst. Eine Bilanz ist immer nur vorläufig, der eigentliche Prozess der Verinnerlichung kommt ja erst noch. Und doch sollten bereits sichtbare Veränderungen in einer Bilanz wahrgenommen werden können.

Bilanz und Feedback zum Abschluss des Managernetzwerks

Ein solches Netzwerk kann nur gelingen, wenn alle Partner synergetisch zusammenwirken. Es benötigt die Verantwortung und Initiative aus drei Perspcktiven, die des Prozessbegleiters, die des teilnehmenden Akteurs und die des Unternehmens bzw. der Organisation, aus der die Teilnehmer kommen.
Die Prozessbegleiter haben eine große Verantwortung

- für die Bedingungen eines schöpferisch produktiven Dialogs in der Gruppe,

- beim Sichern der Teilnehmerzusammensetzung auf Augenhöhe,
- für den Diagnoseprozess mit eingehender Analyse in Gesprächen vor dem Start,
- bei der Unterstützung während des Programms durch Materialien und Dokumentation,
- für die Sicherung der Umsetzungen aus den Ideenwerkstätten,
- in ihrer Erreichbarkeit und Ansprechbarkeit über den gesamten Prozess,
- für eine Evaluation im 2-tägigen Follow-up drei Monate nach Abschluss.

Die Akteure sind gefordert,
- Verantwortung für das eigene Vorhaben und Entwicklungsthema zu übernehmen,
- Unterstützung als Lernpartner im Transferprozess zu leisten,
- Bereitschaft zu konzentrierter Arbeit an den Themen der anderen zu haben,
- achtsamen Umgang mit Erkenntnissen und Schlussfolgerungen zu pflegen,
- die gefundenen Lösungen in konsequenter Umsetzung zu realisieren.

Die Unternehmen und Systeme der Akteure haben eine Verpflichtung,
- sich mit den innovativen Themen und den strategischen Erarbeitungen der Teilnehmer auseinanderzusetzen,
- die erworbenen sozialen Kompetenzen und Techniken der teilnehmenden Schlüsselpersonen für die Führung von Innovationen nachhaltig einzusetzen,
- die im KTC erarbeiteten Themenlandschaften auszuwerten und für die Unternehmensentwicklung zu nutzen.

Erfolgsbestimmend wirkt es sich aus, wenn attraktive Themen in das Managernetzwerk eingebracht werden, von denen alle auch inhaltlich profitieren, wenn unterschiedliche Charaktere aufeinandertreffen und so die unterschiedlichen Persönlichkeitstypen gut repräsentiert sind. Systematische Effekte konnten wir in der Auswertung exponentieller Lernkurven durch eigenes und stellvertretendes Lernen am Beispiel der anderen finden.

Stärkende Prozesse zeigten sich:
- Ausgeprägtes Maß an Zielerreichung und Erfolg
- Sichtbare Zunahme an Selbstkompetenz: Selbstbewusstheit und Autonomie
- Fühlbare Stärkung der Kontakt- und Beziehungsintensität sowie der Empathie
- Offener Umgang mit eigenen Spannungen und Ambivalenzen
- Starke Effekte, Systeme zu führen und organisationale Energie zu bündeln
- Beschleunigung der Prozesse und Verkürzung der Übergangszeiten in Veränderungen
- Abbau von Konfliktquellen durch konstruktive Konfrontation von Konfliktpartnern
- Steigerung der Agilität durch Mehrperspektivität und Erweiterung des Lösungsraums
- Bemerkenswerter Wandel der Kommunikationsstile in Richtung schöpferischer Dialog

Am Ende steht eine Gruppe von Gefährten, die sich durch schwierige Phasen ihres Berufslebens begleitet und dabei intensiv kennengelernt haben. Der emotionale Raum der Gruppe ist eine Quelle der Unterstützung. Noch Jahre später werden Themen, Szenen, Momente des Wandels erinnert. Gruppen treffen sich daher vielfach noch länger auf freiwilliger Basis und in Selbstorganisation, die allerdings organisational und systemisch gestützt sein sollte.

Wir verlassen jetzt die Struktur eines Managernetzwerks mit einer, zwei oder drei KTC-Gruppen im Verbund und wenden uns der Beschreibung eines Führungsprogramms in Verbindung mit der KTC-Arbeit zu.

10.2 KTC als Führungsentwicklungsprogramm

Die Qualifizierung von Mitarbeitern und Führungskräften für neue Aufgaben, Rollen und Verantwortungen geschieht traditionell in bewährten Formen von Kompetenztrainings, die, ausgerichtet auf Themenschwerpunkte und Verhaltenskompetenzen, aneignungs- und vermittlungsorientiert durchgeführt werden. Die Teilnehmer lernen Konzepte kennen, arbeiten an Beispielen und diskutieren in Gruppen. Der eigentliche Lernschritt, der Transfer findet erst zeitversetzt statt. Über die Problematik des Transferlernens liegen kritische Studien und Fallanalysen vor. Sie belegen vor allem die ungelöste Problematik der Passung vom vermittelten Inhalt zum praktizierten Vorgehen im eigenen Feld.

Das KTC in Führungsentwicklungsprogrammen verbindet daher die inhaltliche Aneignung von Wissen und Können unmittelbar mit dem Wollen und Tun. Das Angebot ist in modulare Einheiten gegliedert, die jedem die Chance geben, die bereits entwickelte Kompetenz als Ausgangslage zu prüfen. Der entscheidende Unterschied zu klassischen Trainings und Seminarkonzepten liegt darin, die Probleme des Transfers nicht erst nach dem Themenmodul in Situationen vor Ort zu praktizieren. Vielmehr findet der Praxistransfer bereits im KTC während des Moduls statt.

Im Allgemeinen bestehen Führungskompetenzgruppen aus 18-24 Teilnehmenden aus dem eigenen Unternehmen oder aus regionalen Einheiten. Zur KTC-Arbeit bilden sich daraus drei oder vier Gruppen mit in der KTC-Arbeit versierten Prozessbegleitern über ein Jahr. Die Teilnahme ist freiwillig, es hat eine Bewerbung und Auswahl stattgefunden, die verantwortliche Vorgesetztenebene hat zugestimmt und ist bereit, die zu erwartenden Impulse und Ergebnisse aus dem KTC für die Praxis aufzunehmen. So ist das Interesse der Akteure und der Systeme gegeben. Bereits im Vorfeld entsteht eine Erwartungsspannung durch Interviews, Mikroartikel, 360°-Feedbacks und andere die Akteure aktivierende Aufgaben.

Wir zeigen dieses integrierte Transferkonzept anhand eines typischen Programms, beschreiben den Verlauf der beispielhaften Module, die Übertragung in die Praxis und betonen dabei die wichtige Funktion des Lernpartners.

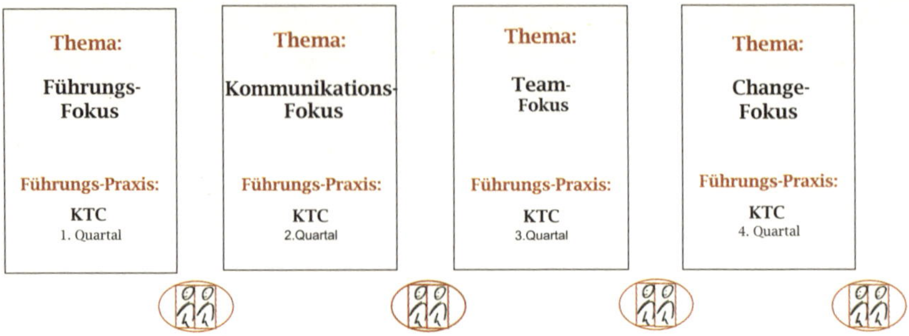

Abb. 66: Führungsprogramm in Verbindung mit KTC-Modulen

Rolle und Persönlichkeit

Das Führungsprogramm findet in einer Sequenz von vier thematischen Einheiten statt. Es beginnt mit dem Modul „Rolle und Persönlichkeit". Die Effizienz im Unternehmen, im Betrieb, im Krankenhaus, in der Verwaltung, in der Schule lebt von der Differenzierung. Funktionen bilden sich aus, Rollen werden vergeben, Prozesse werden definiert, um Komplexität zu reduzieren. Der Übergang zu einer neuen Rolle ist eine Herausforderung. Die fachliche Basis, die bislang für die Sicherheit und den Selbstwert gesorgt hat, wird erweitert um schwer fassbare Konstrukte wie Management, Leitung und Führung, für die erst einmal auch gar keine Zeit vorgesehen ist. Wie soll das gehen? Wie übernehme ich eine Rolle? Wie fülle ich sie aus? Wie lebe ich die Rolle kompetent, souverän und beweglich? Diese Fragen lassen sich im KTC unmittelbar stellen und bearbeiten. Menschen in neuen Rollen wundern sich oft über langjährige Kollegen, die sich plötzlich ihnen gegenüber distanziert zeigen und Anspielungen machen.

Der Rollenwandel soll gelingen, aber wie gestalte ich ihn? Wie wird eine Führungsrolle im Umfeld von Architekten, Technikern, Vertrieblern, Controllern, Lehrern, Ärzten, Pflegern, Sozialarbeitern u.a. wahrgenommen? Was muss einer ändern, wenn er in die Rolle kommt? Was passt in der jeweiligen Umgebung?

Im KTC wird der Schritt in die Rolle thematisiert. Das Kräftefeld wird sichtbar. Die Mitarbeiter kommen in den Blick. Vielfach sind die Rollen erst einmal kommissarisch oder stellvertretend, oft ohne disziplinarische Funktion. Wie geht der Betreffende damit um? Auf diese Fragen gibt das Training grundsätzliche und professionelle Antworten.

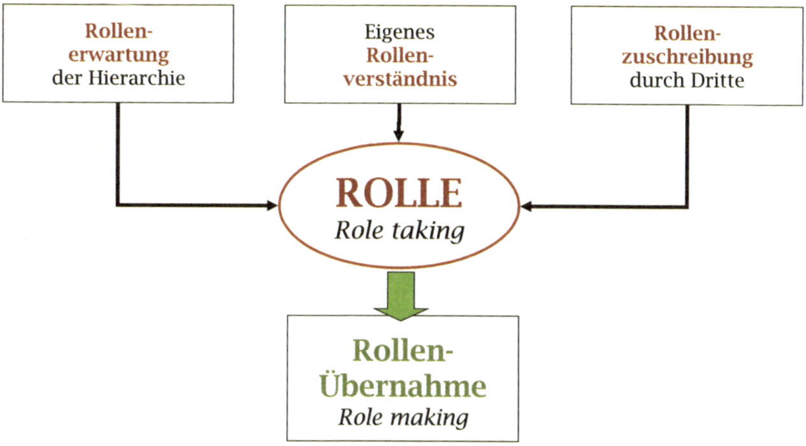

Abb. 67: Rollenübernahme und Rollengestaltung

Wenn Führungskräfte lernen, Führungskräfte zu führen, ist die Situation sofort eine andere. Die Komplexität nimmt zu. Erst wenn die Situation in ihrer Komplexität und Vielschichtigkeit erfasst wird, tauchen Fragen auf. Es sind oft Fragen der Gestaltung der Rolle. Diese ist abhängig von zeitlichen und inhaltlichen Möglichkeiten.

Im KTC hat jeder Teilnehmer die Chance, sich und seine ganz persönliche Situation und seine Konstellationen anzuschauen. Aus den KTCs kommen die Einzelnen verwandelt heraus. Der Perspektivenwechsel ist passiert. Sie sehen sich selbst als gewachsen, nehmen die Erwartungen klarer wahr und haben sich vorbereitet in den Gremien, Sitzungen und Treffen mit anderen Verantwortlichen gleicher Rolle aufzutreten und aktiv mitzuwirken.

Als Aufgabe und Schritt für den Prozess danach wird eine Situation zu schaffen sein, die Gelegenheit gibt, die eigene Rolle und vor allem das Rollenverständnis in einem 360°-Verständnis zu beschreiben. Der Akteur kann die Situation nutzen, um die Erwartungen der Mitarbeiter an die Rolle zu definieren oder ein erstes Feedback einzuholen. Möglicherweise gibt es bald ein Treffen mit Kollegen der gleichen Ebene und Funktion, um sich zu präsentieren.

Der im Modul I gefundene Lernpartner ist dabei willkommener Transferhelfer. Genauso wenig wie die Speisekarte das Menü, die Landkarte die Landschaft selbst ist, ist das Führungskonzept nicht bereits die Führung. Das Erleben in der Landschaft, beim Essen und in der Führung selbst ist entscheidend. Ein Führungstagebuch hilft dabei, erste Erfahrungen, Situationen und Erkenntnisse festzuhalten. Das Modul I dient der Selbstklärung und bereitet die Kommunikationsklärung vor.

Kommunikation

Menschen und Systeme in Bewegung bringen, ihnen eine Richtung zeigen, Vertrauen aufbauen, Aufgaben verteilen, Wertschätzung vermitteln, Regeln vereinbaren, Interessen aushandeln, Rückmeldung geben und empfangen, das alles geschieht im Medium der Kommunikation, von der wir wissen, wie selten sie gelingt.

Führung geschieht in der Regel unspektakulär als Folge von Abstimmungen und Klärungen in Gruppen und Dyaden, im dialogischen Gespräch, das selten geführt wird. Oft geschieht die Abstimmung situativ, spontan, zwischen Tür und Angel und in Reaktion auf aktuelle Anliegen. Führung ist dann eher reaktiv und problemorientiert. Die eigenen Ziele, Ambitionen und Herausforderungen wollen benannt werden, möglichst mitreißend. Das spart später viel Arbeit. Das eigene Rollenverständnis und die Erwartungen an die anderen sollen klar werden. Nur wie?

Führung erzählt eine Geschichte, die berichtet, woher ein Bereich kommt, wer ihn aufgebaut hat, wie er größer und erfolgreicher geworden ist und wo er heute steht. Die Erzählung ist eine gute Form analoger und resonanter Führung. Es geht darum, die eigene Geschichte zu schreiben. Bilder, Imaginationen sind offen für positive Eindrücke und Assoziationen. Eine lösungsorientierte Sprache vermittelt Informationen, die eingeordnet sind in umfassende Verständnisse und Perspektiven.

Manchmal gilt es Schwierigkeiten anzusprechen, Klartext zu reden. Gelingt der wertschätzenden und werbenden Stimme auch eine Konfrontation? Wahrheiten der Situation wollen benannt werden. Offenheit soll sich verbinden mit kraftvollen Ansagen. Das will gelernt sein. Emotionalität soll die Führungskraft vermitteln, eine Atmosphäre schaffen, ermutigen und empowern. Nur was heißt das, fragt sich der neue Leiter des Rechnungswesens, die Verantwortliche der Notaufnahme, die Ressortleitung, die neue Schulaufsicht, der Rektor u.a. mehr.

Sprache schafft Wirklichkeit, aber wie setze ich sie ein? Es ist gut, die Gesetze der Kommunikation zu kennen und sich in ihren Spielarten auszukennen. Nach diesem kommunikativen Modul mit Rollenspielen, Feedbacks, Fragebögen, Gesprächssituationen gibt es viele Chancen – täglich –, um Kommunikation zu üben:

- im Mitarbeitergespräch,
- in einer Ideenrunde in einer Fokusgruppe,
- in einem moderierten Meeting,
- in einem Klärungsgespräch zwischen zwei Spezialisten,
- in einer Beziehungs- und Erwartungsklärung.

Die Führungstagebücher füllen sich. Lernpartner haben viel zu tun. Am Ende entwickeln sie gemeinsam Ideen für ihre Regelkommunikation in ihren Einheiten. Kommunikation ist das Medium der Führung und zugleich auch Führungsmittel.

Team

Ein weiteres Quartal später geht es um die Mitarbeitergruppe als Ganzes. Viele Verantwortliche fühlen sich wie im Hamsterrad. Ihre Führungsprozesse sind bilateraler Natur. Einzelne Mitarbeiter kommen mit ihren Anliegen und es finden Gespräche statt. Der Arbeitsalltag zerlegt sich so in eine unüberschaubare Zahl von Gesprächen, die Arbeit sind und zugleich von Arbeit abhalten. Führung geschieht reaktiv, on demand. Wie ist das Dilemma zu lösen?

Das Führungsprogramm läuft bereits ein halbes Jahr, es ist bereits einiges klar geworden, Skills und Methoden sind aufgenommen, im KTC sind konkrete Ideen für die eigene Führungssituation entwickelt worden. Das Vertrauen wächst in die Gruppe und das Programm, das kollegiale Miteinander, der Wert der Veranstaltungsreihe wird hoch eingeschätzt. Die Erwartungen werden spezifischer. Einige haben Mikroartikel geschrieben, alle haben Gespräche geführt. Was kommt jetzt? Erst einmal wieder Schlagworte: Delegation, Selbstorganisation, Verantwortung, Aufgabenprofile, Information, Aktivierung, Zielvereinbarung. Aber was heißen diese Begriffe? Es klingt nach noch mehr Arbeit. Methoden der Teamdiagnose und Intervention helfen dabei, die eigene Teamsituation unter professioneller Perspektive zu beschreiben. Wie wäre es mit einer Führungsarchitektur aus gut entworfenen Teams? Oft wird von „Team" gesprochen, wenn es nur eine Arbeitsgruppe ist, vielfach sind größere Gruppen von 18–20 Personen gemeint. Die Definition eines Teams lautet dagegen: Eine überschaubare Zahl von 5–6 Mitarbeitenden arbeitet in einem gemeinsamen Aufgabengebiet, mit abgestimmten Zielen und sich ergänzenden Rollen und gemeinsamer Verantwortung für die Einzelleistungen.

Bei der Erarbeitung der Teamarchitektur wird deutlich, dass ich in zwei Systemen oder Teams zu Hause bin. Eines, das ich leite und eines, in dem ich Mitglied bin. Oft noch eines, das auf Zeit als Projekt oder übergreifendes Entwicklungsteam existiert. Jeder Akteur muss sich in den unterschiedlichen Kontexten sehen lernen.

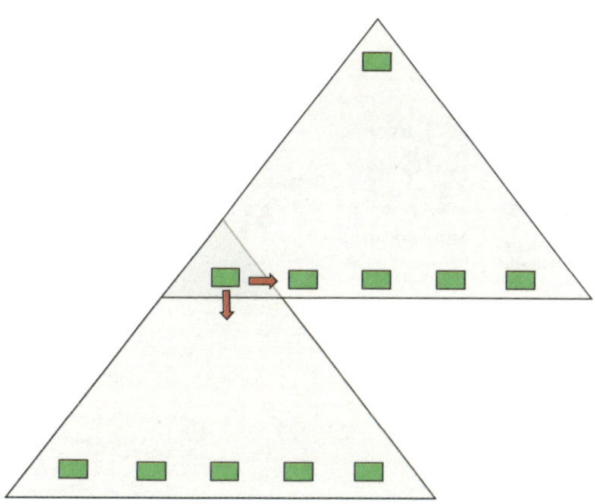

Abb. 68: Linking Pin Organisation (Schreyögg 2008, 220)

Meist ist es ein großer Schritt, das eigene Team als einen Organismus zu betrachten, es als Team arbeitsfähig zu machen und zu entwickeln. Die Führung eines großen Teams mit 2–3 Teilteams ist leichter zu bewältigen. Die Dialoge mit den Teams sind gute Investitionen. Die Teilnehmenden des Programms lernen Teams zu bilden und in guter Weise heterogen zusammenzusetzen. Manche klagen über schwierige Konstellationen, bekommen Instrumente zur Intervention an die Hand. Alle lernen den Teamcheck und einige wenden es sofort an. Andere planen den Einsatz im Team selbst. Was ist in meinem Umfeld ein Team? Und wie bilde ich eines? Welche Rollen spiele ich in Teams?

Das Thema Team bestimmt auch die KTCs. Einzelne stellen schwierige Teams vor, andere Teams, die eigentlich Arbeitsgruppen sind, wieder andere denken an gute Ideen zur Teamentwicklung, die Coachs entwickeln für jede Konstellation passgenaue Lösungen.

Aus diesem Modul III gehen viele angeregt und in guter Weise fortgeschritten ins Feld zurück, da gibt es Aspekte mit dem Vorgesetzten zu besprechen, da ist die Personalentwicklung hinzuzuziehen, da sind ganz andere Impulse zu setzten, als ich bisher dachte. Zum eigenen Nachdenken ist ebenfalls genug da. Wiederum gut, einen Lernpartner zu haben, der meine Ambitionen kennt und mit mir vorausdenkt.

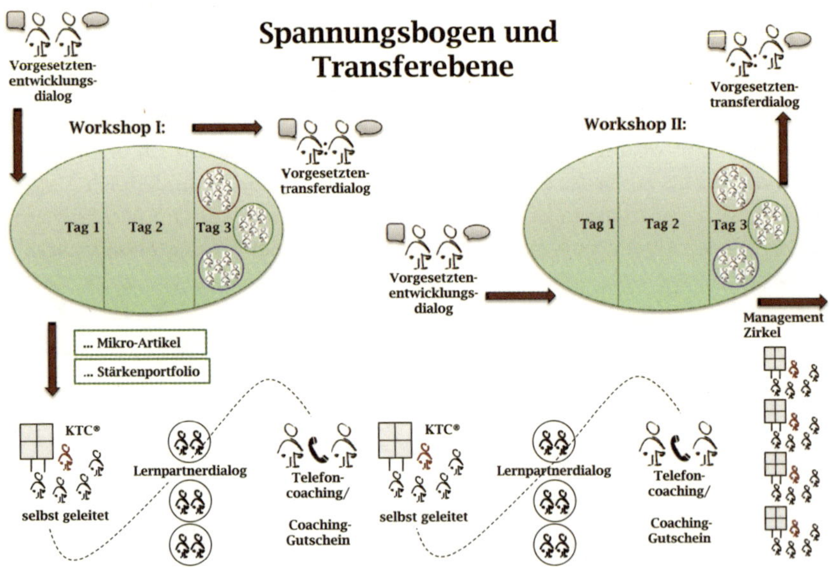

Abb. 69: Das Entscheidende ereignet sich im Zwischenraum

Wandel und Vision

Am Ende geht es um die systematisch gestaltete Veränderung. Das Zauberwort heißt Change. Wie führe ich einen Wandel herbei? Wie werde ich zum Gestalter und nehme dabei meine diversen Partner mit? Erst wenn ich mich der inhaltlichen, sozialen und dynamischen Komplexität einer Veränderung stelle, muss ich das Management der Instabilität verstehen und beherrschen. Erst dabei lerne ich mein Team intensiv kennen.

Partizipation und Aktivierung geht leicht von den Lippen, die Prinzipien des Changemanagements sind schnell vermittelt. Aber bin ich persönlich denn schon kompetent und bereit für den Change? Was braucht es, dass ich mich traue mit meinem Bereich eine Vision zu realisieren, die Struktur, Kultur und Prozesse betrifft? Wie könnte ich eine Diagnose der organisationalen Energie machen?

Das Changemanagement ist die hohe Schule der Führung. Wenn es gelingt, Veränderungen als Management der Instabilität zu verstehen, aktiv zu treiben und zu begleiten, haben wir viel erreicht. Ich übernehme als Führungskraft Verantwortung für Strukturen, für Vorabstimmungen und für die Entwicklung des Prozesses. Und verlasse das Gebiet des Jammern und Klagens und die Larmoyanz, des Anspruchs und der Vorwurfshaltung. Und so arbeitet jeder am Schluss seine Vision aus, wird kollegial gecoacht und erlebt ein persönliches KTC-Bilanzcoaching zu sich und der Entwicklung in seinem Bereich. Am Ende eines Jahres laufen die Fäden zusammen. Die Probe auf das Exempel lautet: Wie habe ich den Changeprozess zum Ziel geführt, wie bin ich mit den diversen Dynamiken umgegangen? Wie habe ich zu meiner Rolle gefunden (vgl. Abb. 34)? Spätestens hier ist klar geworden, was Führung heißt. Mit dem Lernpartner wird die Kooperation besprochen und der erlebte Wert der Koordination ermittelt. Dieser ist inzwischen ein vertrauter Gefährte, einer, der die Verhältnisse kennt und sich eingedacht hat in mich und die Situation. Einer, der auf diese Weise beiläufig lernt, kollegial zu coachen und zum kollegialen Mentor geworden ist.

Die Gruppe schließt ab, oft festlich, immer mit Repräsentanten der Unternehmensführung und immer mit einer Würdigung ihrer Entwicklung. Ganz am Ende messen wir das Erreichte an den Erwartungen. Ein Jahr kontinuierlicher Entwicklungsarbeit liegt zurück, vier Module wurden erlebt und gestaltet, eine Reihe kollegialer Coachings wurde geführt und viele Schritte zur Realisierung wurden getan. Ob es jetzt nachhaltig wirkt und langfristig Erfolg bringt, ist zu diesem Zeitpunkt noch nicht zu ermessen. Die Gruppen bleiben in ihrer Gruppenhaut miteinander verbunden. Sie können jederzeit leicht aktiviert werden. In der Regel arbeiten sie in kollegialer Vernetzung weiter. Das aufgebaute Vertrauen, das kollegiale Wissen und die gemeinsamen Handlungskonzepte sind Schätze, die als Kapital der schnellen Verständigung über Bereichsgrenzen hinweg in der Organisation genutzt werden.

Im folgenden Absatz beschreiben wir an einem Beispiel aus einer konkreten Organisationsberatung den Aufbau eines komplexen Führungsnetzwerks in einem Unternehmen, das aus mehr als 20 parallel zueinander agierenden und dennoch gut orchestrierten Gruppen besteht, die alle mit der KTC-Methodik arbeiten.

10.3 Aufbau eines KTC-Führungsnetzwerks für ein Unternehmen in der Krise

Unternehmensbeispiel

Unser Beispiel bezieht sich auf ein Unternehmen mit 2.500 Mitarbeitern als Teil eines weltweit tätigen Konzerns. Die globale Finanzkrise und hausgemachte Probleme ließen das Unternehmen in eine kritische Instabilität geraten. Diese Krise hatte zugleich das Potential Überlebenskräfte freizusetzen. So entstand das Programm „TAKE OFF".

- Es ist ein Programm mit 144 Führungskräften der 2., 3. und 4. Ebene unterhalb der Unternehmensleitung.
- Das Unternehmen hat dringenden Veränderungsbedarf im operativen strategischen Bereich.

Es ist zugleich ein Programm des Kulturwandels zu mehr Initiative der Führungskräfte.

- Das Programm wurde von einem IOS-Team extern begleitet.
- Im Unternehmen wurden 20 Führungskräfte als Change Agents und Prozessbegleiter qualifiziert und eingesetzt.
- Sie hatten als KTC-Begleiter eine Schlüsselposition im Prozess inne.
- Der gesamte Veränderungsprozess wurde im Dialog zwischen einem Kernteam, der Geschäftsführung, den Change Agents und dem externen Beraterteam entwickelt und abgestimmt.

Das Programm baute ein gut geknüpftes Netzwerk der Führungskräfte und Spezialisten im Unternehmen auf. Es war über einen Zeitraum von 2 Jahren geplant. Wir stellen hier das erste Jahr anhand der realen Informationen für die Beteiligten dar, diese sind kursiv geschrieben.

Das „TAKE OFF"-Programm realisiert die strategischen Ziele des Unternehmens und fokussiert die Aufmerksamkeit und Energie aller Führungskräfte und damit auch aller Mitarbeiter. Dazu ist jede Führungskraft Mitglied einer Kollegialen Teamcoaching-Gruppe. Es ist das Herzstück des Programms. Im KTC entwickelte sich die Führungskompetenz aller Teilnehmer an konkreten herausfordernden Themen der Organisation, die sie selbst in ihrer persönlichen Situation betrafen. Systementwicklung und Kompetenzentwicklung wurden zu zwei Seiten einer Medaille. Dabei trat der Effekt ein, dass alle in eine lösungsorientierte Haltung hineinkamen, mit einem klaren Fokus und der Fähigkeit, Kräfte zu mobilisieren.

Das Unternehmen hatte bislang keine klare Führungskultur, die organisationale Energie war sehr unterschiedlich, hing oft an Personen und Konstellationen an den Standorten. Überwiegend wurde top-down geführt, oft mit wenig Kommunikation und gar keinem Dialog. Die Führungskräfte hatten sich demgegenüber auf das Vortragen von Bedenken und Forderungen verlegt. Die Dynamik war extrem schwankend, an herausragenden Feuerwehraktionen hoch, ansonsten eher träge, teils angenehm, teils resignativ.

Eine neue Führungsmannschaft an der Spitze hatte die Aufgabe übernommen, einen Wandel der Kultur herbeizuführen, die Leistungsfähigkeit wieder herzustellen, durchgängige Prozesse zu entwickeln und mit einer gemeinsamen Strategie handlungsfähig zu werden. Die wesentliche Intervention lautete:

- Wir agieren gemeinsam in einem strategischen, abgesteckten, offenen Rahmen
- Jeder übernimmt Verantwortung für den Musterwechsel in seinem Bereich
- Beide Aufgaben bilden die Grundlage des „TAKE OFF"-Netzwerks
- Die Methode der Arbeit im Führungsnetzwerk wird das Kollegiale Teamcoaching.

Dieses Vorgehen war für alle Beteiligten völlig neu und wurde mit vielen Bedenken kritisch betrachtet. Es galt also in Formen der Aktivierung und Partizipation den Boden für die KTCs zu bereiten. Dazu wurde eine gut abgestimmte Arbeit im Vorfeld mit dem Kernteam durchgeführt, das zunächst selber mit der KTC-Arbeit begann. Eine Startveranstaltung mit allen 144 Führungskräften des Netzwerks sorgte für Spannung, galt es doch hier, die Ziele, die neue Kultur der Verantwortung und des offenen Dialogs erlebbar zu machen und dem gesamten Kreis die Chance zu geben, den Weg mitzugehen. Dazu wurde auf der Startveranstaltung ein erstes Orientierungs-KTC für alle in parallel arbeitenden KTC-Gruppen vorbereitet. Im Vorfeld erhielten alle folgende Information:

Information für die Führungskräfte zum Programmaufbau:

1. *Sie erhalten ein Manual für die Selbstdiagnose Ihrer Führungssituation zur Bestimmung der Ausgangslage. Diese Unterlage bearbeiten Sie und bringen sie mit in das erste KTC.*
2. *Zusätzlich bekommen Sie anbei einen Leitfaden für die Feedback-Gespräche in allen vier Richtungen, die Sie im Vorfeld zu den KTCs organisieren und durchführen.*
   - *Feedback mit Vorgesetzten*
   - *Feedback mit Kollegen der gleichen Ebene*
   - *Feedback mit „Kunden" oder internen/externen Leistungsempfängern*
   - *Feedback mit Mitarbeitern Ihres Bereichs, Ihrer Funktion oder Ihrer Projektaufgabe*
3. *Sie sind dann zum ersten KTC-Workshop eingeladen und reflektieren Ihr Entwicklungsthema sowie das Anliegen, das Sie einbringen und an dem Sie im Programm arbeiten. Es werden die Maßnahmen festgelegt, die Sie in der Folgezeit für sich umsetzen.*
4. *Sie werden innerhalb von 4 bis 6 Wochen nach dem ersten KTC-Workshop einen Transferschritt in Ihrem eigenen Bereich mit den Coachs durchführen und das Programm in die Organisation tragen. Sie übertragen die Ideen aus dem KTC auf Ihre konkrete Situation „on the job".*

5. *Wir werden gemeinsam mit Ihnen, den Programmakteuren sowie allen übrigen Mitarbeitern der Standorte eine Vernissage zum Thema durchführen.*

Systemdenken und Personenblick
In den KTC-Workshops werden strukturierte Anleitungen zur Themenfindung von den Beratern eingesetzt. Die Themen des KTCs sollen ziel- und lösungsorientiert definiert sein und ein konkretes Arbeitsvorhaben bestimmen.

Ihr Projektbüro TAKE OFF

Kollegiales Teamcoaching: Hinweise zur Einordnung der Methode

- Das KTC hilft, die Risiken und möglichen Schwierigkeiten der eigenen Führungssituation gut einzuschätzen und die Kernthemen zu „riskanten Chancen“ zu machen.
- Riskante Chancen haben wir immer im Leben. Die kollegiale Intelligenz und Ideenkraft haben die Change Agents in ihrer Einführung in die Rolle in eigenen KTCs bereits erlebt.
- Von den Kollegen verstanden werden und nicht bei Bedenken stehen bleiben, heißt wachsen können. Wir wachsen im Programm gemeinsam an den Aufgaben und deren Lösungen.
- Jede Aufgabe sollte eine Herausforderung sein, die Bedeutung hat für Kunden, Ergebnisse, Mitarbeiter und für den Akteur selbst. Die Themenlandkarte aller Teilnehmer wurde ausgewertet und als Grundlage der Steuerung durch das Kernteam und die Change Agents eingesetzt.
- Das brauchte nur eine einfache Form der Dokumentation, in der die Kernthemen personenunabhängig verdichtet werden. Die Erfahrung der Führungskräfte mobilisierte Ängste: Was passiert mit den Daten? Wer bekommt diese? Eine erste Aushandlung führte zu einer praktikablen Lösung über das externe Beraterteam.

Wie kommt jeder zu seinen entscheidenden Entwicklungsthemen?

Wir stellen hier die Informationen für die Change Agents im „TAKE-OFF“ dar. Für die Rolle des Change Agents konnten sich die Beteiligten des Programms bewerben, es waren entweder Projektleiter, Mitglieder der 3. Führungsebene oder Mitarbeiter der Personalentwicklung. In einem Prozess im Kernteam wurden die Bewerber ausgewählt, mit jedem wurde ein Gespräch geführt.

Diese Gruppe der Change Agents war ein völlig neues Element in der Unternehmenskultur, die sich bislang vor allem durch eine Kultur der Ansage von oben auszeichnete. Diskussionen gab es nicht. Es hielt sich hartnäckiger Widerstand gegen die Vorgaben von oben. Die Misstrauenskultur war tief verankert und erschwerte anfänglich die offenen dialogischen Formen des KTCs, der Workshops mit den Change Agents und der Dialoge mit dem Kernteam. Dennoch – „etwas Besseres als den Tod finden wir überall“ – waren sie bereit, in dieser Krisensituation das gemeinsame Experiment zu wagen.

Als kluge Intervention erwies es sich, den Prozess mit Menschen aus ihrer Mitte in einem umfassenden kollegialen Netzwerk durchzuführen. Die Change Agents wurden zu konstruktiven Gestaltern der Prozesse, zu Botschaftern der Kernidee und entwickelten eine hohe Identifikation mit dem Programm. Als Form der Kommunikation hatten sich Briefe als wertschätzendes und überzeugendes Medium bewährt. Hier das Beispiel eines Anschreibens an die Change Agents.

- *Sie sind Change Agent einer KTC-Gruppe, haben schon Ihren Auftakttermin, Sie wissen, wer die Mitglieder Ihrer Gruppe sind und bereiten sich auf den ersten Workshop vor.*
- *Sie sind in einer internen Weiterbildung in der KTC-Methode qualifiziert worden.*
- *Die Kollegen und Sie selbst haben zu ihrer Vorbereitung Feedbackgespräche mit Ihrem Vorgesetzten, Ihren Mitarbeitern und Kollegen bzw. Partnern in der bereichsübergreifenden Zusammenarbeit geführt.*
- *Zu Ihrer Vorbereitung gehört jetzt als zweites ein Nachdenken über die Entwicklungsfelder, Themen und Ziele Ihres Bereichs, Ihres Projekts oder Ihrer Funktion. Zur Klärung vorab erhalten Sie das Diagnose-Manual zur Selbsteinschätzung und den Feedback-Leitfaden zur Vorbereitung der 4-Felder-Analyse. Beide Vorbereitungen bringen Sie in Ihr erstes kollegiales Teamcoaching mit.*
- *Im Rahmen der KTCs in der Auftaktveranstaltung Ihrer Gruppe werden Sie erleben, wie sich die verschiedenen Gedankenfäden ordnen, wie sich Zusammenhänge herstellen und sich die Themenfelder herausbilden. In die Methodik der KTC-Arbeit werden die Teilnehmer zu Beginn der Workshops ausführlich eingeführt.*
- *Die KTC-Arbeit endet mit einer breiten Palette von konkreten Aktionen und Impulsen. Die Prozessbeobachter fassen die Schritte der Arbeit aus der Konferenz der Coachs und der Ideenwerkstatt zur Dokumentation und Auswertung auf einem anonymisierten Dokumentationsbogen zusammen, um damit unterstützend weiterzuarbeiten.*
- *Das Entscheidende der KTC-Arbeit ist die Weiterarbeit an den Ergebnissen innerhalb des Unternehmens.*

Ihr TAKE OFF Beraterteam

Die sorgfältige Vorbereitung, behutsame Einführung und sensible Handhabung der Misstrauensthematik im Unternehmen zahlte sich aus. Die KTCs wurden angenommen. Die anonymisierten Auswertungen der Themen aus den KTCs bildeten später die Grundlage für eine umfassende thematische Arbeit an übergreifenden Themen, organisatorischen Knackpunkten und systemischen Nahtstellen. Der „TAKE OFF"-Prozess hob dann auch ab. Die externen Berater bekamen das Vertrauen, stiegen tief in die Niederungen der Organisation ein und stellten sich den Themen vor Ort in einem Coaching on the job mit den Akteuren in ihrem Umfeld. Das war Vertrauensarbeit und Inhaltsklärung in einem.

Transfercoaching
Dieser Schritt wurde schon im KTC-Workshop vorbereitet und vom Akteur eigenständig mit „seinem" Berater aus der KTC-Gruppe geplant. Immer drei Teilnehmer an einem Standort einigen sich mit dem Prozessberater und dem Change Agent auf einen Termin an einem Standort, pro Führungsbereich ca. 2,5 Std. pro Teilnehmer. Dort finden mit den Kollegen und Mitarbeitern vor Ort Transfercoachings statt zu den Themenfeldern, die sie im KTC erarbeitet haben.

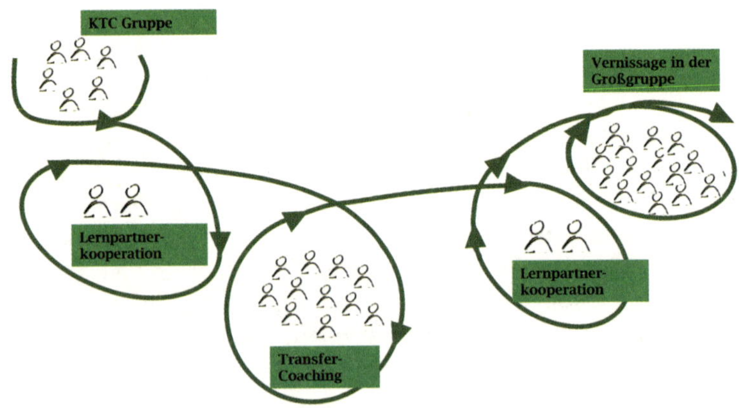

Abb. 70: Transfermodell in iterativen Schlaufen

Die konkrete Coachingsituationen vor Ort boten Rückhalt, Verbindlichkeit und den entscheidenden Schritt zur Mobilisierung und Einbeziehung von Mitstreitern. Die Wahrnehmung der Akteure in ihrem Umfeld vor Ort wurde mit einem unmittelbaren Feedback durch die Coachs abgeschlossen.

Vertraulichkeit und Vernetzung als Grundbedingung für Gelingen (Infopapier)

- *Die Themen gehören den Akteuren.*
- *Jeder hat die Verantwortung für die Entwicklung seines Bereichs, seiner Themen und seiner persönlichen Führungskompetenz.*
- *Die Basis der Leistungsentwicklung im kollegialen Rahmen ist Vertrauen, Offenheit und Mut.*
- *Die persönlichen Themen sind vertraulich, alle Informationen bleiben in der KTC-Gruppe.*
- *Die Systemseite der KTC-Arbeit ist untereinander vernetzt: Wer arbeitet parallel an gleichen Themen? Welche Projekte, Themen in Experten-Foren und anderen Kontexten befassen sich bereits mit meinem Thema, wo werden parallele Überlegungen angestellt?*
- *Wo liegen die Synergien?*
- *Für die Sichtung der Themen, die übergreifenden Themenlandkarten, die unternehmensweite Vernetzung der Vorhaben ist ein installiertes Kernteam in der Verantwortung.*

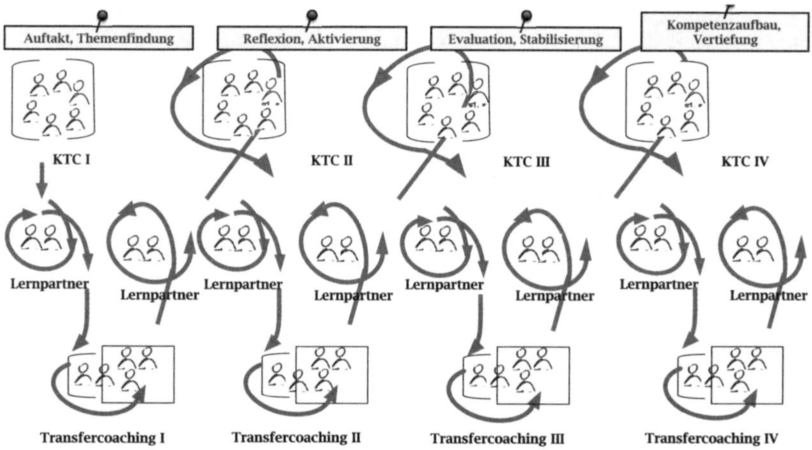

Abb. 71: Modulare soziale Architektur auf drei Ebenen

Der modulare Aufbau im KTC-Design

Das Design arbeitet mit drei Ebenen und vier Phasen über ein Jahr. Daraus ergeben sich 15 iterative Prozesse, die zu Klärung, Coaching-Reflexion und Erkenntnis führen. Die Aufgabe des Programmdesigns ist eine transparente Koordination und Parallelisierung.

Zum Schluss:

- gab es KTC-Workshopreihen in 6 Clustern mit je 24 Teilnehmern, ein Cluster umfasst 4 KTC-Gruppen mit je 6 Teilnehmern,
- fanden Lernpartnerdialoge zwischen den KTC-Workshops statt,
- wurden in Transfercoachings pro Akteur Menschen aus dem Unternehmen eingebunden.

Die soziale Architektur bestand aus dem Kernteam in Kontakt mit dem Beraterteam und den Change Agents. Alle drei sozialen Einheiten arbeiteten mit den 144 Akteuren in den KTC Gruppen. Das verweist auf einen hohen Grad an Aktivierung und Partizipation. Die thematische Vernetzung war extrem dicht.

Als Ergebnisse des ersten Jahres konnte als unmittelbarer Effekt ein Wandel der Kultur und ein Schub an organisationaler Energie festgehalten werden. Langjährige frustrierende Erfahrungen schienen beendet. Viele erlebten erstmalig nach langer Zeit Wertschätzung und Rückhalt. Die Themenlandkarten wurden intensiv studiert, Themencluster konstruktiv bearbeitet. Die produktive Kraft war spürbar. Und als strategische Herausforderungen konnten zwei Archetypen gleichzeitig realisiert werden: Nach außen „Killing the Dragon", nach innen „Winning the Princess". Das Management der kollektiven Aufmerksamkeit zielte darauf ab, die „gesamte und ungeteilte Konzentration auf die Bedrohungen und Zukunftschancen des Unternehmens zu lenken". *(Bruch/Vogel 2005, 257)*

Im besonderen Fall dieses Unternehmens wurde das Thema der Werte intensiv bearbeitet. In einer konkreten und dialogischen Form fand eine klärende und lösende Auseinandersetzung mit den alten Herrschaftshierarchien statt. Auf diese Weise wurde Platz geschaffen für Wachstumshierarchien, die sich als Netzwerke lateral organisieren *(Wilber 2001, 38 f.)*.

10.4 KTC im Rahmen der Leadership Academy (LEA)

Das vorausgegangene Beispiel einer systemweiten Vernetzung von 24 kollegialen Entwicklungsgruppen veranschaulichte das Potential der Vernetzung von Netzwerkgruppen innerhalb einer großen Organisation, hier einem Unternehmen in der Krise.

Wir berichten jetzt abschließend über die Gestaltung von systemübergreifenden Gesamtsystemvernetzungen. Wir zeigen, wie das KTC in seiner modularen Struktur und seiner systematischen Methodik, verbunden mit der „Grammatik des sozialen Feldes" *(Scharmer 2009, 227 ff.)* von bis zu 50 parallel arbeitenden Gruppen von je 6 Akteuren angewendet werden kann. Es gilt zu prüfen, ob die Größe eines Netzwerks, hier 300 Teilnehmende, mit dem Preis des Verlusts an Subjektivität und personalisiertem Lernen einhergehen muss.

Die Kraft großer Gruppen bewirkt eine starke Aufbruchstimmung, eine enorme organisationseigene Emotionalität und eine starke Dynamik. Große Gruppen benötigen starke Bindungen. Sie tragen den tief greifenden Wandel durch die Kraft der großen Zahl und das Maß der persönlichen Involviertheit. Lernen und Entwicklung wird zum Ereignis. Wir wählen als das herausragende Bespiel die

Leadership Academy in Österreich, die von dem Bundesministerium (BMUKK) getragen und gemeinsam von den Professoren *Schley* und *Schratz (2004)* geleitet und evaluiert wird. Es ist eine Netzwerkorganisation in großem Stil, mit gut gewebter und haltender Struktur, die sich lohnt, näher betrachtet zu werden.

Die Leadership Academy in Österreich ist ein Netzwerk von Führungskräften des österreichischen Bildungssystems aus allen Regionen, allen Schulformen und Hierarchieebenen auf der Landes- und Bundesebene. Bislang einmalig auf der Welt findet hier ein kollektives Lernen an innovativen Themen des Bildungssystems statt.

Die LEA arbeitet in Generationen von jeweils bis zu 300 Akteuren, die sich für ein Jahr freiwillig und verpflichtend zur Teilnahme entscheiden. Sie werden zu vier Großgruppenforen in ein Tiroler Kongresszentrum eingeladen und arbeiten dort im Wechsel von Großgruppe, Regionalgruppe, Themenworkshop, Lernpartnerdialog und vor allem in systematisch angeleiteten und begleiteten Kollegialen Teamcoachings an der Entwicklung ihrer Leadership und ihrer eigenen innovativen Systementwicklungen. Das Ergebnis sind pro Generation 300 systematisch begleitete und evaluierte Bausteine oder Prototypen der Bildungsarchitektur.

Wir greifen für die Darstellung auf eine Struktur zurück, die *Schley* und *Schratz* in ihrem Beitrag für das internationale Leadership Handbook *(2010)* entwickelt haben. Unser Schwerpunkt reflektiert das Zusammenspiel von Eigenverantwortung, Selbstorganisation, Struktur und Methode. Wir erläutern das Konzept der Leadership Academy anhand von *Zehn Erfolgsprinzipien der Arbeit.*

Arbeit mit dem ganzen System in Großgruppen

Eine Großgruppe erscheint einem gewaltig und tatsächlich ist es ein starker Eindruck, wenn jeweils die neuen Generationen mit bis zu 300 Teilnehmenden zum ersten Forum zusammenkommen, sie treffen auf eine gute Organisation und eine orientierende Struktur. Diese wird nicht nur durch die Inhalte bestimmt, sondern auch durch den sozialen Raum, der Austausch ermöglicht, Inspiration verheißt und Beziehungen schafft. Die Einladung an die Akteure der Leadership Academy lautet: Arbeit an herausfordernden Themen und Aufgaben des eigenen Verantwortungsbereichs in kollegialer Kooperation.

Um die Entstehung der Leadership Academy und ihren Aufbau anschaulich und nachvollziehbar zu machen, greifen wir auf einen Bericht der wissenschaftlichen Leiter *Schley* und *Schratz* zurück.

Das allererste Design dieser Arbeit entstand auf keinem Reißbrett, vielmehr war es eine italienische Cantinetta, mit Papiertischdecke, die als großer Skizzenblock diente. Als gedankliche Vorgabe gingen wir von 300 Akteuren in einer Generation aus, damit eine landesweite Durchdringung aller Verantwortlichen über mehrere Jahre erreicht wird. Diese sollten die Chance bekommen, selbständige Entwicklungsvorhaben zu gestalten, die subjektive und praktische Relevanz haben sollten. Es sollte kein klassisches Trainingsprogramm erfolgen. Die Prämisse eines persönlichen Lernens und systemischen Entwickelns ließ sich nur realisieren, wenn der Einzelne eine gute, haltende Bindung im Großen und Ganzen erfuhr. Und so begannen wir die 300 antizipierten Teilnehmenden in 150 Lernpartnerschaften zu gliedern und je drei Lernpartnertandems zu einer Kollegialen Teamcoaching-Einheit zusammenzufügen. So hatten wir dann 50 KTC-Gruppen, die in sich autonom und selbstorganisiert arbeiten konnten. Diese grobe Strukturskizze, in Verbindung mit weiteren konkretisierenden Überlegungen, bildete unsere Ideengrundlage, mit der wir 2004 auf einer Zukunftskonferenz mit Vertretern des ganzen Landes und der damaligen Ministerin in einen schöpferischen Dialog traten. Von Anfang an war der Zukunftsgedanke maßgebend, die Zukunft der Schüler, die Zukunft des Bildungssystems und damit verbunden die Zukunft der Profession.

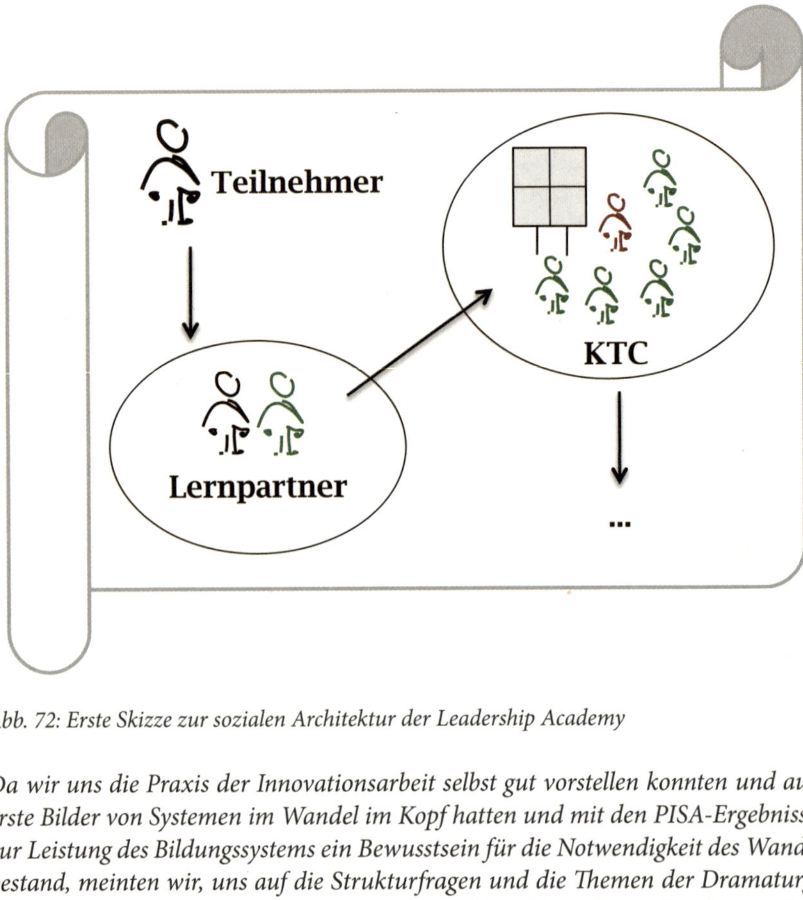

Abb. 72: Erste Skizze zur sozialen Architektur der Leadership Academy

Da wir uns die Praxis der Innovationsarbeit selbst gut vorstellen konnten und auch erste Bilder von Systemen im Wandel im Kopf hatten und mit den PISA-Ergebnissen zur Leistung des Bildungssystems ein Bewusstsein für die Notwendigkeit des Wandels bestand, meinten wir, uns auf die Strukturfragen und die Themen der Dramaturgie und Choreographie konzentrieren zu müssen. Als unhinterfragte Annahme galt zu der Zeit die These, dass intensives Arbeiten an den Themen der persönlichen Muster nur in kleinen Gruppen gelingt. Wir wollten mit dem gesamten System arbeiten und dafür geeignete Arrangements schaffen. Und so entstand die heute noch in siebter und demnächst achter Generation arbeitende Leadership Academy als virtuelle Institution, als ein wachsendes Netzwerk innovativer Akteure mit unternehmerischem Geist.

Soziale Architektur und Elemente der Dramaturgie:

- Inhaltliche und gestaltende Arbeit in vier Foren von je 3 Tagen
- Bildung von bis zu 50 Kollegialen Teamcoaching-Gruppen
- Durchführung von KTCs auf jedem Forum und jeweils einem KTC in der Zwischenzeit
- Jeder Teilnehmer arbeitet an einem Vorhaben als persönlichem wie systemischem Entwicklungsthema mit Dokumentation und Portfolioarbeit
- Entwicklungsbegleitung durch bis zu sieben KTCs und 10–12 Lernpartnerdialogen
- Austausch und Reflexion in Regional- und Themengruppen

Die Bedingungen für das Gelingen wurden durch drei Teams und ein System der Netzwerkkoordinatoren gesichert:

- Bildung eines wissenschaftlichen, organisatorischen und Service-Teams
- Einrichtung einer Stabsfunktion im Ministerium zur Schaffung der Grundlagen
- Gewinnung und Qualifizierung von Netzwerkkoordinatoren aus den Bundesländern

Für die KTC-Arbeit bedeutete dieses Arrangement ein höheres Maß an Selbstorganisation innerhalb der Gruppen in Verbindung mit einer ausgeklügelten Betreuungslogistik von

- 18 regionalen Netzwerkkoordinatoren,
- 4 Mitgliedern des wissenschaftlichen Teams,
- 2 qualifizierten KTC-Beratern des Institut für Organisationsentwicklung,
- verschlüsselter, anonymisierter Dokumentation zur Auswertung der KTC-Ergebnisse.

Das besondere der KTC-Arbeit im Leadershipnetzwerk besteht in der Selbstorganisation der Gruppe. Diese erfordert eine haltende Struktur und eine unterstützende Organisation.

Einbezug aller Schulformen, Altersstufen und hierarchischen Ebenen

Das Besondere dieses Arrangements liegt in der heterogenen Zusammensetzung des Kreises der Teilnehmenden. Schulleiter von der Primarschule bis zur Oberstufe, der Berufsbildung und den Sonderpädagogischen Zentren, Schulinspektoren auf Bezirks- und Landesebene, Referenten und Abteilungsleiter der beiden Ministerien für Schule, Unterricht und Kultur sowie Wissenschaft, Auslandsschulreferenten und Rektoren, Vizerektoren und Leiter der Institute an Pädagogischen Hochschulen. Das Prinzip der Heterogenität durch Teilnahme der Repräsentanten aller Funktionen des landesweiten Bildungssystems schafft eine hochgradig stimulierende Lernatmosphäre, die sich deutlich von klassischen Weiterbildungen und

Konferenzen unterscheidet. In Übereinstimmung mit internationalen Forschungsergebnissen sind heterogene Lernarrangements homogen zusammengesetzten Gruppen deutlich überlegen. Unsere Erfahrungen und das Feedback der Teilnehmer/innen stützen den Befund.

Es lässt sich leicht vorstellen, wenn eine Leiterin eines Sonderpädagogischen Zentrums in einer Kollegialen Lerngruppe auf einen Abteilungsleiter des Ministeriums als Lernpartner trifft, zusammen mit einem Institutsleiter einer Pädagogischen Hochschule, einer Hauptschulleiterin, einer Leiterin eines Gymnasiums und einem Leiter eines Berufsbildenden Zentrums. Sie haben viele Fragen aneinander, hören genau und interessiert zu und entwickeln eher unkonventionelle Lösungen. In keinem Fall können sie Standardlösungen aus der Tasche ziehen. Ihre Systeme haben unterschiedliche Größen, unterschiedliche Kulturen und Standards, Chance für das Entwickeln jeweils passender Lösungen.

Ins Gelingen verliebt sein, das ist eine der Haltungen, die in der LEA gelebt werden. Gelingen heißt, alle Mitglieder der durch die Akteure repräsentierten Systeme mitzunehmen. Die Fragen der Aktivierung, der Partizipation und vor allem der Nachhaltigkeit stellen sich. Kein System ist wie das andere, jedes hat seine eigene Umgebung und steht mit ihr im Austausch. Die Frage der Passung von System und Umfeld, der systemischen Biographie und Kultur stellt sich als Aufgabe und zieht die Aufmerksamkeit darauf. In der heterogenen Zusammensetzung liegt der Fokus bei den Beziehungen, den Führungsprozessen und Transformationen. Die Arbeit am System gerät in den Vordergrund. Das inhaltlich fachliche tritt dagegen zurück.

Aus der Verbindung von horizontalen mit vertikalen Systemebenen entsteht ein interaktionelles Geflecht an Wahrnehmungen, Präferenzen und Zugängen, das eine hohe individuelle Lösungsqualität hervorbringt.

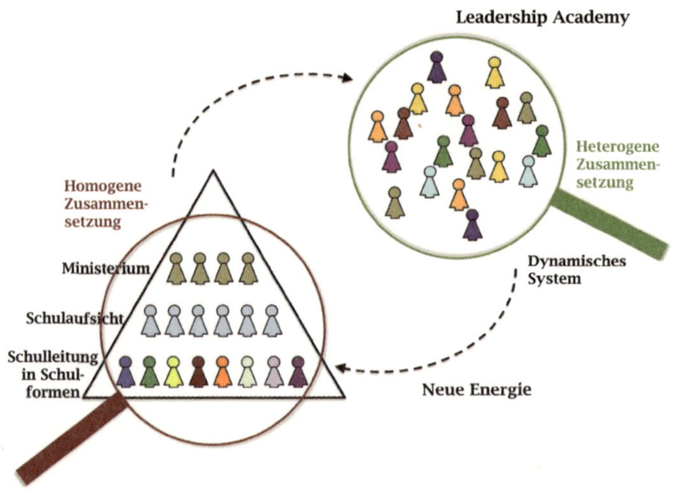

Abb. 73: Verbindung aus horizontalen und vertikalen Systemebenen

Der Aufbau eines virtuellen Netzwerks statt dem Aufbau einer Einrichtung

Grundlegende Reformen stoßen immer wieder auf unauflösbar erscheinende Dilemmata. Soll die Reform top-down oder bottom-up erfolgen, soll sie zentral oder dezentral verantwortet werden, soll sie detailliert ausgearbeitet und zur Umsetzung vorgegeben oder mit den Verantwortlichen im Feld partizipativ gestaltet werden?

Die LEA ist getragen von einem tiefen Vertrauen in die Fähigkeiten von Menschen und Systemen in einer gemeinsamen Entwicklungsarbeit, die die Kapazitäten des Systems und seiner Mitglieder maßgeblich steigert. Das klassische Denken einer stark abgegrenzten Arbeitsweise, in der sich jeder auf sein Fach und seine Klasse zurückzieht, schafft keine konstruktive Antwort auf die Anforderung, das Lernen als Aktivität zu begreifen und den Schülern die Verantwortung dafür zu geben. Es kommen dazu die Phantasien von Chaos und Überforderung auf, niemand kann es sich so recht vorstellen. Erst wenn das Denken seine Richtung ändert und gemeinsam nach Bedingungen des individualisierenden Unterrichts und des personalisierten Lernens gesucht wird, entsteht eine kreative Entwicklungskultur, in der Portfolio, Lernateliers, Assessments, Feedback, Leistungs- und Vertrauenskultur im Bildungsalltag keine Schlagworte mehr sind.

Der Aufbau der nötigen Kapazitäten hat eine doppelte Bedeutung. Wir schaffen mit den Regionalen Netzwerkkoordinatoren professionelle Kompetenzen. Sie werden speziell ausgebildet in der KTC-Methode und für Prozessbegleitungsaufgaben und Systemberatung vor Ort qualifiziert. Sie sind da, wenn es um regionale Fragen und Koordinationsaufgaben geht.

Das Netzwerk der LEA ist der Ort, an dem sich grundlegende und pragmatische Fäden verweben und einen Stoff hervorbringen, der aus Fragen nach Standards und nach Innovationen besteht, es ist ein kollektiver Lernkontext, in dem die KTCs die entsprechenden Rituale des Lernens abbilden. So entsteht eine belastbare Textur.

Leadership als Verbindung aus Haltung (agency) und Systematik (structure)

Welche Haltung ist nötig, um Systeme nach vorn zu bringen? Wie kann man den Standard von Schule und Unterricht steigern und zugleich das System modernisieren? Diese Fragen haben zu einer umfassenden Qualitätsdebatte geführt. Begriffe wie Steuerung, kontinuierliche Verbesserung, externe Evaluation, Bildungsstandards und Schulmanagement zeigen funktionale Schritte zur Veränderung auf. Leadership geht weiter, fragt nach Durchbruchsinnovationen, Transformationen und Musterwechseln zur „Next Practice“.

Für unsere Arbeit in der LEA haben wir das theoretische Modell von *Hinterhuber (2003)* als hilfreich und unterstützend erlebt.

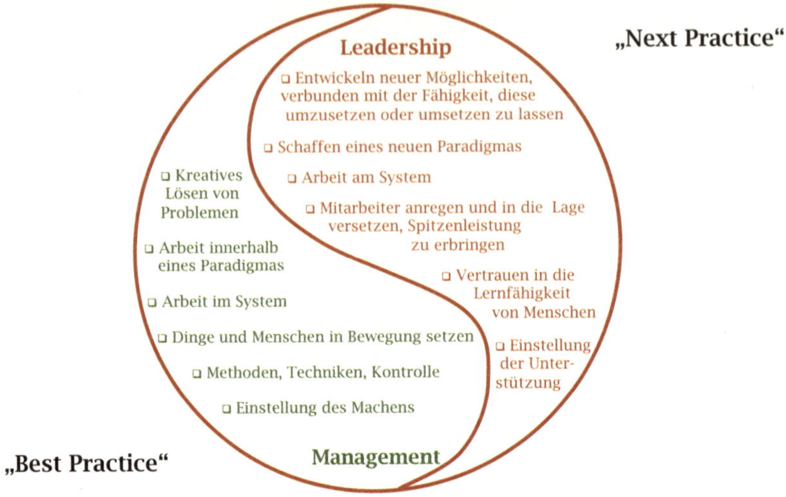

Abb. 74: Beziehung zwischen Management und Leadership (Hinterhuber, 2003)

Es zeigt, dass es keine klare Abgrenzung im Sinne eines Schnitts gibt, der Leadership von Management trennt. Vielmehr umspielen beide einander in schwingender Kurve und sind jeweils im Kern im Bereich des anderen enthalten. Jede zentrale Lösung denkt schon das dezentrale mit, jeder dezentrale Ansatz enthält zentralistische Elemente.

Es geht nicht um ein „Entweder-Oder“. Leadership ist nicht mehr als Management, es ist anders. Die Fragen des Musterwechsels, der organisationalen Energie, der Kultur, der Schaffung von Zusammenhalt und Bindung, der Entwicklung von Innovationen sind Fragen nach dem Wesen eines Systems, nach seinem Existenzgrund und seiner Legitimation.

Schaffung eines transformationalen Paradigmas

„Schule neu denken“: Damit ist die kreative Erschaffung des neuen Schulparadigmas mit innovativen Prinzipien und mutigen Haltungen gemeint. „Leistung braucht Vertrauen“. Druck ist schädlich für die Entwicklung von Leistungen, diese beiden Kernsätze vertritt die Ministerin als Verantwortliche des Bildungssystems im ganzen Land. Transformationales Denken als politische Instanz mit Bereitschaft zur weitergehenden Bildungsreform von der Lehrerbildung bis zum Dienstrecht, von der Qualitätsentwicklung bis zur Ganztagsschule, von der Schulinspektion zur Systementwicklung.

Transformational führen bedeutet, im Prozess des Wandels selbst zu lernen und mit großer Offenheit Schritte, Eindrücke, Gefühle und Bewusstwerdung zu kommunizieren. Es bedeutet im engen Kontakt und in persönlicher Interaktion den Weg gemeinsam zu gehen. Ein solcher Prozess lebt von der Aufmerksamkeit und der aktivierenden Wahrnehmung, lebt vom Hinschauen auf die Menschen, Schüler, Eltern und Lehrer im Team. Das Optimierungsparadima bringt die Qualität der Entwicklung nicht hervor, es optimiert gerade einmal das, was wir schon kennen.

Organisationales Lernen findet an Übergängen statt. Das Bildungssystem steckt in einem solchen Prozess, der durch eine Reihe von Entwicklungsthemen und Herausforderungen gekennzeichnet ist:

- Stärkung der Kraft lokaler Einheiten mit Einbezug der Kommunen
- Fokus auf das Lernen in Partizipation und Aktivierung gegenüber dem Lehren
- Individualisierung und Personalisierung als Leitideen der Differenzierung
- Schaffung von Teamstrukturen als soziale Architektur
- Herausbilden weiterer pädagogischer Professionalisierungen, z.B. Lerndesigner, Koordinatoren, Qualitätsmanager.

Wenn es gelingen soll, neue Muster hervorzubringen, um kritische Ereignisse, Herausforderungen und Interventionen zu bewältigen, bedarf es geeigneter Formen zur Öffnung des Denkens, Fühlens und Handelns in Richtung einer Next Practice. Die entscheidende Klippe in diesem Prozess ist die Überwindung der Phase hoher Instabilität, in der das Alte „nicht mehr“ und das Neue „noch nicht“ greifen. Dieser Übergang muss wie bei einer Gletscherüberquerung durch Seile gesichert und mit hoher Aufmerksamkeit beschritten werden. Rutschen, Ausgleiten auf lockerem Geröll, Suche nach dem nächsten festen Halt wären dann zu erwartende Momente eines Musterwechsels. Geradeaus weitergehen in alter Manier ist absolut unmöglich und dennoch sagt diese Phase nichts über das angestrebte Ziel. Es braucht den langen Atem und die gute Kondition, die Vorsicht und den Mut, dann kann es gelingen. Die Methode des KTC eignet sich hochgradig zu dieser Aufgabe.

Lernen aus der entstehenden Zukunft

Das Fortschreiben des Bestehenden ist gerade im Bildungssystem eine Form der Abwehr von Furcht und Ungewissheit. Was in der Vergangenheit richtig gewesen ist und sich bewährt hat, kann so falsch nicht gewesen sein. Schule hat noch niemandem geschadet. Mit markigen Sätzen wird das Bestehende verteidigt. Sätze wie: „Das haben wir doch immer so gemacht“ sind Ausdruck dieser erstarrten Haltung, in der allenfalls rhetorische Formen der Modernisierung Platz haben, viele Großsysteme sind so geprägt.

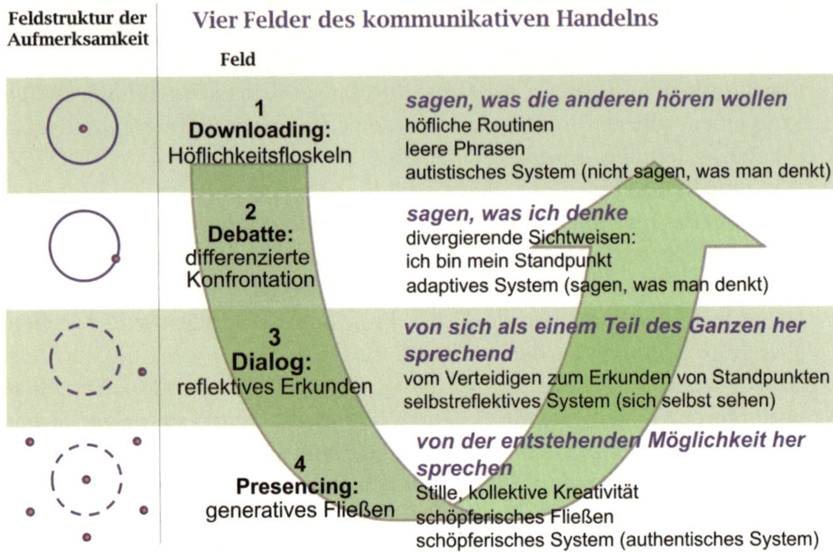

Abb. 75: Theorie U (Scharmer 2009, 271)

Wie können wir aus der Zukunft lernen, die doch noch gar nicht ist, sondern gerade entsteht? Wir haben als Menschen die Möglichkeit, unsere Perspektive zu wechseln, wir müssen nicht Trendforscher und Futurologen sein, um die nähere und fernere Zukunft zu bestimmen. In der Schule ist die Chance eigentlich besonders gut, kommen doch die nächsten Generationen von Schülern ins System und verändern sich die Rahmenbedingungen und Ziele gerade jetzt in zunehmender Dynamik. Von der entstehenden Zukunft her lernen im rückwärtigen Lerndesign kommt den Antizipationsgedanken der KTC entgegen. „Structure follows function" lautet das am Dessauer Bauhaus orientierte Architekturprinzip.

Hervorbringen von Systemdenkern in Aktion

Schule war bekannt als ein System vorsichtiger Menschen, die sich für eine Profession entschieden, die ihnen über viele Jahre ihres Lebens bekannt war. Auch wenn sie sie nicht geliebt haben, so gab es doch eine Form der beruflichen Sicherheit, gegenüber den Unwägbarkeiten der Wirtschaft etwa. Die hochgradige Verregelung der Rahmenbedingungen und der Vorgaben unterstützt diesen Prozess noch. Die eigentliche Leitung lag bei der Schulaufsicht, eine hoheitlichen Funktion.

Wie kann in einem solchen System Initiative wachsen, Verantwortung gedeihen, Mut zu neuem Denken entstehen? Der allseits greifbare Einwand ist immer zur Hand: „Das lassen die dienstrechtlichen Vorgaben nicht zu." *Michael Fullan* spricht von „Systemdenkern in Aktion", wenn er die Möglichkeiten der Schule, zu einem Ort des Lebens und Lernens zu werden, beschreibt, Systemdenkern in jedem Bereich des Systems, nicht nur in Stäben, in Spezialistenfunktionen und an der Spitze. *(Fullan 2005, 1)*

Mit der systemtheoretisch gewonnenen Figur des Beobachters wurde eine theoretische wie praktische Möglichkeit generiert, ein System neu zu denken. Dies ist die Quelle einer Steuerung über Evidenzen und Ergebnisse, einer Architektur von Schule mit veränderten Räumen, Lernarrangements und Interaktionen. Die Anforderungen an Qualität steigen, Evaluationen von außen und im Inneren der Bildungssysteme geben Aufschluss über die Leistungsfähigkeit und die notwendigen Entwicklungsschritte. Schulpreise definieren neue Qualitätsbereiche, die die Professionalität des Gesamtsystems wie der Einzelsysteme nachhaltig verändern. Lehrerbildung und Dienstrecht sind im Wandel begriffen.

In diesem dynamischen Entwicklungskontext entwerfen die Teilnehmer der LEA ihre Designs, ihre Ziele und ihre Ideen für den Wandel. Das lange nicht geübte Management von Instabilität, Veränderung durch Vernetzung *(Kruse 2004)*, ereignet sich hier und beflügelt.

Abb. 76: KTC in Aktion

Das Ergebnis der Arbeit der KTCs sind Vorhaben, Projekte, Initiativen mit Beteiligung der Schüler, der Eltern und der Lehrer im System. Die spannende Zusammensetzung der LEA Mitglieder führt auch dazu, neue Formen der Aufsicht und Inspektion zu denken, als Supportfunktionen für Innovation etwa, neue Formen der Lehrerbildung zu entwickeln oder neue Strategien der Qualitätsentwicklung und Qualitätssicherung zu denken. Aus vielen Puzzleteilen der Veränderung entsteht ein großes Bild.

Verbundenheit und Reflexion in kritischer Freundschaft

Ein zentraler innovativer Gedanke der Entwicklungskooperation liegt in der Lernpartnerschaft. Kollegialität in der Schule war lange Zeit der Schulterschluss, die Nähe und Verbundenheit gegen die Außenwelt, von der die Probleme und Anforderungen kamen. Die Haltung war grundsätzlich zustimmend und unterstützend. Konflikte im Inneren wurden durch Abgrenzung gelöst, die Mathematiker hatten nichts mit den Fremdsprachen zu tun, die Naturwissenschaftler nichts mit den Deutschlehrern. Eine andere mindestens so wirksame Methode der Konfliktvermeidung war die Harmonie als Prinzip des inneren Friedens.

Vor diesem Hintergrund ist die Einrichtung der Lernpartnerschaft als „kritische Freundschaft" keine Fortsetzung des „Freunderlwesens", der Seilschaften und Bestätigungsgemeinschaften. Sie stiften Nutzen durch die Verbindung aus Offenheit, Interesse am Fortkommen der Partner, Unterstützung im Gelingen der Vorhaben und Bereitschaft zum Feedback als kritische Beobachtung von Mustern und Verhaltensstilen, die vor allem in ihrer Wirkung bewusst gemacht und reflektiert werden.

Die Lernpartnerschaft stärkt durch den intensiven Dialog das Selbstbewusstsein und die professionelle Haltung in der Rolle. Zusammen mit den KTC-Erfahrungen spielt die vertiefende Nacharbeit und vorbereitende Antizipation auf Situationen eine entscheidende Rolle im Transfer. Kritische Freunde arbeiten sichernd und erschließend, sie ermutigen und helfen zu verarbeiten, wenn etwas nicht wie erwartet und erhofft gelaufen ist. Sie sind ein entscheidendes Element der horizontalen Leadership.

Verbindung aus Lernen und Leadership

Schule hat sich lange gegen ein Systemverständnis und ein Wirkungsbewusstsein seiner Formen von Erziehung und Unterricht gewehrt. Mit dem Konzept „Leadership for Learning" *(MacBeath/Moos 2004)* ist in einer internationalen Studie gezeigt worden, wie die Ebenen des Lernens strukturell gekoppelt in Analogie zueinander wirken.

Die Schule als eine Institution mit Schulpflicht, Leistungsanforderungen, Zeugnissen und Versetzungen hatte sich selbst wenig hinterfragt. Die Debatten wurden in der Regel zu Fragen der Inhalte und curricularen Strukturen geführt. Es ging immer um den „Input". So hat es die Profession geschafft, über 100 unterschiedliche Didaktiken zu entwickeln, die alle Anspruch auf Geltung erheben. Der „Output" in Form der schulischen Leistungen der Schüler war nicht in der Verantwortung der Schule. Schulversagen war das Merkmal eines Schülers und etikettierte diesen, es war nicht Kennzeichen der Beschreibung eines Systems oder der pädagogischen Leistung eines Lehrers. Wenn die Ergebnisse von Leistungsvergleichen der Schulen eine schwache Position im Ranking einbrachten, war es das Problem der Schülerzusammensetzung, des problematischen Einzugsgebiets oder des Migrantenanteils der Schüler. Erst allmählich begannen sich Schulen für ihre Ergebnisse verantwortlich zu fühlen und lernten Schritt für Schritt sich über den „Output", über Evaluationen zu steuern.

Das Denken in Wirkungen, nicht in Absichten und Rechtfertigungen, war den Schulen lange fremd. Es war auch leicht, sich den Messungen gegenüber kritisch zu positionieren, war doch das Kriterium der Messbarkeit im Vordergrund und nicht das Ziel der Bildung von Kompetenz und Selbstbewusstsein fachlicher wie überfachlicher Art. In der Arbeit der LEA wurde deshalb von der wissenschaftlichen Leitung ein komplexes Wirkungsgefüge erarbeitet, das ein Verständnis der Einflüsse auf unterschiedlichen Ebenen zwischen Leadership im System und Ergebnissen seitens der Schüler aufzeigte.

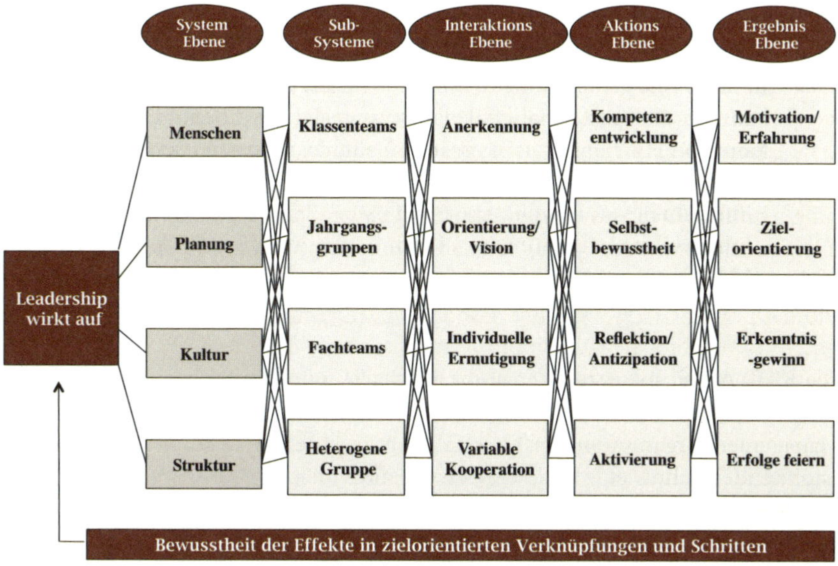

Abb. 77: Wirkungsmodell der Systemebenen (Schley/Schratz 2004)

Das Modell zeigt anschaulich, wie der Einfluss der Leadership im System auf die Beteiligten wirkt, auf die Planung, die Angebote, die Kultur, die Struktur und nicht zuletzt die Kommunikation und Interaktion mit den Schülern. Das Denken in Wirkungsgefügen im mentalen Netz der Einflüsse zeigt die Komplexität, aber auch die Beeinflussbarkeit von Ergebnissen in einem dynamischen Verständnis jenseits von Vorwurf und Schuld.

Organisationale Energie als Zahlungsmittel für Leadership-Performance

Zahlreiche Dialoge in den KTCs kreisen um die Fragen der Bereitschaft der Lehrer, diesen Weg mitzugehen. Manche scheinen die vertrauten problematischen Verhältnisse lieber erhalten zu wollen, als riskante Chancen der Neuorientierung einzugehen. Viele sehen sich auch in negativen Erfahrungen und skeptischen Haltungen bestätigt, die auf euphorisch begonnene und kläglich geendete Ideen verweisen.

Ganz offensichtlich ist Energie ein entscheidender Treiber im Wandel der Systeme und in Schulen noch einmal besonders. Die Studien zur organisationalen

Energie liefern eindrucksvolle Belege über den Zusammenhang von Energieausprägung und Qualität einerseits und Leistungserbringung und Ergebnissen anderseits. Im Zentrum steht die kollektive Fähigkeit der Wertschöpfung, das Commitment.

„Kollektives Commitment
- ist ein wesentlicher Faktor zur Fokussierung von Energie,
- umfasst eine gemeinsame Bindung zu Zielen und Vorhaben,
- kann durch transformationale Führung gestärkt werden,
- kann von Führungskräften zusätzlich aufgebaut werden durch:
  - Transparenz und Partizipation bei der Zielsetzung
  - Einräumen von Handlungsspielräumen
  - Intensivierte Interaktion und Kommunikation“ (Bruch/Vogel 2005, 163)

Die KTC-Arbeit fokussiert genau diese Fragen. Wie lässt sich die Energie eines Systems steigern, welchen Beitrag hat dazu die Leitung zu erbringen? Wie kann das Management organisationaler Energie gelernt werden? Wie können wir aus einer „stöhnenden Schule eine atmende Organisation“ machen?

Interessanterweise reflektiert jedes KTC am Ende der Durchführung die Frage der Energie im Verlauf des gemeinsamen Dialogs, beginnend mit der Erzählung und Präsentation durch den Akteur, fortgesetzt in der Konferenz der Coachs und der Ideenwerkstatt und speziell beobachtbar während der Suche nach dem Schlüsselthema. Die Ideen werden andere, wenn sie nicht auf inhaltliche Problemlösungen abzielen, sondern auf die Gestaltung und Veränderung komplexer Situationen, die Veränderung von Dynamiken. Energie ist die Währung, die auf Veränderung einzahlt.

Sechs Generationen von Leadershipabsolventen haben ihre innovativen Projekte abgeschlossen. Die meisten haben sie inhaltlich weiterentwickelt und bilden jetzt ein verzweigtes Netzwerk der Systemdenker, die an der Entwicklung und Gestaltung des Bildungssystems arbeiten. Das professionelle Selbstbild ist gewachsen, die Fähigkeit, das Verständnis von Schule und Unterricht, ausgehend vom Lernen und der Entwicklung der Schüler neu zu denken, hat sich entfaltet. Das KTC ist aus diesem Prozess nicht wegzudenken, es ist das fraktale Ritual des kollektiven Lernens, das in der Lage ist, Systeme zu verändern und Persönlichkeit zu stärken, nicht nur in Schulen.

Was hier im großen Stil begonnen wurde, hat Resonanz erfahren. Ein internationales Team der OECD hat in einer Evaluationsstudie gerade auf die Kraft der Entwicklungsarbeit in den KTCs hingewiesen *(vgl. Stoll/Moorman/Rahm 2008)* und die OECD hat dem gesamten Vorhaben den Status eines weltweiten Referenzprojekts zugesprochen.

10.5 Die fraktale Logik des KTC

Ein KTC ist ein Prototyp professioneller Reflexion und kann modular eingesetzt werden. Jeder Ablauf folgt der Logik des Öffnens und Schließens, das auf der Dynamik der persönlichen Situation *(nach Schmitz 1992)* beruht.

Ob eine Gruppe in zeitlicher Sequenz, mehrere Gruppen in einem Verbund, mehrere Hierarchieebenen in einer Verzahnung, große Systemeinheiten in einer eigenen Organisation mit Change Agents oder Netzwerke der Netzwerke in landesweiter Ausdehnung über regionale Grenzen, hierarchische und fachliche Einordnung hinweg tätig sind, immer geschieht in der kleinen Zelle ein analoger Prozess.

Abb. 78: Synergie in kleinen Einheiten

Professionalität und Virtuosität kann dort wachsen, wo in wechselnden thematischen Herausforderungen und Zusammensetzungen methodische Prinzipien wiederkehrend eingesetzt werden und jedes Mal ein eigener unverwechselbarer schöpferischer Prozess entsteht.

Anhand der Matrix der KTC-Interventionen und der exemplarischen Darstellung der Prototypen können die Anhaltspunkte für die Ausgestaltung der KTC-Programme gewonnen werden.

Das KTC ist damit ein flexibles Modul mit Passung und Anschlusselementen in zeitlicher, räumlicher und thematischer Hinsicht.

Entsprechend den Konzepten moderner Stadtarchitektur und Urbanisierung von Industrieanlagen und Hafenbereichen werden die Elemente zu skalierbaren Effekten verknüpft und zugleich hochgradig variabel gehalten, um kreative Lösungen zu ermöglichen.

Die kollektive Intelligenz der Mitglieder der KTC-Gruppe führt zur Findung der besten Ideen und Lösungen. In dieser kontinuierlichen Arbeit werden brach liegende Ressourcen entdeckt und neue Lösungen für Entwicklungsthemen gefunden.

Zusammensetzung von Lerngruppen in Veränderungsprojekten

- Die ideale Größe eines interaktiven, dynamischen Entwicklungsnetzwerks bündelt die Expertise von sechs Spezialisten und Führungskräften.
- Arbeit mit Lerngruppen parallel zur Organisation. Die Gruppen sind heterogen zusammengesetzt. Auswahl und Zusammensetzung wird höchste Aufmerksamkeit geschenkt.
- Arbeit mit dem Prinzip des „Primats der Praxis". Alle Beteiligten sind in aktuellen Change-Prozessen aktiv und in verantwortlicher Rolle involviert.
- Durch den Einsatz der Methode des Kollegialen Teamcoachings wird vom mentalen „Download" alter Lösungen zum zukünftigen „Performing" gekommen.
- Die KTC-Community bildet den Raum und öffnet die Chance zum parallelen Lernen durch Antizipation, Szenarienarbeit und Probehandeln.
- Spezifische Themennetzwerke entwickeln damit transformationale Lösungen für die Organisation.
- Das Netzwerk wird so zu einer Landebahn für Prototypen: „Das KTC bringt jeden sicher auf den Boden."

11. Die Essenz des KTC

Die Geschichte der Menschheit ist voll von Geschichten, die als Heldenreisen in das Land der Abenteuer und Herausforderungen führen. Immer geht es um einen Aufbruch, einen Schritt in das Ungewisse. Sich auf den Weg machen und sich einlassen in das Abenteuer erfordert Mut. Abenteuer werden dann bestanden, wenn die Stimmen von Gefährten gehört werden und die eigentliche Herausforderung im Blick bleibt. Dann bekommen die Kämpfe und Auseinandersetzungen ihren Sinn.

Es ist gut, sich auf der Reise in Gemeinschaft zu empfinden, in guter Verbundenheit und sich zugleich ausgestattet zu wissen mit einer notwendigen Ausrüstung, vor allem aber mit einer Vision, einem Bild der zu entdeckenden Landschaft. Dann kann mit Willen und Glück der Weg gelingen.

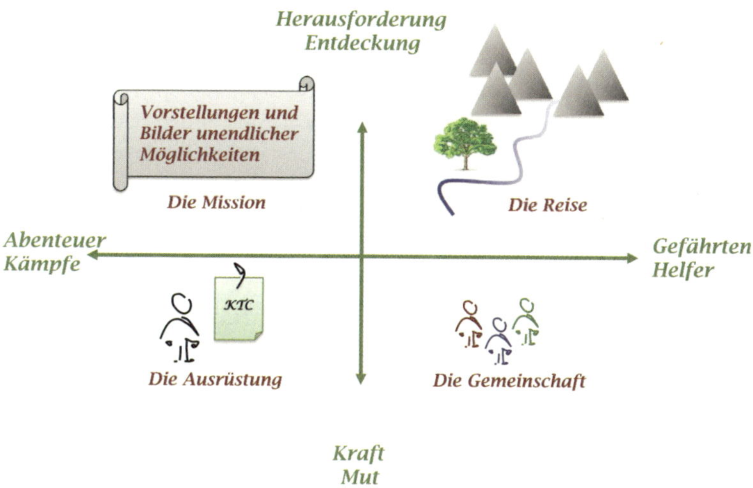

Abb. 79: Riemann-Schley-Konzept als Heldenreise

Am Ende des Handbuchs steht die Essenz des KTC. Worauf kommt es an? Und wie kann das Kollegiale Teamcoaching gelingen?

Ganz im Sinne der Riemann-Schley-Theorie der menschlichen Grundformen geht es um Archetypen des Wandels.

Wer die Wandlung sucht, die eine Entdeckungsreise mit sich bringt, muss sich einlassen. Worauf soll denn aber der Akteur vertrauen? Auf sich, auf die Unterstützung, auf die Verzweiflung? „Etwas Besseres als den Tod findest du überall."

11.1 Sprache schafft Wirklichkeit

Im KTC gewinnt der Akteur Gefährten für seine Reise, Menschen, die mitgehen und sich „in den Schuhen" des Akteurs auf den Weg machen. Diese Menschen sind identifiziert und nehmen die Rolle des Akteurs ein. Aber im Gegensatz zu ihm bemerken sie, wenn er sich im Kreis dreht und können es sagen, ohne sich zu schämen. Sie können auch Sackgassen, Schluchten, Wanderdünen und Abgründe erspüren.

Alle Coachs bewegen sich in der Wirklichkeit des Akteurs. Ihre Resonanz füllt den sozialen Raum. Die Atmosphäre inspiriert und weckt die Intuition. Aus der Identifikation erwächst das Erkennen. Die Akteure können den Unterschied benennen und mit manchmal nur einem Wort die Konstruktion erkennbar machen – für sich und den Akteur. „Ja und!" statt: „Ja aber?"

11.2 Offenheit braucht Vertrauen

Ein offener Rahmen wird durch eine Runde hervorgebracht. Am Anfang steht eine Raum gebende und Halt gebende Gestalt. Resonanz geschieht in direkter Begegnung in der „Angesicht zu Angesicht" Situation. Tische bilden Flächen und lassen Interpretationen zu. Was kommt auf den Tisch und was bleibt darunter verborgen. Also weg mit Tischen, Computern, Handys und Notizblättern.

Die Offenheit wird angeregt durch Offenheit. Aufmerksames Hinhören und Hinspüren, verlangsamte Dialoge durch das offene Mitschreiben der Schreiber am Flipchart. Entschleunigung, Öffnung, konzentrierte Aufmerksamkeit. Manche Akteure sprechen später in ihren Feedbacks von einem Gefühl der Wellness und des Getragenseins. Die ganze Energie und der Fokus einer Gruppe richtet sich auf mich, es geht um mich – ohne Ablenkung. Resonanz stärkt die Resonanz, der Kreisprozess der Öffnung setzt ein.

11.3 Unterstützende Rollen geben Halt

Der **Akteur** bereitet sich vor. Er entschließt sich für das Abenteuer einer Entdeckungsreise zu sich selbst. Er überlegt eine Zentrierung, um der Gruppe die eigene Sicht auf die persönliche Situation so nahe wie möglich zu bringen.

Im Moment seines persönlichen Berichts spricht er von entstehenden Möglichkeiten, dem nächst möglichen Selbst. Er antizipiert die Präsenz dieses Selbst in Emergenz und fragt sich, wie er dieses Ziel erreichen kann.

Der Akteur bleibt die ganze Einheit eines KTC über aktiv. Das aktive Aufnehmen und die personale Resonanz bilden ebenfalls eine offensive Haltung ab.

Später reflektiert der Akteur das Geschehen und verarbeitet seine Eindrücke im Feedback an die Gruppe.

Der Akteur ist das Zentrum der Gruppe und kann darin nach der Einstiegsphase nicht mehr angesprochen werden.

Der **Moderator** aktiviert die Gruppe und sorgt für eine frische Aufmerksamkeit, damit sie besser wahrnehmen kann. Durch gezielte Hinweise auf den Fokus der Wahrnehmung wird auch die eigene innere Resonanz als Gegenstand des Spürens genutzt.

Er fördert Klartext, regt den offenen Dialog an und fokussiert die Wahrnehmung bis zum Vergegenwärtigen dessen, was gerade geschieht. Als Wächter über die Regeln zeigt er die „rote Karte", wenn Beobachtung und Interpretation sich vermischen und Wahrnehmung spekulativ wirkt.

Der Moderator ist im Geschehen eher der Koordinator. Er leitet aus den unterschiedlichen Impulsen der Runde die Impulse und Hypothesen ab. Schließlich achtet er auf die Zeit und gestaltet die Teamcoachingarbeit in offener dialogischer Form. Die gestalterische Rolle dehnt sich auf die Impulse zur Entwicklung einer tragenden und stärkenden Atmosphäre aus.

Moderation und Koordination sind relevant für das Klima, das in Mehrperspektivität gedeiht und sich entfaltet.

Der **Schreiber** dokumentiert nicht nur, er verdichtet das Gehörte auf Schlüsselsätze, Kernaussagen, Metaphern und Bilder. Da der Schreiber mehr Zeit beansprucht als das Sprechen wirkt es entschleunigend. Das Schreiben diszipliniert. Es fördert die Aufmerksamkeit.

Das Geschriebene bleibt sichtbar und ist dem Gehörten damit deutlich überlegen. Einzelne Blätter bilden nebeneinander gehängt einen Prozess nach.

Die Rolle des Anwalts für den Akteur wird oft dem Schreiber zugesprochen. Er hält für ihn die Assoziationen, Bilder und Hypothesen fest. Später überreicht er die Rolle der festgehaltenen Notizen.

Die **Coachs** sind die eigentlichen Player der unbewussten Kompetenz. Sie erfassen Situationen durch Wahrnehmen und Entschlüsseln am eigenen Leib. Sie spiegeln das Gehörte, verknüpfen sich untereinander und sprechen wertschätzend und direkt.

Die Coachs entwickeln im Laufe der KTC-Durchführung eine eigene Gruppendynamik. Sie besetzen bestimmte Positionen, sehen sich in Rollen und Perspektiven. Gemeinsam schaffen sie eine möglichst trennscharfe Sicht auf das Ganze.

Die Coachs sind der Klangkörper, das Kammerorchester. Sie erfassen ein Muster, identifizieren das Thema, schärfen sich in der Wahrnehmung und verkörpern die Geschichte. Im Team der Coachs sind alle wichtig und jede Stimme zählt.

Erfahrene Coachs identifizieren Muster und Verläufe, Stimmungen und Schwingungen und andere coenästhetische Charaktere. Der Moderator muss diese Fähigkeiten herausbilden. Die Basis guten Teamcoachings ist die reflektierte Intuition, das gekonnte Schwingen zwischen Eindrücken und Reflexionen.

Der **Prozessbeobachter** kommt am Ende ins Spiel. Er reflektiert das Geschehen und gibt Anstöße zur Erkenntnis. Das Lesen des Prozesses ist eine eigene Kunst. Der Prozess spiegelt das Geschehene und die Verarbeitung im Akteur. Der Prozess bildet die gesamte Komplexität ab. Das „Schmoren im eigenen Saft" des Reagierens, ebenso wie die Bilder einer anderen Wirklichkeit, das Loslassen bestehender Überzeugungen und das tiefe Eintauchen in die Besinnung auf den eigenen Willen. Wann bin ich bereit? Woher nehme ich die Kraft und den Mut?

11.4 Die Kernprozesse im KTC

Der **Einstieg** stellt die Weichen. Wie viel der Akteur von der Situation und von sich Preis gibt, ist Ausdruck des Vertrauens und der persönlichen Bereitschaft.

Er ermöglicht eine starke **Resonanzphase,** eine intensive Identifikation und ein Embodiment des Berichteten. Das Thema ereignet sich in der Gruppe und wird fassbar.

Wesentlich ist eine gute achtsame Haltung der KTC Gruppe, um nicht in Diskussionen oder frühere Lösungsbetrachtungen abzugleiten. Das würde den Übertragungsprozess schwächen und führt in der Regel zu „verkopften" Schlüsselthemen.

Das Schlüsselthema ist das Mantra für den Akteur. Eine starke identifikatorische Ich-Aussage aus der entstehenden Zukunft. „Ich stelle mich den kritischen Blicken und genieße den Laufsteg."

Der Schlüsselsatz öffnet die Räume zur **Ideenwerkstatt.** Dort wird das Thema konkret und mit Realisationsschritten hinterlegt. Oft gelingt es in metaphorischen Aktionen auch, Abschiede, Loslassen und Begegnung mit dem Neuen zu inszenieren.

Die Reflexion durch **Feedback** und **Prozessbeobachtung** stärkt das Auftauchen und die Begegnung mit Realität. Die **Transferaktivitäten** kommen in den Blick. Die Gruppe zieht sich zurück, der Lernpartner bietet später klärende Unterstützung an.

Die **Planung** konkreter Schritte, die Vorbereitung spezifischer Aktionen kann jetzt gedacht werden. Bevor sich die stärkende Umgebung um den Akteur wieder auflöst, werden die nächsten Schritte ins Auge gefasst. Eindrücke, Bilder und Atmosphären müssen in diesem Moment geankert werden.

Die Tiefe der Erkenntnis verbindet sich mit der Konkretheit der Schritte. Für eine gute Antizipation ist die Ambivalenz aufgehoben in Entschiedenheit. Handeln braucht Energie und Fokus. Beides ist hier zu haben.

Mit der Übergabe der Rolle mitgeschriebener Blätter vom Flipchart schließt der Schreiber den intensiven Prozess ab. Die Verantwortung liegt mit der Mitschrift beim Akteur.

Nachklang

Das KTC Buch hat seinen Abschluss gefunden. Der Spannungsbogen von der Situation der Subjekte in der flüchtigen Moderne über die integrative Riemann-Schley Theorie hin zu den Erfahrungen und Resonanzen der Akteure in KTC Prozessbegleitungen und Managernetzwerken über die vielseitigen Methodenwerkstätten der Einstiege, Zentrierungen und differenzierten Anwendungen bis zu den Erkenntnispfaden und Wirklichkeitskonstruktionen über die Sprache, hin zu den Interventionen bis zum anleitenden Schlusskapitel schließt hier ab. Das KTC Buch endet hier. Es gibt keinen Grund es als Nachschlagewerk nicht immer wieder einmal zu Rate zu ziehen und es so zu nutzen. Das KTC erschließt sich einem nicht auf den ersten Blick ganz. Es vermittelt sich ein guter praktikabler Eindruck – ja! Jeder, der sich mit dem KTC vertraut machen will, sollte sich eine erste eigene unmittelbare Erfahrung erschließen. Das Ende ist ein Beginn – ein Sprung in die praktische Anwendung oder die vertiefende Klärung bereits erfahrener Kollegialer Teamcoachings. „Aller Anfang ist schwer und allem Anfang wohnt ein Zauber inne" hat uns Hermann Hesse ins Erinnerungsbuch des freudevollen Lebens geschrieben. Beginnen Sie doch einfach – und sie werden merken, wenn Sie es wollen ist es einfach...

...einen Dialogpartner zum Austausch zu finden, auch andere bleiben nicht gern mit ihren Gedanken und Erfahrungen allein;

...eine kleine Gruppe für ein regelmäßiges Kollegiales Teamcoaching zusammen zu stellen, auch andere treibt die Frage um, wie kann ich meine Rolle, meine Aufgaben und Möglichkeiten klarer bestimmen und besser ins Spiel bringen;

...eine Initiative an Ihrem Arbeitsplatz in der Schule, der Klinik, der Abteilung, dem Werk, Ihrer Nachwuchsfördergruppe, ihrem Netzwerk zu ergreifen – auch andere streben nach Bewusstheit, nach Professionalität und Sinnerfüllung in der Begegnung mit der werdenden Zukunft.

Zukunft kommt – immer – näher. Sind wir bereit ihr zu begegnen, Möglichkeiten zu erkennen und Sinn zu finden in verworrenen Situationen. Die Ariadnefäden führen heute durch andere Labyrinthe zum Ziel – vor allem aber zum Ausgang zurück. Die persönlichen Situationen entfalten sich und werden erkennbar in Vielfalt, Schönheit, Widersprüchlichkeit und Spannung. Es ist spannend Situationen auf ihren Gehalt hin zu erkunden und zu begreifen. Abstandnehmende Wahrnehmung und reflexive Erkundung führt am Ende zu uns selbst, manchmal in eine erkennende Betrachtung des möglichen Selbst. Was hindert uns, überkommene und übernommene Überzeugungen loszulassen und uns aufs Entdecken einzulassen. Mit Gefährten, in Begleitung und in Reflexion dessen, was hervortritt.

Das KTC wird so zu einem Laufsteg zur Erprobung mutiger Schritte: Wie läuft es sich dann? Und wozu führt es? Zunächst in die Überraschung, die Wandlung, die Erkennung des Neuen. Und schließlich in die Welt – nicht in die flüchtige – sondern in die beziehungsreiche. Und dort beginnt etwas Neues, das hier nicht mehr beschrieben werden kann. Es ist Bestandteil der Drehbücher der Akteure.

Vera und Wilfried Schley, Hamburg

Autoren

Vera Schley – Leiterin des Instituts für Organisationsentwicklung und Systemberatung, Systemische Beraterin, Management-Coach und Supervisorin.

Wilfried Schley – Wissenschaftlicher Leiter des Instituts für Organisationsentwicklung und Systemberatung, langjährige Tätigkeit als Ordinarius für Sonderpädagogik an der Universität Zürich und Systemischer Berater.

Grafikverzeichnis

Literaturverzeichnis

Altrichter, Herbert; Schley, Wilfried & Schratz, Michael (1998). *Handbuch zur Schulentwicklung*. Innsbruck-Wien: Studien-Verlag.

Antonovsky, Aaron (1997). *Salutogenese: Zur Entmystifizierung der Gesundheit*. Tübingen: dgvt.

Bateson, Gregory (1985). *Ökologie des Geistes. Anthropologische, psychologische, biologische und epistemologische Perspektiven*. Frankfurt/Main: Suhrkamp Verlag.

Bauer, Joachim (2005). *Warum ich fühle, was du fühlst. Intuitive Kommunikation und das Geheimnis der Spiegelneurone*. München: Heyne Verlag.

Bauer, Joachim (2008). *Lob der Schule. Sieben Perspektiven für Schüler, Lehrer und Eltern*. München: Heyne Verlag.

Baumann, Zygmunt (1992). *Moderne und Ambivalenz*. Hamburg: Hamburger Edition.

Baumann, Zygmunt (2007). *Flaneure, Spieler und Touristen. Essays zu postmodernen Lebensformen*. Hamburg: Hamburger Edition.

Berkemeyer, Nils; Bos, Wilfried; Manitius, Veronika & Müthing, Kathrin (2008). *Unterrichtsentwicklung in Netzwerken. Konzeption, Befunde, Perspektiven*. Münster: Waxmann.

Brown, Juanita & Isaacs, David (2007). *Das World Café. Kreative Zukunftsgestaltung in Organisationen und Gesellschaft*. Heidelberg: Carl-Auer Verlag.

Bruch, Heike & Vogel, Bernd (2005). *Organisationale Energie. Wie Sie das Potenzial Ihres Unternehmens ausschöpfen*. Wiesbaden: Gabler.

Cramer, Friedrich (1994). *Der Zeitbaum. Grundlegungen einer allgemeinen Zeittheorie*. Frankfurt am Main, Leipzig: Insel Verlag.

Deneke, Friedrich-Wilhelm (2001). *Psychische Struktur und Gehirn. Die Gestaltung subjektiver Wirklichkeiten (2. Aufl.)*. Stuttgart: Schattauer.

Doppler, Klaus & Lauterburg, Christoph (2002). *Change Management. Den Unternehmenswandel gestalten*. Frankfurt/New York: Campus Verlag.

Flammer, August (2009). *Entwicklungstheorien. Psychologische Theorien der menschlichen Entwicklung*. Bern: Huber Verlag.

v. Foerster, Heinz & Bröcker, Monika (2007). *Teil der Welt. Fraktale einer Ethik – oder Heinz von Foersters Tanz mit der Welt*. Heidelberg: Carl-Auer Verlag.

Frisch, Max (2008). *Schwarzes Quadrat. Zwei Poetikvorlesungen*. Frankfurt am Main: Suhrkamp Verlag.

Fullan, Michael (2005). *Leadership & Sustainability. System Thinkers in Action*. Californien, London, Indien: Corwin Press.

Frenzel, Karolina; Müller, Michael & Sottong, Hermann (2006). *Storytelling. Das Praxisbuch*. München, Wien:Hanser Verlag.

Gardner, Howard (2006). *The selected works of Howard Gardner*. London und New York: Routledge.

Gebser, Jean (1949). *Ursprung und Gegenwart. Erster Band: Die Fundamente der Aperspektivischen Welt*. Stuttgart: Deutsche Verlagsanstalt.

Gebser, Jean (1953). *Ursprung und Gegenwart. Zweiter Band: Die Manifestation der Aperspektivischen Welt.* Stuttgart: Deutsche Verlagsanstalt.
Giddens, Anthony (2000). *Entfesselte Welt. Wie die Globalisierung unser Leben verändert.* Frankfurt am Main: Suhrkamp.
Glasl, Friedrich (1990). *Konfliktmanagement. Ein Handbuch für Führungskräfte und Berater.* Bern: Verlag Paul Haupt.
Goleman, Daniel; Boyatzis, Richard & McKee, Annie (2005). *Emotionale Führung.* Berlin: Ullstein.
Grawe, Klaus (2004). *Neuropsychotherapie.* Göttingen: Hogrefe.
Helwig, Peter (1967). *Charakterologie.* Freiburg: Herder-Verlag.
Hinterhuber, H. H. (2003). *Leadership. Strategisches Denken systematisch schulen von Sokrates bis Jack Welch.* Frankfurt am Main: Frankfurter Allgemeine Zeitung Buch.
Hofstede, Gert Jan (2003). *Cultures and Organizations: Software of the mind: Intercultural Corporation and its importance for survival.* New York: McGraw-Hill.
Hüther, Gerald (2005). *Bedienungsanleitung für ein menschliches Gehirn.* Göttingen: Vandenhoeck & Ruprecht.
Hüther, Gerald (2008). *Die Macht der inneren Bilder. Wie Visionen das Gehirn, den Menschen und die Welt verändern.* Göttingen: Vandenhoeck & Ruprecht.
Hutchens, David (2000). *The Lemming Dilemma. Living with Purpose, Leading with Vision.* Waltham: Pegasus Communications, Inc.
Jackson, Robyn R. (2009). *Arbeiten Sie nie härter als Ihre Schüler und die sechs anderen Prinzipien guten Unterrichts.* Weinheim und Basel: Beltz Verlag.
Kegan, Robert (2000): *Die Entwicklungsstufen des Selbst. Fortschritte und Krisen im menschlichen Leben.* München: Kindt.
Königswieser, R.; Sonuc, E. & Gebhardt, J. (2006). *Komplementärberatung. Das Zusammenspiel von Fach- und Prozeß-Know-How.* Stuttgart: Klett-Cotta.
Kotter, John P. (2009). *Das Prinzip DRINGLICHKEIT. Schnell und konsequent handeln im Management.* Frankfurt/Main: Campus.
Kruse, Peter (2004). *Next practice. Erfolgreiches Management von Instabilität. Veränderung durch Vernetzung.* Offenbach: GABAL Verlag GmbH.
Littmann, Peter & Jansen, Stephan A. (2000). *Oszillodox. Virtualisierung – die permanente Neuerfindung der Organisation.* Stuttgart: Klett-Cotta.
Luhmann, Niklas (2004). *Einführung in die Systemtheorie.* Augsburg: Carl-Auer Verlag.
MacBeath, John & Moos, Lejf (2004). *Leadership for Learning, Paper presented at the International Congress for School Effectiveness and Improvement.* London, New York: Routledge Falmer, Taylor & Francis Group.
Mair, Judith (2002). *Schluss mit lustig! Warum Leistung und Disziplin mehr bringen als emotionale Intelligenz, Teamgeist und Soft Skills.* Frankfurt am Main: Eichborn.
Mohr, Günther (2010). *Workbook Coaching und Organistationsentwicklung.* Bergisch Gladbach: Verlag Andreas Kohlhage.

Morgan, Gareth (1997). *Bilder der Organisationen.* Stuttgart: Klett-Cotta.

Nagel, Reinhart & Wimmer, Rudolf (2006) *Systemische Strategieentwicklung. Modelle und Instrumente für Berater und Entscheider.* Stuttgart: Klett-Cotta.

Owen, Jo (2009). *How to lead. What you actually need to do to manage, lead and succeed.* Harlow: Pearson Prentice Hall Business.

Popper, Karl R. (2003). *Alles Leben ist Problemlösen. Über Erkenntnis, Geschichte und Politik.* München: Piper.

Riemann, F. (1999): *Grundformen der Angst. Eine tiefenpsychologische Studie.* München, Basel: Reinhardt.

Rosenberg, Marshall B. (2007). *Gewaltfreie Kommunikation. Eine Sprache des Lebens. Gestalten Sie Ihr Leben, Ihre Beziehungen und Ohre Welt in Übereinstimmung.* Paderborn: Junfermann.

Rowold, Gerd & Schley, Wilfried (1998). *Kollegiales Team Coaching (KTC).* In: Journal für Schulentwicklung, 4. Innsbruck: Studien-Verlag. 70-78

Rowold, Gerd & Schley, Wilfried (2005). *Das Kollegiale Team Coaching.* In: Rowold, Jens & Rowold, Gerd (Hrsg.): *Werkbuch Leadership.* Münster: MV Wissenschaft. 65-80.

Scharmer, Otto C. (2009). *Theorie U. Von der Zukunft her führen.* Heidelberg: Carl-Auer Verlag.

Ruf, Urs; Keller, Stefan & Winter, Felix (Hg.) (2008). *Besser lernen im Dialog. Dialogisches Lernen in der Unterrichtspraxis.* Seelze-Velber:: Klett, Kallmeyer.

Schein, Edgar H. (2000). *Prozessberatung für die Organisation der Zukunft. Der Aufbau einer helfenden Beziehung.* Köln: EHP.

Schley, Wilfried & Schratz, Michael (2007). *Leadership. Kraft zum neuen Denken.* Innsbruck: Studien-Verlag.

Schley, Wilfried; Schratz, Michael & Hartmann, Martin (2010). *Schule wirksam leiten. Analyse innovativer Führung in der Praxis.* Münster: Waxmann.

Schley, Wilfried & Schratz, Michael (2010): *Developing Leaders, Building Networks, Changing Schools through System Leadership.* In: John MacBeath & Tony Townsend (Eds.): *International Handbook on Leadership for Learning.* New York: Springer Publishers.

v. Schlippe, Arist & Schweitzer, Jochen (2003). *Lehrbuch der systemischen Therapie und Beratung.* Göttingen: Vandenhoeck & Ruprecht.

Schmid, Bernd (2004). *Systemische Professionalität und Transaktionsanalyse. Mit einem Gespräch mit Fanita English.* Bergisch Gladbach: EHP.

Schmid, Bernd (2004). *Systemisches Coaching. Konzepte und Vorgehensweisen in der Persönlichkeitsberatung.* Bergisch Gladbach: EHP.

Schmitz, Hermann (1980). *Neue Phänomenologie.* Bonn: Bouvier Verlag.

Schmitz, Hermann (1981). *System der Philosophie. Der Raum – zweiter Teil.* Bonn: Bouvier Verlag.

Schmitz, Hermann (1987). *System der Philosophie. Der Leib – zweiter Teil.* Bonn: Bouvier Verlag.

Schmitz, Hermann (1990). *Die Person.* Bonn: Bouvier Verlag.

Schreyögg, Georg (2008). *Organisation. Grundlagen moderner Organisationsgestaltung.* Wiesbaden: Gabler.

Schulz von Thun, Friedemann (1996). *Praxisberatung in Gruppen.* Weinheim und Basel: Beltz Verlag.

Schulz von Thun, Friedemann (1989). *Miteinander reden 2: Stile, Werte und Persönlichkeitsentwicklung. Differentielle Psychologie der zwischenmenschlichen Kommunikation.* Reinbek bei Hamburg: Rowohlt Verlag.

Schulz von Thun, Friedemann (2005). *Miteinander Reden 3, Das „Innere Team" und situationsgerechte Kommunikation.* Reinbek bei Hamburg: Rowohlt Verlag.

Sloterdijk, Peter (2009). *Du musst dein Leben ändern. Über Anthropotechnik.* Frankfurt am Main: Suhrkamp Verlag.

Stoll, Louise; Moorman, Hunter & Rahm, Sibylle (2008*). Building leadership capacity for system improvement in Austria.* In: Pont, B./Nusche, D./Hopkins, D. (Hrsg.): *Improving School Leadership. Case studies on system leadership.* Paris: OECD, S. 215–252.

Storch, Maja & Cantieni, Benita & Hüther, Gerald & Tschacher, Wolfgang (2006). *Embodiment. Die Wechselwirkung von Körper und Psyche verstehen und nutzen.* Bern: Verlag Hans Huber.

Surowiecki, James (2007). *Die Weisheit der Vielen.* München: Wilhelm Goldmann Verlag.

Trompenaars, Fons & Hampden-Turner, Charles (2001). *21 Leaders for the 21st Century.* New York: McGRaw Hill.

Trompenaars, Fons and Hampden-Turner, Charles (1997). *Riding the Waves of Culture.* London: Nicholas Brealey Publishing.

Ulrich, Dave & Zenger, Jack & Smallwood, Norm (2000). *Ergebnisorientierte Unternehmensführung. Von der Zielformulierung zu messbaren Erfolgen.* Frankfurt/ Main: Campus Verlag.

Ulrich, Dave (1997). *Human resource champions.* Boston: Harvard Business School Press.

Veyne, Paul (2009). *Foucault. Der Philosoph als Samurai.* Stuttgart: Philipp Reclam jun. GmbH & Co.

Watzlawick, Paul (2003). *Anleitung zum Unglücklichsein.* München: Piper Verlag.

Watzlawick, Paul (2003). *Lösungen. Zur Theorie und Praxis menschlichen Wandels.* Bern: Verlag Hans Huber.

Wilber, Ken (2001). *Ganzheitlich Handeln.* Freiam35t: Arbor Verlag.

Willke, Helmut (2006). *Systemtheorie 1: Grundlagen. Eine Einführung in die Grundprobleme der Theorie sozialer Systeme.* Stuttgart: Lucius & Lucius.

Willke, Helmut (2005). *Systemtheorie II: Interventionstheorie. Grundzüge einer Theorie der Intervention in komplexe Systeme.* Stuttgart: Lucius & Lucius.